工业设计专业系列教材

设计实验与数据分析
——基于 SPSS

周 頔 姜 斌 孙辛欣 著

电子工业出版社
Publishing House of Electronics Industry
北京·BEIJING

内容简介

本书基于 SPSS 28，详细讲解实验研究的过程和难点，包括如何设计实验、如何根据实验类型和数据类型选择合适的数据分析方法、如何理解并汇报数据分析的结果等。在介绍每种数据分析方法时，本书还提供已公开发表的国际权威论文作为应用案例，同时提供常用数据分析方法检索表，方便研究人员查询、使用。此外，为了更全面地分析数据，本书还增加了效应量等统计量的介绍。

本书不仅适合设计学、心理学、医学等领域的研究人员查询、使用，也适合作为相关领域的教材使用。

未经许可，不得以任何方式复制或抄袭本书之部分或全部内容。
版权所有，侵权必究。

图书在版编目（CIP）数据

设计实验与数据分析：基于 SPSS / 周顿，姜斌，孙辛欣著. —北京：电子工业出版社，2023.10
ISBN 978-7-121-46493-5

Ⅰ. ①设… Ⅱ. ①周… ②姜… ③孙… Ⅲ. ①统计分析—统计程序 Ⅳ. ①C819

中国国家版本馆 CIP 数据核字（2023）第 194267 号

责任编辑：赵玉山
印　　刷：大厂回族自治县聚鑫印刷有限责任公司
装　　订：大厂回族自治县聚鑫印刷有限责任公司
出版发行：电子工业出版社
　　　　　北京市海淀区万寿路 173 信箱　邮编 100036
开　　本：787×1 092　1/16　印张：13.75　字数：352 千字
版　　次：2023 年 10 月第 1 版
印　　次：2023 年 10 月第 1 次印刷
定　　价：49.00 元

凡所购买电子工业出版社图书有缺损问题，请向购买书店调换。若书店售缺，请与本社发行部联系，联系及邮购电话：(010) 88254888，88258888。

质量投诉请发邮件至 zlts@phei.com.cn，盗版侵权举报请发邮件至 dbqq@phei.com.cn。

本书咨询联系方式：(010) 88254556，zhaoys@phei.com.cn。

前言

实验研究，在设计学、心理学、医学等很多研究领域中都很常见，属于定量研究中的一种。这种研究方式通过设计并进行严谨的实验，了解事物与事物或者现象与现象之间的关系。实验研究被认为是可以获得最为切实可靠的研究结果的一种方法，但其可靠程度取决于实验设计的科学性、严密性，以及数据分析的准确性。本书以 SPSS 28 为工具，以设计学研究中实验设计为例，详细讲解如何进行实验的设计、如何根据实验类型和数据类型选择合适的分析方法以及如何理解数据分析的结果。

本书具有以下几个特点：

（1）提供了分析方法检索表。为方便读者在实际应用中快速选择合适的数据分析方法，本书根据不同的应用场合，将常用分析方法总结成检索表。读者可以根据自己课题中自变量与因变量的情况，在检索表中查找应使用哪种数据分析方法，并进一步根据检索得到的数据分析方法名称，在目录中定位到相应的章节进行学习。

（2）增加了效应量（Effect size）等统计量的介绍。效应量，是近年来社科类研究中越来越普遍要求汇报的一个统计量，但是国内资料对其介绍还比较少。2016年，统计学界严肃讨论了仅使用 p 值推测结果的局限性，认为过度依赖 p 值会导致只强调拒绝还是接受零假设，而忽略了这种研究结论的实际应用意义是大还是小。正如统计学家 Gene V. Glass 说的那样：统计显著性是分析结果中最无聊的东西，不应该只知道某种治疗是否对人有影响，还应该说明这种影响到底有多大（Statistical significance is the least interesting thing about the results. You should describe the results in terms of measures of magnitude - not just, does a treatment affect people, but how much does it affect them.）。而效应量正是一种用来反映检测效应大小的统计量。本书在每一种分析方法的讲解中，都介绍了对应的效应量计算方法。

（3）引入已公开发表的国际权威论文，作为每种数据分析方法的实际应用案例。本书对这些论文进行了讲解，读者下载论文后可对照理解，从而了解实际的学术研究中是如何使用这些数据分析方法、如何汇报分析结果的。

（4）基于 SPSS 28 进行讲解。与之前版本相比，SPSS 28 有了较大的改进，增加了简单主效应、效应量等分析。

（5）提供了配套的数据文件、配套 PPT 等电子资料。

软件在汉化过程中，个别名称或者符号与出版规范不一致，我们根据具体情况并结合前后文，有时在正文叙述的过程中将名称或者符号改为更规范的说法，这可能导致正文与软件截图不一致。

目　　录

第 1 章

绪论 ··· 001
1.1　实验研究 ··· 001
1.2　实验研究中的数据 ··· 005
　　■　1.2.1　连续型数据与分类型数据 ··· 005
　　■　1.2.2　自变量、因变量与控制变量 ··· 006
1.3　分析方法检索表 ·· 007
参考文献 ·· 009

第 2 章

描述性统计分析 ·· 010
2.1　SPSS 的基本操作 ·· 010
　　■　2.1.1　手动新建数据文件 ··· 012
　　■　2.1.2　导入外部数据文件 ··· 015
2.2　了解数据——频率分析、探索分析 ··· 016
　　■　2.2.1　描述数据的指标 ·· 016
　　■　2.2.2　在 SPSS 中进行描述性统计分析 ··· 017
2.3　整理数据 ·· 026
　　■　2.3.1　异常值的处理 ··· 027
　　■　2.3.2　多选题的处理 ··· 029

第 3 章

差异性分析 I——在一个连续型指标上 ·· 033
  3.1 一个样本组与一个常数之间的差异性 ·· 034
  3.2 两个独立样本组之间的差异性 ·· 038
      ■ 3.2.1 参数检验方法 ··· 038
      ■ 3.2.2 非参数检验方法 ·· 045
  3.3 两个配对样本组之间的差异性 ·· 047
      ■ 3.3.1 参数检验方法 ··· 047
      ■ 3.3.2 非参数检验方法 ·· 050
  3.4 三个或更多独立样本组之间的差异性 ·· 052
      ■ 3.4.1 参数检验方法 ··· 053
      ■ 3.4.2 非参数检验方法 ·· 060
  3.5 三个或更多配对样本组之间的差异性 ·· 064
      ■ 3.5.1 参数检验方法 ··· 064
      ■ 3.5.2 非参数检验方法 ·· 069
  3.6 有多个分类型自变量的差异性分析 ·· 072
      ■ 3.6.1 组间实验 ·· 073
      ■ 3.6.2 组内实验 ·· 084
      ■ 3.6.3 混合实验 ·· 090
  3.7 有协变量的差异性分析 ·· 096
参考文献 ··· 101

第 4 章

差异性分析 II——在一个分类型指标上 ··· 103
  4.1 在二分类型指标上的差异 ··· 104
      ■ 4.1.1 两个独立样本组 ·· 104
      ■ 4.1.2 两个配对样本组 ·· 109
      ■ 4.1.3 三个或更多独立样本组 ··· 111
      ■ 4.1.4 三个或更多配对样本组 ··· 119
  4.2 在无序多分类型指标上的差异 ··· 125

- 4.2.1 两个独立样本组 ··· 125
- 4.2.2 三个或更多独立样本组 ·· 128

参考文献 ·· 131

第 5 章

差异性分析 Ⅲ——在多个连续型指标上 ·· 132
- 5.1 只有一个自变量 ·· 133
- 5.2 有两个或多个自变量 ·· 141

参考文献 ·· 147

第 6 章

相关性分析——相关系数与回归 ·· 148
- 6.1 相关程度的度量——相关系数 ·· 148
  - 6.1.1 Pearson 相关系数 ·· 149
  - 6.1.2 Spearman 相关系数与 Kendall 相关系数 ································ 151
  - 6.1.3 偏相关分析 ··· 155
- 6.2 连续型自变量与连续型因变量之间的相关分析 ·· 157
  - 6.2.1 只有一个连续型自变量的线性关系 ·· 157
  - 6.2.2 只有一个连续型自变量的曲线关系 ·· 160
  - 6.2.3 有多个自变量（包含连续型自变量）的线性关系 ················ 163
- 6.3 不限类型自变量与分类型因变量之间的相关分析 ·· 167
  - 6.3.1 因变量为二分类型 ·· 167
  - 6.3.2 因变量为无序多分类型 ·· 175
  - 6.3.3 因变量为有序多分类型 ·· 179

参考文献 ·· 181

第 7 章

降维及量表的信度效度检验 ··· 183
    7.1   降维的使用场合 ·· 184
    7.2   因子分析 ·· 186
    7.3   量表的结构效度检验 ··· 192
    7.4   量表的信度检验 ·· 195
    参考文献 ·· 198

第 8 章

聚类 ·· 199
    8.1   系统聚类 ·· 200
    8.2   K-均值聚类 ·· 206
    8.3   二阶聚类 ·· 208
    参考文献 ·· 212

第1章 绪论

1.1 实验研究

在很多研究领域中，定性研究与定量研究是两个相辅相成的重要手段。所谓**定性研究**（Qualitative study），就是通过文献研究、人物访谈、观察、案例分析等方式，获取对象的想法、感受等信息，进而对事件、现象或人物进行解释。定性研究处理的主要是录音、照片、视频等非数值型数据，回答的一般是"为什么"或"怎么样"这类问题，研究的结论通常是文字形式的解释和总结，强调的是阐释主义。**定量研究**（Quantitative study）是通过量表、仪器等工具收集研究对象的数值型特征，进行数值统计和分析，从而得到研究对象数量上的变化规律以及量化结论。定量研究处理的是各种数值化的数据，回答的主要是"是/不是"这类问题，也就是通过数据分析的结果来验证某个假设。因为需要从大量数据中去发现规律，所以与定性研究相比，定量研究所需的样本量往往比较大。

虽然这两种研究方法在研究问题（"为什么、怎么样"和"是/不是"）、研究对象（非数值型数据和数值型数据）、采集数据的工具（访谈、文献研究等和量表、测量仪器）等方面都存在差异，但它们并没有高低好坏之分，只是适用场合不同。通常情况下，这两种研究方法可以一起使用，互相补充。例如，使用定量研究验证某个"是/不是"的假设，再用定性研究来辅助解释为什么。

定量研究可分为描述性研究（Descriptive study）和实验性研究（Experimental study）两种。**描述性研究**，强调的是研究者在自然状态下对研究对象进行观察，并收集数据，通过这些数据来对研究对象进行系统性描述，从而揭示可能不被人们注意的某种模式或状态。而**实验性研究**，则指研究者为了了解两个或更多个变量之间的关系，设计一个或一系列实验，同时人为操纵某个变量的改变，观察这种操纵对另一个变量会产生什么样的影响。例如，想要研究智能语音助手的语速会对用户体验造成什么样的影响，研究者就可以在实验中操纵智能语音助手的语速，使其从慢到快，并检测不同语速时的用户体验，从而了解智能语音助手的语速与用户体验之间的关系。

实验性研究，在包括心理学、设计学、医学等领域中的应用都非常广泛，被认为是研究结果最为切实可靠的一种研究途径。实验性研究的结果是可重复的，其可信程度取决于实验设计的科学性和严密度。图 1.1 所示为实验性研究的一般过程，可见，其通常可以分成 5 个步骤。

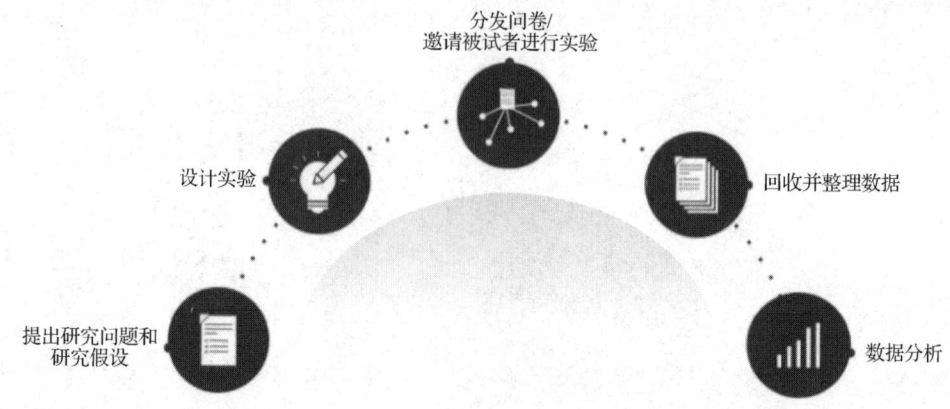

图 1.1 实验性研究的一般过程

1）提出研究问题和研究假设

对一个课题开始进行研究时，一般对这个课题只有一个初步的概念，并不会马上就明确要从这个课题的哪些关键点着手进行研究。所以通常会根据相关理论和事实对要研究的课题进行一个探索，将研究的目标集中到回答某个具体的问题上，也就是提出**研究问题**（Research question）。例如，"哪些因素会影响老年用户对智能语音助手的体验？"，或者"智能语音助手的人格特质会怎样影响老年用户对其信任感"等。这些问题通常是开放式的，既可以通过定性研究来回答，也可以通过定量研究来回答。

将研究问题进一步细化，并且用陈述的方式给出一种还未经过证明的尝试性结论，如"与其他语速相比，采用与老年用户相同语速的智能语音助手，能带来更好的用户体验"，再通过实验等方式鉴定这个尝试性结论的真伪，从而回答研究问题的方式，就是**假设检验**，而那个未经过证明的尝试性结论就是**研究假设**（Hypothesis）。所以研究假设必须是一个能够检验其真伪的主张，通常是一个能用"是"或"不是"来回答的陈述性表达，而研究问题是一个答案为开放式的疑问句。

研究假设通常也被称为**零假设**（Null hypothesis），记为 H_0。零假设的对立面是**备择假设**，记为 H_1。如 H_0 是"与其他语速相比，采用与老年用户相同语速的智能语音助手，能带来更好的用户体验"，那么 H_1 就是"与其他语速相比，采用与老年用户相同语速的智能语音助手，不能带来更好的用户体验"。所以如果通过后续实验等方式证明 H_0 为假，那么研究者就会接受 H_1，也就是说 H_1 会被判定为真。

2）设计实验

设立好研究假设后，就可以考虑设计一个实验来采集相关的数据，再根据这些数据来辨别研究假设的真伪。一般从以下几方面来设计实验：

（1）实验对象，即邀请谁来参加这个实验。

首先，被邀请来参加实验的人必须具有代表性，也就是说能代表要研究的目标人群。如要研究的是某款产品在中国老年人中的接受程度，那么邀请来参加实验的人应在性别比例、年龄比例、地域比例等维度上与中国老年人的实际情况相吻合。通常，采用随机抽样的方法，从目标人群中邀请参加实验的人。而最终被选出的这些被试者就形成了一个样本集，研究者在这个样本集上进行实验、数据采集、分析，以得到结论，并将这些结论推广至整个目标人群。如果在抽样过程中存在偏差，就会形成有偏样本集，导致最后的分析结果也不能推广到目标人群。

此外，对于实验研究而言，被试者的数量不宜过少，否则也容易导致分析结论出现偏差，可信度不高。同时，在邀请被试者时，需要注意是否涉及伦理问题，包括被试者是否在实验之前有充分的知情同意等。

（2）实验中的变量。

实验研究的目的是通过人为操控某个变量，观察另一个（些）变量随之发生的改变，从而了解这些变量之间的关系。这里所谓的变量，指研究者感兴趣的、可以潜在发生变化的事件的特征，也是实验中需要测量的内容。所以明确实验中的变量是什么，就是对研究的问题进行进一步的简化和抽象。

事实上，当确立好研究假设后，实验中的变量也就确立了。如前面提出的零假设是"与其他语速相比，采用与老年用户相同语速的智能语音助手，能带来更好的用户体验"，那么实验中的自变量就是语速，因变量就是用户体验。通过调整语速，来观察用户体验的改变，就可以了解零假设是否成立。

在实验研究中，除了自变量、因变量等这些研究者感兴趣的变量，还需要对其他研究者不感兴趣的变量进行有意识的控制，以防这些变量影响整个实验的结果。如在智能语音助手语速的研究中，如果研究者并不想讨论智能语音助手对话的难度对用户体验的影响，则应该尽量让各个实验条件中智能语音助手的对话难度保持恒定，从而排除对话难度可能会对体验造成的影响。

另外，明确实验中的变量后，还需要明确该用什么工具来测量这些变量的值，且所选的测量工具必须能切实反映待检测变量的值。不同的测量工具，可能导致后续必须使用完全不同的数据分析方法，也可能导致在实验结果的有效性上出现差异化，因此必须慎重。测量工具的选择，通常是由要测量的内容来决定的。社科研究中，常见的测量工具包括量表、眼动仪、脑电仪等生理检测仪器。

（3）实验类型。

按被试者接受实验的方式，实验研究通常可以设计成三种类型：

第一种，组间实验（Between-subjects design）。这种实验的特点是根据某个原则将所有被试者分成不同的样本组，而每个样本组只经历一种实验条件。例如，将被试者随机分成两组，一组在有某种产品的辅助下完成一项任务，另一组则在没有该产品的辅助下完成这项任务。这样就可以比较这两组被试者在完成这项任务时的速度、体验上是否存在差异。这时，有/没有该产品的辅助就是自变量，完成任务时的速度、体验等就是因变量。而这种能将所有被试者划分为不重叠样本组的自变量，也被称为**组间自变量**。

第二种，组内实验（Within-subjects design）。这种实验的特点是每位被试者会先后经历多种不同的实验条件。例如，让被试者先后在有某种产品的辅助下以及没有该产品辅助的情况下，完成某项任务，从而比较被试者在完成这两次任务时的速度、体验等上是否有差别。这时，有/没有该产品的辅助仍是自变量，然而是**组内自变量**，因为这个自变量划分形成的两种实验条件都是由同一批被试者经历的。

第三种，混合实验（Mixed design）。这种实验不止一个自变量，而且既有组间自变量，又有组内自变量。例如,将被试者分成两组,第一组使用 A 产品,第二组使用 B 产品,每组被试者都在使用之前、使用过程中和使用结束后进行某项生理指标的检测。这种情况下,使用的产品(A 或 B)是组间自变量,而检测生理指标的时间(使用之前、使用过程中、使用结束后)则是组内自变量。

实际应用中,到底将实验设计成哪种,需要从被试者的数量等多方面因素去考虑:组间实验的优点在于其避免了序列效应,因为它不需要被试者先后经历多种不同的实验条件,从而避免了因为记忆或疲劳等因素,导致实验条件的顺序影响被试者在实验中的表现和判断。但是也正因为不同实验条件下检测的是不同的被试者,所以需要考虑到被试者之间是存在个体差异的。为了降低个体差异带来的误差,组间实验就需要大量的被试者。因此对于那些不容易找到足够多被试者的研究来说,如针对某些特殊疾病的患者开展的研究,就必须慎重考虑设计成组间实验的可行性。

与此相对的,组内实验所需的被试者数量则可以比较少。因为邀请来的同一个被试者可以经历多个、甚至全部的实验条件,而且组内实验可以很好地避免个体差异造成的误差。与组间实验相比,组内实验更容易检测出不同实验条件对被试者所造成的影响的细微差别。但在设计组内实验时,必须注意序列效应可能带来的影响。如可以通过让一半被试者先经历实验条件 A,再经历实验条件 B,另一半被试者则先经历实验条件 B,再经历实验条件 A,从而减少实验顺序对结果可能带来的影响。

将实验设计成哪种类型,会直接影响后续所采用的数据分析方法。因此,需要养成通盘考虑的习惯。

(4)实验流程。

在明确了邀请谁来参加实验、要研究什么关系、实验中要测量什么、用什么测量、以及采用哪种类型的实验之后,就可以进一步细化整个实验的流程,包括实验应该在什么时间开展、实验场景应如何布置、被试者在实验开始之前和实验结束之后是否要进行某些告知、实验开始之后每一步应该怎么做、采集到的数据需要保存在哪里、出现突发情况时应该如何处理等各种细节。这些内容,往往都是需要在研究报告(论文)中交代的。

3)分发问卷/邀请被试者进行实验

当实验设计完毕后,就可以按照预设的时间、地点和流程开展实验,并采集数据。如果实验中的测量工具是量表,则会涉及分发问卷。常见的问卷分发渠道包括滚雪球(Snowball sampling)和各种在线调查平台。为了保证实验的科学性和有效性,必须采用可靠的渠道分发问卷。这里的可靠,指的是能将问卷准确送到目标人群中,并保证他们能如实回答问题。目前,国内外有很多在线调查平台可供选择(Amazon MTurk 等),研究者可自行选择。

如果实验中的测量工具不是量表,而是眼动仪等其他设备,则可以按照预设的实验流程,邀请被试者到实验场地进行实验。一般情况下,为了保证实验设计的合理性和有效性,会先邀请一小部分被试者进行一个预实验(Pilot)。在预实验的效果符合预期之后,再大规模开展正式实验。

4)回收并整理数据

实验结束后,应回收并整理实验中采集到的各种数据。如果是通过在线调查平台分发的问卷,一般平台都会直接以.xlsx 或.sav 等格式输出采集到的数据;如果是通过纸质问卷方式采集的数据,则需要手工输入做成.xlsx 或.sav 格式的文件,以供后续分析使用。

但不管是通过在线问卷、纸质问卷,还是仪器测量收集回来的数据,都必须经过清洗和整理,才能正式供给后续分析使用,如识别并筛除无效问卷、对数据进行脱敏处理、将数据整理成方便进行分析的结构等。

5）数据分析

实验研究的最后一个步骤，就是对收集到的数据进行统计分析，鉴定提出的零假设成立与否，并回答提出的研究问题。针对不同的研究目的、不同的实验类型以及不同的数据类型，应该选用对应的数据分析方法，这也是本书后续要重点讲解的内容。这些数据分析方法，从功能上来看主要有描述性统计分析、差异性分析、相关性分析等。

（1）描述性统计分析是对数据进行初步的了解和概括，如了解数据的分布特点及特征等。有了这些信息，才能引导后续其他分析方法的选择，并为后续的分析做好数据预处理。这部分内容，将在第2章中重点讲述。

（2）差异性分析是用来比较不同样本组在某一个（些）指标上的差异情况，属于对比研究。换句话来说，差异性分析研究的是分类型自变量对因变量是否有显著性影响。这部分内容，根据因变量的类型以及数量，将在第3~5章中讲述。这3章也涉及单个自变量和多个自变量的情况，因此会有对主效应、交互效应以及简单主效应等进行的讨论。

（3）相关性分析探讨的主要是不同变量之间的相关程度，以及定量描述这些相关关系的方法。也可以理解为，相关性分析研究的是连续型自变量对因变量是否有显著性影响，以及如果有影响，该如何定量描述这种影响。这部分内容，将在第6章中讲述。

此外，本书还涉及降维处理和聚类分析等（第7章和第8章），这些也是实际应用中使用频率比较高的分析方法。

1.2 实验研究中的数据

1.2.1 连续型数据与分类型数据

正如前面提到的，实验研究是在数据，尤其是在数值型数据的基础上开展的。社科类实验研究中使用的数据类型如图1.2所示。

（1）定类数据（Nominal）：又称**无序分类型数据**。典型的如性别（男、女）、一个学校的学科（心理学、设计学、医学……）、某个产品的颜色（红、黄、蓝、绿……）等。这些都可以用数字对其进行编码，如用1表示男性，0表示女性；用101表示心理学，102表示设计学，103表示医学；等等。这类数据编码中的数值只是一种标志，表示所属类别的不同，数值的大小并不代表任何次序关系。因此，对无序分类型数据，只能进行频数和频率的统计，不能进行大小的比较。

（2）定序数据（Ordinal）：又称**有序分类型数据**。典型的如血压（高、中、低）、用李克特量表检测出的数据（例如，用五级李克特量表调查人们对某个主题的综合态度，从"非常同意""比较同意""一般""比较不同意""非常不同意"中进行选择）。这类数据，也可以用数字对其进行编码，如李克特量表中用-2表示"非常不同意"、2表示"非常同意"、0表示

"一般"等。与无序分类型数据相比，有序分类型数据编码中的数值除了能反映类别信息，还能反映次序信息。但应注意的是，很多有序分类型数据的数值不能代表绝对数量的大小，也就是说数值之间的差距并不能反映个体之间的差距。所以这类数据能统计频数和频率，也能排序，但不能进行算术运算。

（3）定距数据（Interval）：能反映间距特征的数据，典型的如温度等，属于连续型数据。这类数据不仅能将不同个体区分开、将不同个体进行排序，还能指明不同个体之间的差距是多少。因此，这类数据可以进行加减运算。

（4）定比数据（Ratio）：既能反映间距特征，还具有绝对零点的数据，也属于连续型数据。这里所谓的绝对零点，指的是物理意义上的"没有"。典型的定比数据如重量、高度等。当重量等于 0 时，表示没有重量。但当定距数据等于 0 时，如温度等于 0 时，并不代表没有温度，而是表示了一个特定的温度。这就是定比数据与定距数据之间的差别。

在实际分析过程中，通常并不特意区分定距数据和定比数据，而是将它们混在一起作为**连续型数据**进行处理。定类数据和定序数据都属于分类型数据，但需要明确区分，因为它们对应于不同的分析方法。此外，对于由李克特量表测得的数据，应该如何处理，在统计学领域中是存在很多争议的。保守的观点认为应该将其视为分类型数据进行处理，但最新的研究表明，在很多场合可以将由李克特量表测得的数据作为连续型数据进行处理[1-3]。已有大量文献在对实验数据进行分析时采用了这样的做法，有的文献可以在本书所举的例子中找到。对于那些既适用于连续型数据，也适用于由李克特量表测得的数据的分析方法，本书会明确指出。

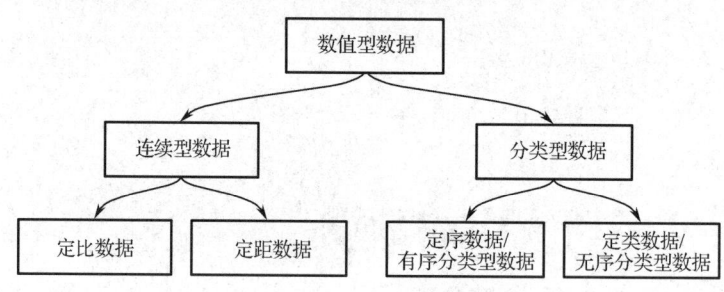

图 1.2 社科类实验研究中使用的数据类型

1.2.2 自变量、因变量与控制变量

在实验研究中，通常可以将研究问题抽象成研究事物的某些特征之间的关系。这些特征具有数值或性质可以发生变化、或进行选择的特点。它们就是从研究问题中抽象出来的变量。

根据在研究中起到的作用不同，可以把实验研究中的数据分为自变量、因变量和控制变量。

（1）自变量（Independent variable）：在实验中由研究者操纵的、对被试者的反应可能造成影响、且研究者希望观察其效应的变量。根据自变量，可以将所有被试者分成不同的样本组，或者根据自变量可以区分被试者要参加的不同的实验条件。

（2）因变量（Dependent variable）：研究者需要观察的、在实验中因为操纵自变量而引起的某种可能会随之发生改变的反应（变量）。研究者通过人为改变自变量的值，去观察因变量会随之发生怎样的改变。当因变量随自变量的变化而变化时，可以说自变量对因变量有影响作用；如果因变量并不随自变量变化，则表示自变量对因变量没有影响作用。

（3）控制变量（Controlled variable）：对因变量会产生影响、却不在研究者感兴趣的范围内的、需要对其进行有意识控制、不让其发挥作用、防止其影响到整个实验结果的那些变量。控制变量的数值通常在实验中保持恒定。协变量（Covariate）就是控制变量的一种。

对数据进行分类，是为了更好地选择数据分析方法；区分自变量、因变量和控制变量，是为了明确在实验中该操纵谁、观察谁、控制谁。

1.3 分析方法检索表

为了方便在实验研究中选择合适的数据分析方法，根据自变量（X）与因变量（Y）的类型，将除聚类分析、降维外的常用分析方法总结于表 1.1 中（参指参数检验方法，非参指非参数检验方法）。本书的后续章节也是根据该表的内容进行组织的。下面对表中的内容进行简单的介绍。

1）标有③的部分

这部分分析方法的讲解集中在第 3 章。当要研究的问题中只有一个因变量，该因变量是连续型或由李克特量表测得的，且自变量是分类型时，应在表 1.1 中标有③的部分选择分析方法。换句话说，标有③的部分可以用来分析以下问题：

（1）不同的样本组，在某一个连续型或由李克特量表测得的指标上，是否有差异？

（2）一个或 n 个分类型自变量，对一个连续型或由李克特量表测得的因变量，是否有显著性影响？

2）标有④的部分

这部分分析方法的讲解集中在第 4 章。当要研究的问题中只有一个分类型因变量和一个分类型自变量时，应在表 1.1 中的标有④的部分选择分析方法。也就是说，标有④的部分可以用来分析以下问题：

（1）由一个分类型自变量划分形成的不同样本组，在一个分类型指标上，是否有差异？

（2）一个分类型自变量，对一个分类型因变量，是否有显著性影响？

3）标有⑤的部分

对应于第 5 章。当要研究的问题中有多个因变量，这些因变量都是连续型或由李克特量表测得的，而自变量是分类型时，应在表 1.1 中的标有⑤的部分选择分析方法。也就是说，标有⑤的部分适合用来分析以下问题：

（1）不同的样本组，在多个连续型或由李克特量表测得的因变量总体上，是否有差异？

（2）一个或 n 个分类型自变量，对多个连续型或由李克特量表测得的因变量形成的总体，是否有显著性影响？

表 1.1 分析方法检索表

<table>
<tr><th colspan="3" rowspan="2"></th><th colspan="5">Y</th></tr>
<tr><th colspan="2">连续型、李克特量表</th><th colspan="3">分类型</th></tr>
<tr><th colspan="3"></th><th>一个 Y</th><th>多个 Y</th><th>二分类型</th><th>无序多分类型</th><th>有序多分类型</th></tr>
<tr><td rowspan="8">只有一个 X</td><td rowspan="2">二分类型</td><td>组间 参</td><td>Independent-samples t-test③</td><td>One-way MANOVA test⑤</td><td>2×2 Chi-square test④</td><td>R×2 Chi-square test④</td><td>Mann-Whitney U test③</td></tr>
<tr><td>非参</td><td>Mann-Whitney U test③</td><td></td><td></td><td></td><td></td></tr>
<tr><td rowspan="2">二分类型</td><td>组内 参</td><td>Paired-samples t-test③</td><td>One-way repeated measures MANOVA test</td><td>McNemar's test④</td><td></td><td>Wilcoxon test③</td></tr>
<tr><td>非参</td><td>Wilcoxon test③</td><td></td><td></td><td></td><td></td></tr>
<tr><td rowspan="2">多分类型</td><td>组间 参</td><td>One-way ANOVA test③</td><td>One-way MANOVA test⑤</td><td>2×C Chi-square test④</td><td>R×C Chi-square test④</td><td>Kruskal-Wallis H test③</td></tr>
<tr><td>非参</td><td>Kruskal-Wallis H test③</td><td></td><td></td><td></td><td></td></tr>
<tr><td rowspan="2">多分类型</td><td>组内 参</td><td>One-way repeated measures ANOVA test③</td><td>One-way repeated measures MANOVA test</td><td>Cochran's Q test④</td><td></td><td>Friedman test③</td></tr>
<tr><td>非参</td><td>Friedman test③</td><td></td><td></td><td></td><td></td></tr>
<tr><td colspan="2">有协变量</td><td></td><td>One-way ANCOVA test③</td><td>One-way MANCOVA test</td><td></td><td></td><td></td></tr>
<tr><td colspan="3">连续型</td><td>Linear regression/Curve estimation regression⑥</td><td></td><td></td><td></td><td></td></tr>
<tr><td rowspan="4">有多个 X</td><td rowspan="3">X 都是分类型</td><td>组间</td><td>N-way ANOVA test③</td><td>N-way MANOVA test⑤</td><td rowspan="3">Binominal logistic regression⑥</td><td rowspan="3">Multinomial logistic regression⑥</td><td rowspan="3">Ordinal logistic regression⑥</td></tr>
<tr><td>组内</td><td>N-way repeated measures ANOVA test③</td><td>N-way repeated measures MANOVA test</td></tr>
<tr><td>混合</td><td>N-way mixed ANOVA test③</td><td>N-way mixed MANOVA test</td></tr>
<tr><td colspan="2">有协变量</td><td>N-way ANCOVA test③</td><td>N-way MANCOVA test</td><td></td><td></td><td></td></tr>
<tr><td colspan="3">X 既有分类型也有连续型/X 全是连续型</td><td>Multiple linear regression⑥</td><td></td><td></td><td></td><td></td></tr>
</table>

4）标有⑥的部分

对应于第 6 章。当要研究的问题中有连续型自变量时，应在表 1.1 中的标有⑥的部分选择分析方法。即如果要分析的问题属于以下几种，可以在标有⑥的部分进一步检索分析方法：

（1）自变量是连续型数据、或者既有连续型自变量又有分类型自变量时，对一个连续型因变量，是否有显著性影响？

（2）自变量是连续型数据、或者既有连续型自变量又有分类型自变量时，对一个分类型因变量，是否有显著性影响？

此外，因篇幅有限，未标序号的部分本书未做介绍，读者可自行查阅相关资料。

本书采用 SPSS 28 作为工具，讲解这些分析方法在 SPSS 28 中的具体分析过程。本书中所有例子的操作都是在 SPSS 28 中进行的，这些例子可以在本书配套资源中下载对应的数据文件。另外，本书提供各种分析方法的中英文对照，方便查询。

参考文献

[1] Geoff Norman. Likert scales, levels of measurement and the "laws" of statistics[J]. Advances in Health Sciences Education, 2010, 15(5): 625-632.

[2] Nancy J Donovan, Qiong Wu, Dorene M Rentz, et al. Loneliness, depression and cognitive function in older US adults[J]. International Journal of Geriatric Psychiatry, 2017, 32(5): 564-573.

[3] Joost FC de Winter, Dimitra Dodou. Five-point likert items: t test versus Mann-Whitney-Wilcoxon (Addendum added October 2012)[J]. Practical Assessment, Research, and Evaluation, 2010, 15(1): 11.

第 2 章 描述性统计分析

对于一份数据，通常需要先对其有个大致的了解，包括数据的分布情况、是否有异常值等。之后，才可根据了解到的情况，对数据进行一些初步的整理，以便后续做其他复杂的研究。这些对数据进行了解和整理的工作可以通过**描述性统计分析**来完成。

本章首先介绍 SPSS 28 的基本操作，使读者能尽快上手使用 SPSS；其次，从数据的集中趋势、离散程度、分布特征、频率等角度介绍使用 SPSS 去了解数据的方法；最后，介绍一些常用的整理数据的方法，从而为后续的研究做准备。

2.1 SPSS 的基本操作

在 SPSS 中进行数据分析时，最常使用的是它的数据窗口和输出窗口。如图 2.1 所示，数据窗口由"变量视图"和"数据视图"两个页面构成。变量视图一般用来定义数据表中每个变量的属性，如变量的名称、类型、角色等。这里的"变量"，指的是研究对象的特征，如每个被试者的年龄、性别、收入、对某款产品的喜好程度等。在数据采集阶段，采集的是每个被试者这些特征的值。可见，变量视图是用来定义要采集的这些特征，如名称、类型、在研究中充当的角色等。

数据视图与 Excel 有些相似，主要用来输入或者观察数据表中的具体数值，即输入或者观察每个被试者的各种特征的值。一般将数据视图中的每一行称为"**个案**"，因为一行对应的是一个被试者的全部数据；而将数据视图中的每一列，称为"**变量**"，也就是在变量视图中所定义的内容。

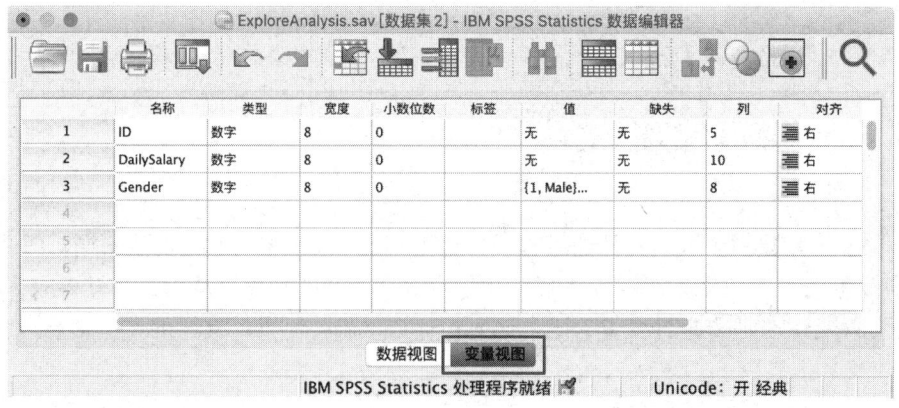

（a）变量视图

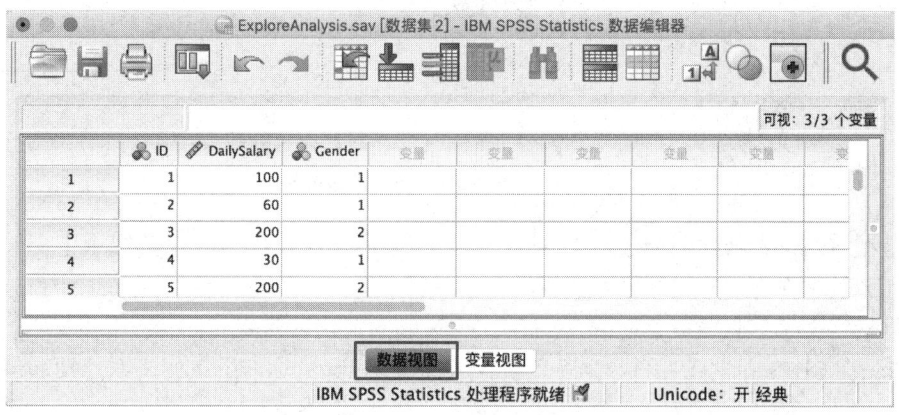

（b）数据视图

图 2.1　SPSS 中的数据窗口

SPSS 中的输出窗口如图 2.2 所示，其由左侧的导航栏和右侧的输出内容组成，用来显示所有的分析结果，包括表、图、模型等。单击导航栏中的条目，从右侧可以观察到对应的输出内容。

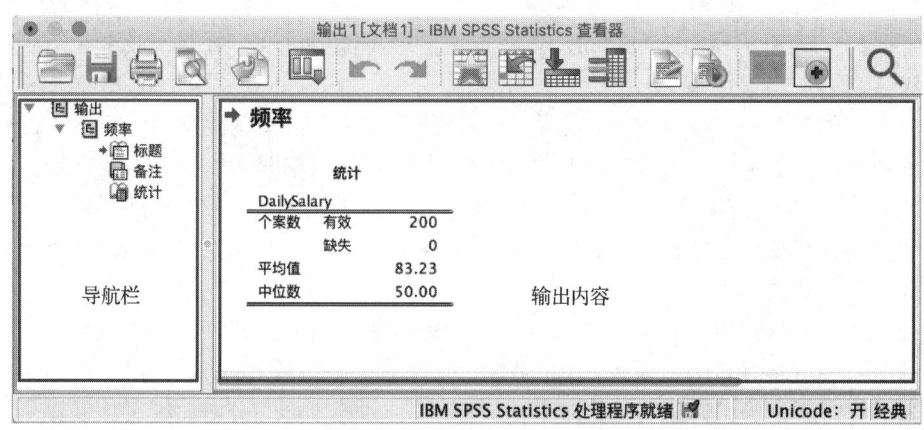

图 2.2　SPSS 中的输出窗口

在 SPSS 中创建数据文件，主要有两种方法：手动新建数据文件，或者导入外部数据文件。本节通过具体介绍这两种方法，来介绍 SPSS 的基本操作。

2.1.1 手动新建数据文件

在 SPSS 中新建一个数据文件的过程，与创建一个 Excel 表的过程有些不同。图 2.3 所示是一个典型的 Excel 数据表，一般在第一行写明每个变量的名称，从第二行开始录入具体的数值。而且对于“性别”这种变量，通常会直接存放“男”/“女”这样的文字信息以供选择。

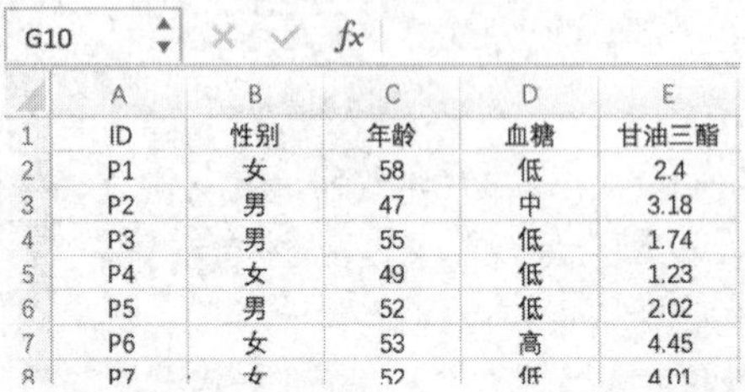
G10 fx

	A	B	C	D	E
1	ID	性别	年龄	血糖	甘油三酯
2	P1	女	58	低	2.4
3	P2	男	47	中	3.18
4	P3	男	55	低	1.74
5	P4	女	49	低	1.23
6	P5	男	52	低	2.02
7	P6	女	53	高	4.45
8	P7	女	52	低	4.01

图 2.3　一个典型的 Excel 数据表

但是在 SPSS 中新建一个数据文件时，一般先在图 2.1（a）的变量视图中定义好每个变量的属性，其次在图 2.1（b）的数据视图中逐条录入每一个个案。为了后续统计和分析的方便，应尽量将文字信息数值化。

例 1：在 SPSS 中创建一个数据文件，存放图 2.3 所示的内容，以便研究性别和年龄是否对血糖和甘油三酯产生影响。

操作过程：

Step 1：在 SPSS 顶部菜单中依次选择“文件”→“新建”→“数据”。（本书所有例子的操作都是在 SPSS 28 中进行的，后续不再特意说明。）

Step 2：在弹出的数据窗口中，单击“变量视图”按钮，开始定义每一个变量。

（1）第一个变量名为“ID”，即填写每一个被试者的编号，且该编号包括字母和数字。因此，如图 2.4 所示，在第一行的“**名称**”中输入“ID”，将“**类型**”设为“字符串”，并将“**宽度**”设为 8。这里的宽度，限制的是该变量值最多不能超过 8 个数字，或者 8 个字母，或者 8 个汉字。

需要注意的是，每个变量都有一个名为“**测量**”的属性。该属性有“标度”“有序”“名义”三种选择。一般来说，如果该变量是字符串类型或定类数据，如学号、性别等，可将其设为“名义”；如果该变量是有序分类型，如由李克特量表测出的数值，可将其设为“有序”；如果该变量是连续型，如年龄、速度等，可将其设为“标度”。本例中，变量 ID 为字符串，所以将其设为“名义”。

此外，每个变量还有一个名为“**角色**”的属性。简单来说，如果这个变量是作为自变量参与后续分析，可将其设为“输入”；如果是作为因变量，可将其设为“目标”；如果有时作为自变量，有时又作为因变量，可将其设为“两者”；如果不参与分析，则可将其设为“无”。

（2）第二个变量名为“性别”。如图 2.5 所示，在第二行的“名称”中输入“性别”，SPSS 中的变量名称既可以是中文，也可以是英文。需要注意的是，变量“性别”的值应该是“男”或者“女”，但是一般会选择将文字信息数值化，如将“男”标记为 1，将“女”标记为 2。这种文字信息数值化的规则可以在“值”这一栏中设置，具体设置方法可按照图 2.5 进行。

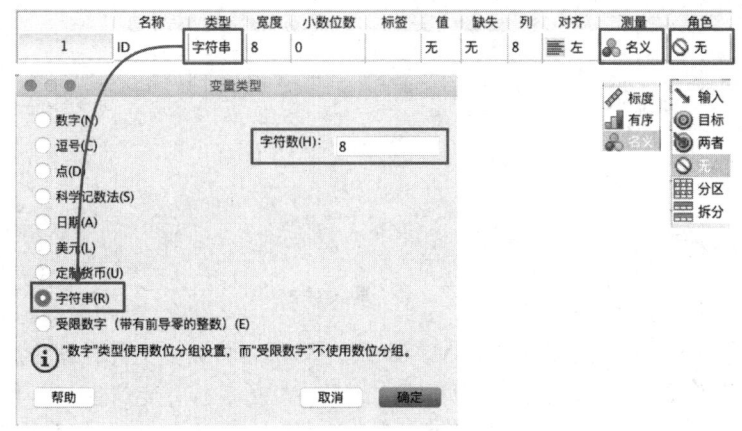

图 2.4 定义第一个变量"ID"

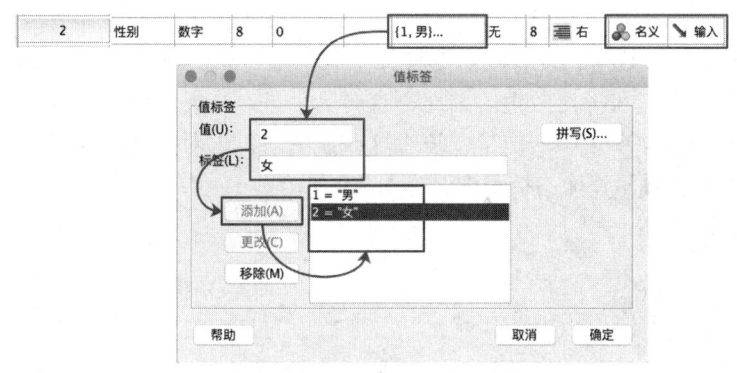

图 2.5 定义第二个变量"性别"

另外，因为性别是定类数据，且会作为自变量参与后续分析，所以将这个变量设为"名义"和"输入"。

（3）第三个变量名为"年龄"。如图 2.6 所示，这个变量的设置比较简单：其"类型"设为"数字"，"小数位数"设为 0，"测量"设为"标度"，"角色"设为"输入"。

	名称	类型	宽度	小数位数	标签	值	缺失	列	对齐	测量	角色
1	ID	字符串	8	0		无	无	8	左	名义	无
2	性别	数字	8	0		{1,男}...	无	8	右	名义	输入
3	年龄	数字	8	0		无	无	8	右	标度	输入
4	血糖	数字	8	0		{1,低}...	无	8	右	有序	目标
5	甘油三酯	数字	8	2		无	无	8	右	标度	目标

图 2.6 定义变量"年龄""血糖"和"甘油三酯"

（4）第四个变量名为"血糖"。这个变量只能选择"低""中""高"，是典型的有序分类型。同时，为了方便后续分析，这里也将文字信息数值化。因此，这个变量的"类型"设为"数字"，"小数位数"设为 0，在"值"中设置数值化的规则：1="低"，2="中"，3="高"，并在"测量"中将该变量设为"有序"，"角色"设为"目标"，如图 2.6 所示。

（5）第五个变量名为"甘油三酯"。这个变量为连续型，因此其"类型"设为"数字"，"小数位数"设为 2，"测量"设为"标度"，"角色"设为"目标"，如图 2.6 所示。

Step 3：切换至"数据视图"，录入具体的数值，如图 2.7 所示。

	ID	性别	年龄	血糖	甘油三酯
1		2	58	1	2.40
2	P2	1	47	2	3.18
3	P3	1	55	1	1.74
4	P4	2	49	1	1.23
5	P5	1	52	1	2.02
6	P6	2	53	3	4.45
7	P7	2	52	1	4.01

图 2.7 录入数据

Step 4：录入完毕后，保存数据文件。SPSS 中默认会将数据文件存储为 .sav 格式。

从这个例子可以看出，在 SPSS 中新建一个数据文件，应先定义变量，再录入数据。在定义变量时，除例 1 中提到的设置变量的"名称""类型""宽度""小数位数""值""测量"以及"角色"，还有两个属性是需要注意的。

（1）"标签"：该属性是给研究者看的，用来进一步说明这个变量存放的是什么含义的数据。例如图 2.8 所示的数据表只有两个变量，一个名为 group，另一个名为 gain。为了查看方便，变量的名称一般起得都比较短。因此，有时为了进一步提示研究人员这个变量的含义，会在"标签"中填入一些说明。但是，填入这些说明后，再对数据进行统计分析时，这些说明会取代变量名称并显示在输出结果中，如图 2.9 所示。

	名称	类型	宽度	小数位数	标签	值
1	group	数字	1	0	Treatment group	{1, No treat...
2	gain	数字	4	0	Muscle weight gain over last month in grams	无

图 2.8 设置"标签"属性

描述统计

	N	最小值	最大值	平均值	标准差
Muscle weight gain over last month in grams	15	-652	4724	562.00	1363.501
有效个案数（成列）	15				

（a）设置"标签"属性后的输出结果

描述统计

	N	最小值	最大值	平均值	标准差
gain	15	-652	4724	562.00	1363.501
有效个案数（成列）	15				

（b）未设置"标签"属性时的输出结果

图 2.9 "标签"属性对输出结果的影响

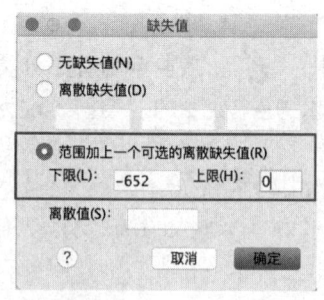

图 2.10 设置"缺失"属性

（2）"缺失"：用于将一些个案排除在统计范围之外。如对图 2.8 中的数据表，要统计与上个月相比，肌含量有所增加的被试者，平均增长了多少肌肉。这就需要将所有 gain 为负数和 0 的个案剔除后，再去求变量 gain 的均值。这时，就可以在变量 gain 的"缺失"属性中，如图 2.10 所示，将负数和 0 都设为缺失值。之后再进行统计时，就可以看到有 8 个被作为缺失的个案不被纳入统计，得到的均值也与没有缺失个案时的不一样，如图 2.11 所示。

统计		
Muscle weight gain over last month in grams		
个案数	有效	15
	缺失	0
平均值		562.00

（a）没有设置"缺失"属性时的统计结果

统计		
Muscle weight gain over last month in grams		
个案数	有效	7
	缺失	8
平均值		1371.00

（b）设置"缺失"属性时的统计结果

图 2.11　设置"缺失"属性对统计结果造成的影响

2.1.2　导入外部数据文件

除了手动新建数据文件，还可以从外部导入各类数据。近年来，通过网络进行在线问卷调研越来越普及，而这些在线问卷收集到的数据通常是以.xlsx 或.sav 格式发回给研究者的。因此，直接将这些外部数据导入 SPSS，形成可供后续统计分析使用的数据文件，往往比手动新建数据文件更常见。本节以导入.xlsx 文件为例，介绍如何导入外部数据文件。

例 2：将 demo.xlsx 导入 SPSS，保存为 demo.sav。

操作过程：

Step 1：在菜单中依次选择"文件"→"导入数据"→"Excel"。

Step 2：在弹出的窗口中，选中保存于本地的 demo.xlsx 文件，则会打开如图 2.12 所示的窗口。注意，因为要导入的数据中有字符串类型的变量，所以应选中"从字符串值中除去前导空格"和"从字符串值中除去尾部空格"。之后，单击"确定"按钮。

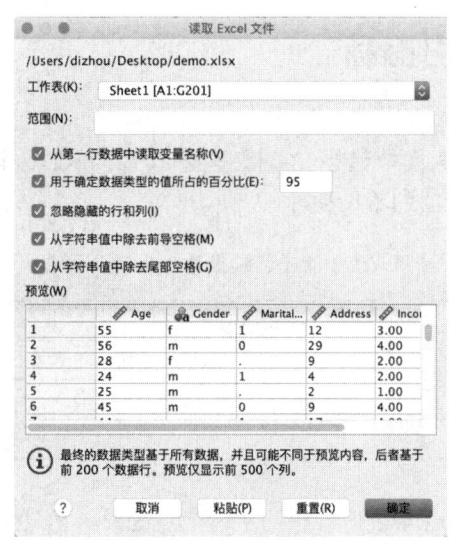

图 2.12　导入.xlsx 文件

Step 3：可以看到，demo.xlsx 中的数据已经被读入 SPSS。还有一些细节需要调整（调整后的结果如图 2.13 所示）。

（1）变量 Gender 在导入时被自动设置为了"字符串"类型，为了后续分析方便，可以将其转变为"数字"类型，如将 f（女）改为 1、m（男）改为 2，具体步骤可以参照本章例 3 的 Step 6。

（2）变量 MaritalStatus 记录的是被试者的婚姻状态，因此在它的"值"中设置对应的规则：1＝"married"，0＝"unmarried"。同时，将其"测量"设置为"名义"。

（3）变量 IncomeCategory 记录的是收入的等级，其值范围为 1～4。因此，在"变量视图"中将其"小数位数"设置为 0，并将其"测量"设置为"有序"。

（4）变量 JobCategory 记录的是工作的类型，其值范围为 1～3。因此，在"变量视图"中将其"小数位数"设置为 0，并将其"测量"设置为"名义"。

	名称	类型	宽度	小数位数	标签	值	缺失	列	对齐	测量	角色
1	Age	数字	2	0		无	无	4	右	标度	输入
2	Gender	数字	1	0		{1, f}...	无	5	右	名义	输入
3	MaritalStatus	数字	9	0	Marital Status	{0, unmarrie...	无	13	右	名义	输入
4	Address	数字	2	0		无	无	10	右	名义	输入
5	IncomeCategory	数字	4	0	Income Category	无	无	14	右	有序	目标
6	JobCategory	数字	1	0	Job Category	无	无	13	右	名义	目标

图 2.13 在"变量视图"中调整细节后的结果

2.2 了解数据——频率分析、探索分析

2.2.1 描述数据的指标

一般情况下，我们会从集中趋势、离散程度、分布特征三个方面去了解连续型数据。表 2.1 列出了描述连续型数据的常见指标。

表 2.1 描述连续型数据的常见指标

描述数据的角度	指标
集中趋势	均值、中位数、众数
离散程度	方差、标准差、全距、四分位差
分布特征	偏度、峰度

（1）均值：样本集中所有数的平均值，即 $\bar{X} = \frac{1}{n}\sum X$，$n$ 为样本量。需要注意的是，用均值来描述样本集的集中趋势时，容易受到极端值的影响。

（2）中位数：将样本集中的所有数据从大到小排列，在整个数列中处于中间位置的那个数值。与均值相比，中位数不易受极端值干扰。

（3）众数：样本集中出现频率最高的那个数值。描述集中趋势时，相比于均值和中位数，众数使用的频率不高。

（4）方差：样本集中数据的方差 $s^2 = \frac{1}{n-1}\sum(X-\bar{X})^2$。其中，$n-1$ 被称为自由度。

（5）标准差：方差的开方，即 $s = \sqrt{\dfrac{1}{n-1}\sum(X-\bar{X})^2}$。

（6）全距：样本集中数据的最大值与最小值之间的差。

（7）四分位差：将样本集中的所有数据按从小到大排列，并分成四等份，处于三个分割点位置的数值被称为四分位数，记为 Q_1、Q_2、Q_3。四分位差是 Q_3 与 Q_1 的差，即 Q_3-Q_1。因为样本集中有一半数据都在 Q_3 与 Q_1 之间，因此四分位差在排除了两侧极端值影响的前提下，反映了样本集的离散程度。

（8）偏度：用来描述数据分布倾斜的方向和程度。当数据是正态分布时，其偏度为 0。根据偏度的正负，可以知道数据是偏向左侧还是偏向右侧，具体如图 2.14 所示。

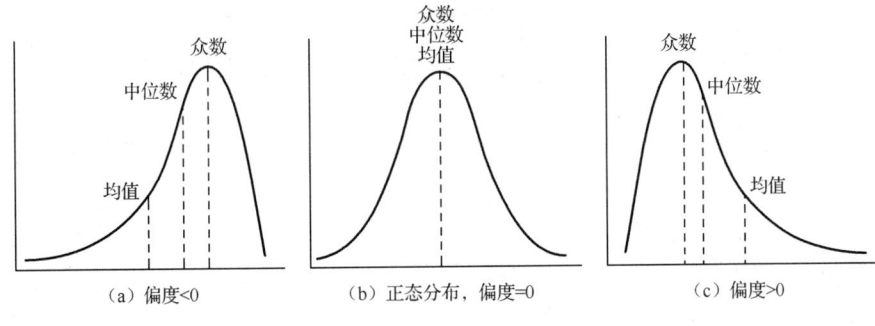

图 2.14　偏度

（9）峰度：用来描述数据分布形态的陡缓程度。当数据是正态分布时，其峰度为 0。如图 2.15 所示，如果数据的峰度大于 0，属于高狭峰；如果数据的峰度小于 0，则为低阔峰。

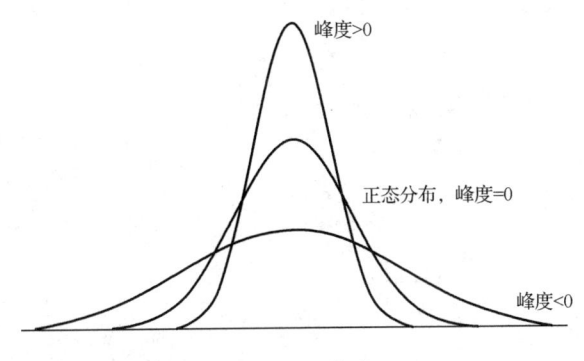

图 2.15　峰度

如果研究对象是分类型数据，则主要从频数、构成比、相对比等角度对其进行初步的了解。

（1）频数：统计各类别样本的数量，一般可通过频率分析得到。

（2）构成比：一个样本集中各个类别所占的比重。

（3）相对比：一个类别与另一个类别的数量之比，又称"比"。

2.2.2　在 SPSS 中进行描述性统计分析

SPSS 提供了几个功能模块，专门用来进行描述性统计分析，也就是用来计算上述那些描述数据的指标。这些功能模块主要集中在菜单"分析"→"描述统计"中,如图 2.16 所示。因为其中一些模块的功能互相有重叠,因此本节用两个例子对这些模块中的重要操作进行介绍。

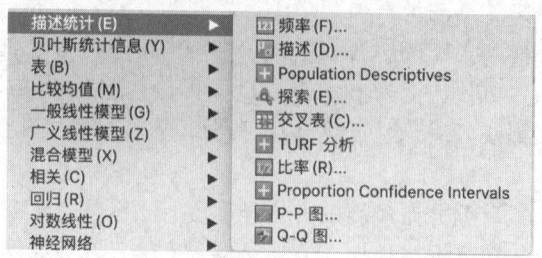

图 2.16　用于进行描述性统计分析的功能模块

例 3:(频率分析)研究者统计了 15 名学生的期末成绩,数据存放在 FrequencyAnalysis.sav 中。现在要求:

(1)统计所有学生成绩的均值、标准差、最大值、最小值、偏度、峰度,并查看各成绩的频率。

(2)将所有学生按成绩从高到低排序。

(3)统计男生的平均成绩。

(4)统计 80 分及以上学生的平均分。

(5)分别统计 60 分以下、60~79 分、80 分及以上的学生人数。

分析过程:

Step 1:统计所有学生成绩的均值、标准差、最大值、最小值、偏度、峰度。在菜单中依次选择"分析"→"描述统计"→"频率"。按图 2.17 所示进行设置。

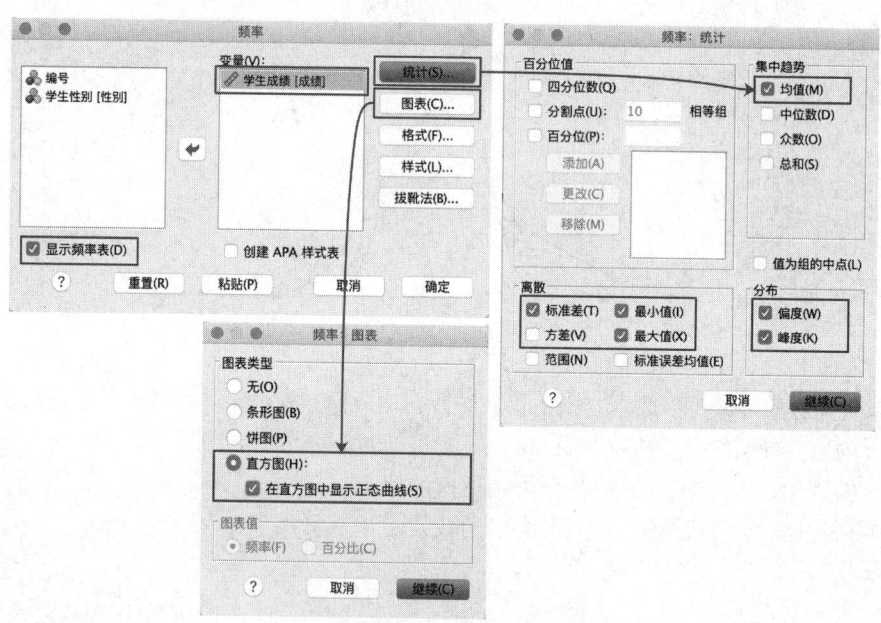

图 2.17　频率分析模块的设置

(1)将"成绩"选入右侧的"变量",表示对"成绩"这个变量进行统计。同时,选中左下角的"显示频率表"。

(2)单击右侧的"统计"按钮,在弹出界面选中"均值""标准差""最小值""最大值"

"偏度""峰度"。

（3）单击"图表"按钮，在弹出界面选中"直方图"，并选中"在直方图中显示正态曲线"。事实上，如果只想了解变量的均值、标准差等描述性指标，是不需要画图表的。此处为了介绍一下常见的直方图，所以增加了这一步骤。

Step 2：设置完毕后，单击"确定"按钮，等待输出窗口中出现统计结果。

（1）在输出的"统计"表中，可以看到所有需要分析的指标的结果。如图 2.18 所示，本例中成绩的均值（图 2.18 中的平均值）为 78.07，标准差（图 2.18 中的标准偏差）为 7.440，最大值为 91，最小值为 67，偏度为 0.166，峰度为-1.054。

（2）从图 2.19 中可以看到各成绩出现的频率以及其在整体中的占比。

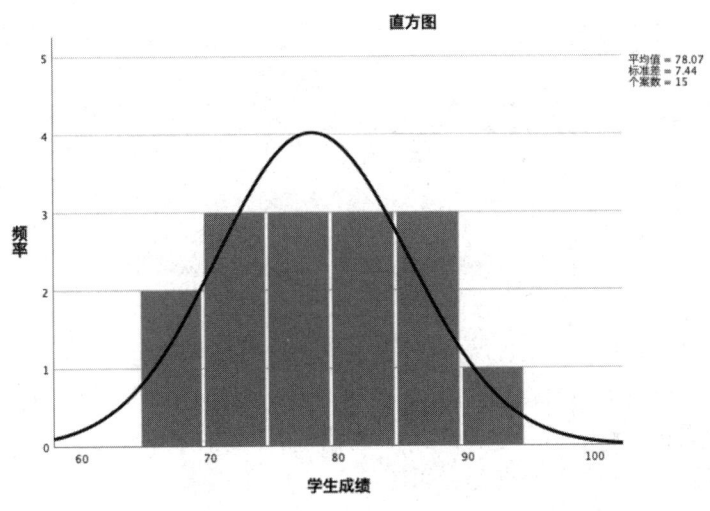

统计

学生成绩

个案数	有效	15
	缺失	0
平均值		78.07
标准 偏差		7.440
偏度		.166
偏度标准误差		.580
峰度		-1.054
峰度标准误差		1.121
最小值		67
最大值		91

图 2.18　描述性指标结果

学生成绩

		频率	百分比	有效百分比	累积百分比
有效	67	1	6.7	6.7	6.7
	68	1	6.7	6.7	13.3
	70	1	6.7	6.7	20.0
	72	1	6.7	6.7	26.7
	74	1	6.7	6.7	33.3
	75	2	13.3	13.3	46.7
	76	1	6.7	6.7	53.3
	81	2	13.3	13.3	66.7
	82	1	6.7	6.7	73.3
	85	1	6.7	6.7	80.0
	86	1	6.7	6.7	86.7
	88	1	6.7	6.7	93.3
	91	1	6.7	6.7	100.0
	总计	15	100.0	100.0	

图 2.19　频率表

（3）图 2.20 是"成绩"的直方图，其中的曲线是正态曲线。可以将直方图与正态曲线进行对照，以了解整个数据分布与正态分布的差距。

图 2.20　"成绩"的直方图

Step 3：将所有学生按成绩从高到低排序。在 SPSS 中可以通过菜单或者右键快捷操作两种方式来对数据进行排序。如果采用右键快捷操作按成绩对学生进行排序，如图 2.21 所示，则在数据视图中选中"成绩"这一列，单击右键，在弹出的菜单中选择"降序排序"即可（如果要从低到高排序，可选择"升序排序"）。

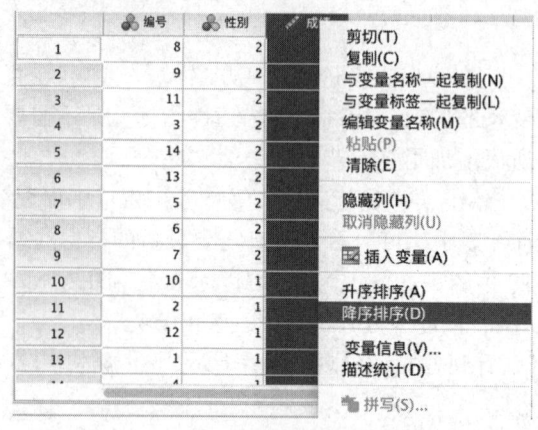

图 2.21　用右键快捷操作进行排序

需要注意的是，如果需要依据多个变量来对所有个案进行排序，如本例中的排序，若出现相同分数，则男生排在前面，女生排在后面。这种情况只能采用菜单进行排序操作。在菜单中依次选择"数据"→"个案排序"，按图 2.22 所示进行设置。

（1）将变量"成绩"选入"排序依据"，并在下方的"排列顺序"中选中"降序"。

（2）将变量"性别"选入"排序依据"，在"排列顺序"中选中"升序"（因为该数据表中，性别为 1 表示男生，性别为 2 表示女生）。

这样，就可以让样本集中的个案先按照成绩从高到低排序。如有相同成绩的，再按先男生后女生的顺序排列。

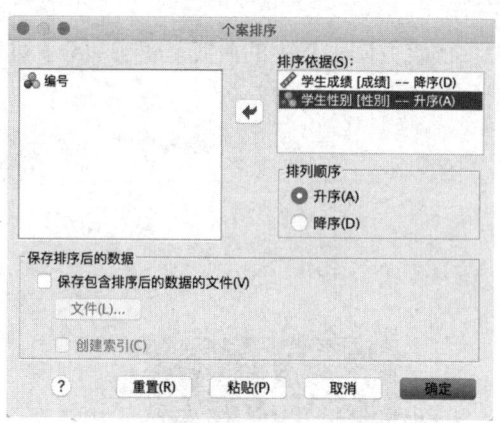

图 2.22　用菜单进行排序

Step 4：统计男生的平均成绩。这里需要将所有性别为男的个案挑选出来形成一个子集，再去统计这个子集的平均成绩。这种情况可以用两种不同的思路解决：挑出男生个案后再统计，或者按性别将所有个案进行分组后再统计。

（1）使用挑选个案的思路。

在菜单中依次选择"数据"→"选择个案"，按图 2.23 所示进行设置。注意，在"输出"中应选中"过滤掉未选定的个案"。

设置完毕后，单击"确定"按钮。这样就可以观察到原数据表中只显示性别为男的个案。需要注意的是，女生个案并没有从数据表中删除，只是没有显示（在 SPSS 28 之前的版本中，所有没被选中的个案，都是在编号上打上斜杠显示的）。如果在图 2.23 中选中的是"删除未选定的个案",则未被选中的个案会从数据表中被彻底删除。

设置完后,再参照图 2.17,重新进行描述性统计分析。输出的结果如图 2.24 所示,可以看到,男生的平均成绩为 72.83。

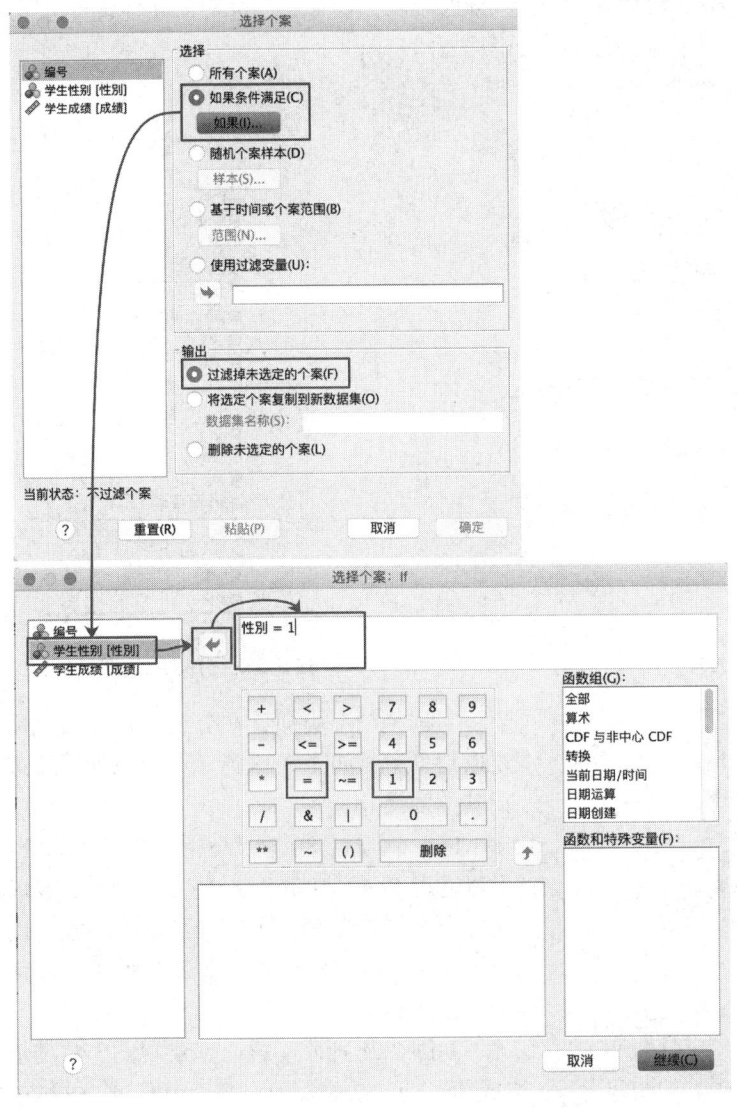

图 2.23　选择个案　　　　　　　　　　　　　图 2.24　输出的结果

需要特别注意的是,按上述步骤进行描述性统计分析后,应返回图 2.23 中的选择个案界面,将"如果条件满足"改为"所有个案",如图 2.25 所示。否则,后续的其他统计分析都会只针对男生这个子集进行。

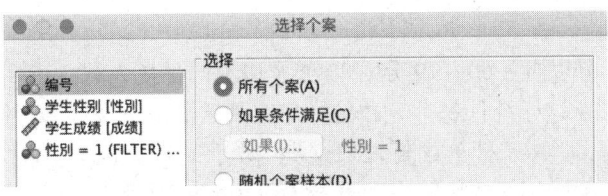

图 2.25　取消选择个案

（2）使用分组的思路。

在菜单中依次选择"数据"→"拆分文件"，按图2.26所示进行设置：选中"比较组"，并将变量"性别"选入"分组依据"。

这样设置后，所有个案会按性别被分为两组。此时再参照图2.17，进行描述性统计分析，就可以得到男生组和女生组各自的统计结果，如图2.27所示。

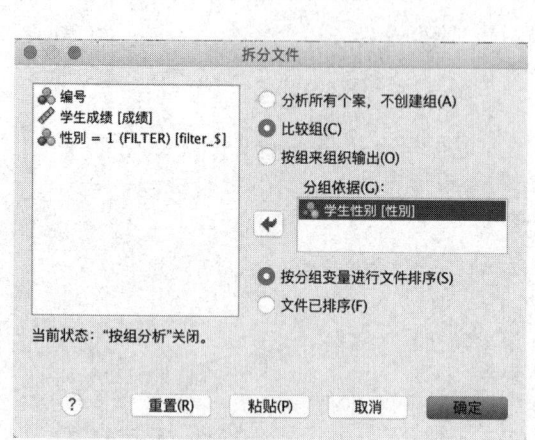

图 2.26　分组　　　　　　　　　图 2.27　分组后的统计结果

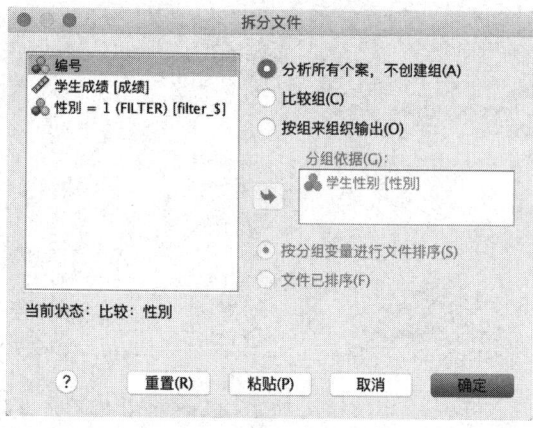

图 2.28　取消分组

与选择个案类似，在分组统计之后也需要取消分组，如图2.28所示，以方便后续进行其他统计。

Step 5：统计80分及以上学生的平均分。可以通过Step 4中介绍的方法，将80分及以上的个案挑选出来，再统计平均分。也可以通过另外一种方法，即设置缺失值来排除某些不需要的个案。

如图2.29所示，进入变量视图，将变量"成绩"的"缺失"值设置为0~79。这样就可以将所有成绩低于80的个案都设为缺失个案，在后续的其他统计分析中，这些缺失个案不会被纳入统计范围。

设置完缺失值后，再参照图2.17，重新进行描述性统计分析。有缺失值时的分析结果如图2.30所示。可以看到，此时有效个案只有7个，缺失个案有8个。80分及以上学生的平均值为84.86。

Step 6：统计60分以下、60~79分、80分及以上的学生人数。

事实上，像图2.19这样统计每个分数的频率，其意义并不大。更多的情况是需要统计某一个分数段中的人数，类似于此处的要求。这类情况，可以采用数据转换的思路去解决。

（1）在菜单中依次选择"转换"→"重新编码为不同变量"。

图 2.29 设置缺失值   图 2.30 有缺失值时的分析结果

（2）按图 2.31 进行设置，将变量"成绩"选入"数字变量→输出变量"，并在右侧"输出变量"中定义一个新变量，名为"成绩分组"。单击"变化量"按钮，可在"数字变量→输出变量"下看到"成绩-->成绩分组"，这说明原本的变量"成绩"将通过重新编码生成一个新的名为"成绩分组"的变量。

（3）单击"旧值和新值"按钮，在弹出界面中设置三条数据转换的规则：将 0~59 分转换为 1，将 60~79 分转换为 2，将 80 分及以上转换为 3。

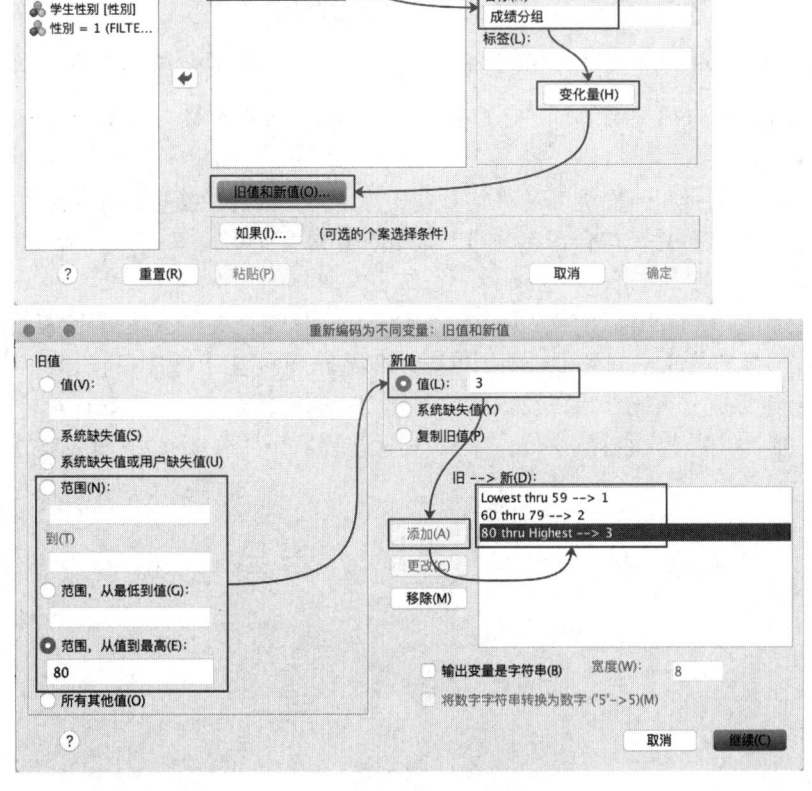

图 2.31 数据转换设置

（4）单击“确定”按钮，则原数据表中会出现一列新的变量，名为“成绩分组”，里面存放的就是所属分数段的编号，如图 2.32 所示。

	编号	性别	成绩	filter_$	成绩分组
1	1	1	72	1	2.00
2	2	1	68	1	2.00
3	4	1	75	1	2.00
4	10	1	67	1	2.00
5	12	1	70	1	2.00
6	15	1	85	1	3.00
7	3	2	81	0	3.00

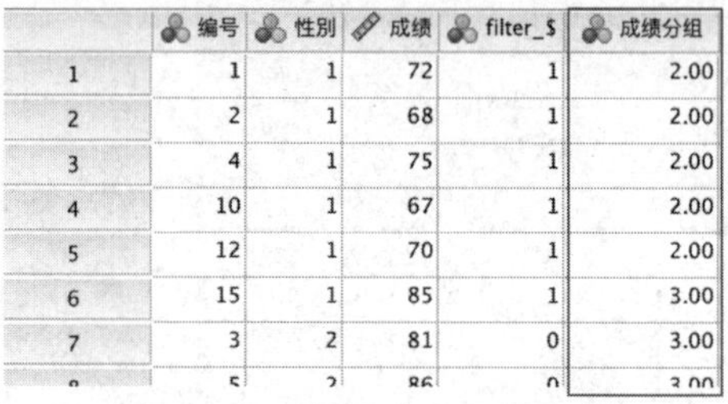

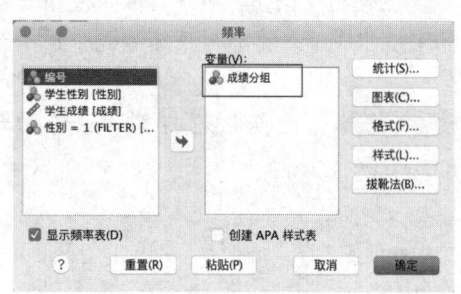

图 2.32　数据转换结果

（5）在菜单中依次选择“分析”→“描述统计”→“频率”。如图 2.33 所示，对新生成的变量“成绩分组”进行频率分析，可得到图 2.34 所示的统计结果。可见，60 ~ 79 分的学生有 8 位，占 53.3%；80 分及以上的学生有 7 位，占 46.7%；没有低于 60 分的学生。

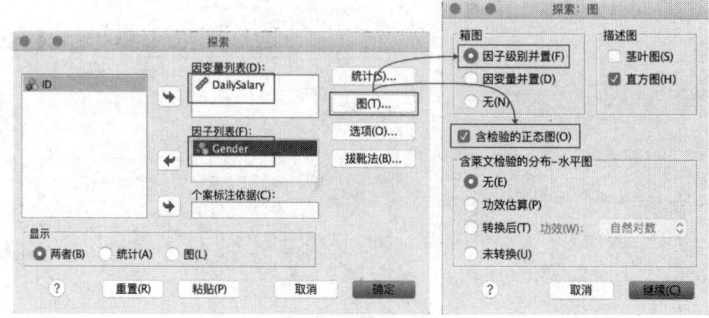

图 2.33　对新生成的变量进行频率分析

成绩分组

		频率	百分比	有效百分比	累积百分比
有效	2.00	8	53.3	53.3	53.3
	3.00	7	46.7	46.7	100.0
	总计	15	100.0	100.0	

图 2.34　统计结果

例 4：（探索分析）研究者统计了 200 位员工的日薪，数据存放在 ExploreAnalysis.sav 中。现在要求：

（1）分别统计男员工与女员工的平均日薪、标准差等描述性指标。

（2）男员工的日薪是否符合正态分布？是否有异常值存在？

分析过程：

Step 1：要分别统计男员工与女员工的平均日薪、标准差等描述性指标，可使用图 2.26 中的方法，先将所有样本根据性别分组，再统计即可；还可使用图 2.16 所示菜单中的“探索”功能模块，直接完成分组统计，以及正态性和异常值的检验。

Step 2：在菜单中依次选择“分析”→“描述统计”→“探索”。按图 2.35 进行设置。

图 2.35　探索分析的设置

（1）将变量"Gender"选入"因子列表"（将用这个变量对所有样本进行分组），再将变量"DailySalary"选入"因变量列表"。

（2）单击"图"按钮，在弹出界面选中"含检验的正态图"，就可以对数据进行正态性检验。同时，在"箱图"中选中"因子级别并置"，结果会以箱图方式显示是否有异常值存在。

Step 3：结果分析。

（1）探索分析的结果如图 2.36 所示。可以看到，男员工的平均日薪为 110.41，标准差为 111.330；女员工的平均日薪为 67.60，标准差为 54.013。

描述

Gender			统计	标准 错误
DailySalary Male	平均值		110.41	13.030
	平均值的 95% 置信区间	下限	84.44	
		上限	136.39	
	5% 剪除后平均值		94.70	
	中位数		80.00	
	方差		12394.273	
	标准 偏差		111.330	
	最小值		0	
	最大值		500	
	全距		500	
	四分位距		100	
	偏度		2.441	.281
	峰度		6.234	.555
Female	平均值		67.60	4.793
	平均值的 95% 置信区间	下限	58.11	
		上限	77.08	
	5% 剪除后平均值		62.92	
	中位数		50.00	
	方差		2917.401	
	标准 偏差		54.013	
	最小值		0	
	最大值		300	
	全距		300	
	四分位距		70	
	偏度		1.457	.215
	峰度		2.541	.427

图 2.36 探索分析的结果

（2）图 2.37 所示为正态性检验的结果。SPSS 中提供了柯尔莫戈洛夫-斯米诺夫检验（Kolmogorov-Smirnov test，K-S 检验）和夏皮洛-威尔克检验（Shapiro-Wilk test，S-W 检验）两种方法，用于检测样本集是否符合正态分布，且这两种方法的检验结果一般不会有太大的差别。这两种检验的零假设都是 H_0：样本来自的总体与正态分布没有显著性差异。

正态性检验

		柯尔莫戈洛夫-斯米诺夫[a]			夏皮洛-威尔克		
	Gender	统计	自由度	显著性	统计	自由度	显著性
DailySalary	Male	.259	73	.000	.698	73	.000
	Female	.210	127	.000	.864	127	.000

a. 里利氏显著性修正

图 2.37 正态性检验的结果

因此，由图 2.37 可以看到，本例中男性样本组的 K-S 检验 $p < 0.001$，即拒绝 H_0，说明男员工的日薪并不符合正态分布。同样的，女性样本组的 K-S 检验 $p < 0.001$，即女员工的日薪也不符合正态分布。

（3）检查是否有异常值。

图 2.38 所示为男性样本组和女性样本组的箱图。每个箱图都由中间的一个方框、外延出来的两条直线以及可能出现的圆圈和星号组成。其中，方框的上边缘和下边缘分别表示该样本组四分位数的 Q_3 和 Q_1，方框里的那条线是四分位数中的 Q_2，即中位数；方框延伸出的两条直线的顶端分别是最大非异常值和最小非异常值。如果箱图出现圆圈或者星号，表示该样本组中有异常值。如果一个数到箱图中方框边缘的距离超过 1.5 倍四分位差（也就是框体的高度），这个数就被判定为温和异常值，用圆圈表示；如果这个数到方框边缘的距离超过了 3 倍框体高度，该数就为极端异常值，用星号表示。

本例中，男性样本组有 4 个极端异常的个案，分别是编号为 55、76、103、113 的个案；而女性样本组只有 1 个温和异常的个案，是编号为 119 的个案。

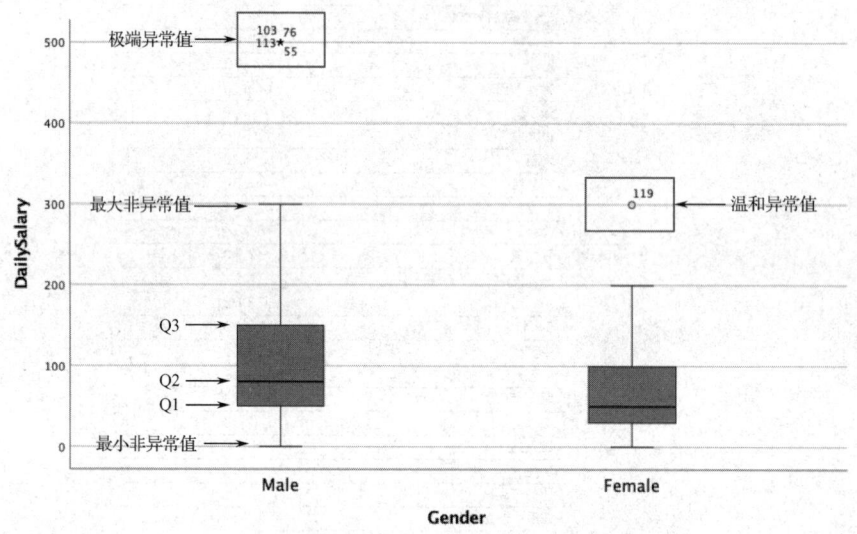

图 2.38 男性样本组和女性样本组的箱图

本节通过例 3 和例 4 介绍了如何统计样本的均值、标准差、偏度、峰度、频率等基础的描述性指标，并介绍了如何对样本集进行分组、排序、选择个案、设置缺失值、数据转换，以及如何对样本集的正态性和异常值进行检验等。这些都是在 SPSS 中进行统计分析时常用的操作，会经常使用到。

2.3 整理数据

在对数据进行分析之前，还需要对数据进行一些预处理，使这些数据更符合参与后续统计的要求，包括处理异常值、将变量转换成其他形态、对数据进行筛选、处理多选题等。本章例 3 和例 4 中已经涉及了一些整理数据的操作，如将**数据分组**的操作、**数据筛选**的操作、**数据转换**的操作等。本节重点对异常值以及多选题的处理做进一步的补充。

2.3.1 异常值的处理

很多统计分析方法对样本集中的异常值都很敏感，也就是说异常值会影响整个样本集的分析结果。因此，排除输入错误后，如果样本集中仍然存在异常值，则需要对这些异常值进行一些处理。本章例 4 中已经介绍了如何检查样本集中是否包含异常值。针对异常值，尤其是极端异常值（对温和异常值可以不进行处理），有以下两种处理方式。

1．直接删除异常个案

如果样本量很大，可以考虑直接删除异常值。在图 2.38 中，星号周围的数字就是异常个案的编号。所以如果要使样本集中不再有异常值，可以按图 2.39 所示，先定位到这些个案，并从最异常的个案开始删起。每删除一个就重新进行一次异常值检验，直至没有异常值。

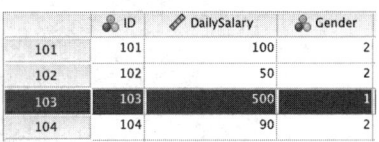

图 2.39　定位异常值

2．对样本集进行转换

一般来说，有异常值的样本集都是偏态的，而偏态的数据在分析时会受到很多限制，因此有时会需要将样本集向正态分布转化。根据偏态的程度，可以选择对原样本集进行**平方根转换**、**对数转换**或**倒数转换**等。

如例 4 的 ExploreAnalysis.sav 中，男性样本组有极端异常值，且从图 2.36 可知男性样本组的偏度=2.441＞0，因此可以尝试将变量 DailySalary 进行以下转换操作。

Step 1：在菜单中依次选择"转换"→"计算变量"。

Step 2：如图 2.40 所示，在"目标变量"中将转换后形成的新变量命名为 Salary_sqrt，并在"函数组"中选择"算术"，在"函数和特殊变量"中选择"Sqrt"，这样在"数字表达式"中就会出现"SQRT（？）"。然后将变量 DailySalary 选入"数字表达式"，单击"确定"按钮，在原数据表中就能看到新生成的名为 Salary_sqrt 的变量，其值就是变量 DailySalary 的平方根。

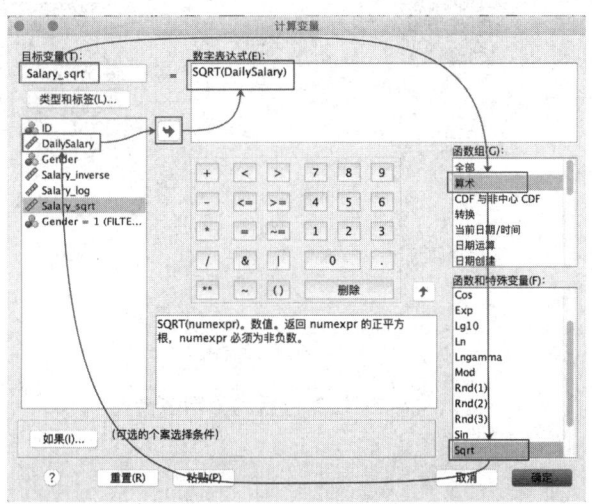

图 2.40　计算变量

Step 3：参照 Step 2，生成另外两个新变量，对变量 DailySalary 进行对数转换和倒数转换，即 Salary_log = lg10(DailySalary)，Salary_inverse = 1/DailySalary。

Step 4：参照本章例 4 中的步骤，以性别为自变量，以 Salary_sqrt、Salary_log、Salary_inverse 为因变量分别进行探索分析，得到如图 2.41 所示的箱图。可以看到，经过这三种转换后，极端异常值被消除了。

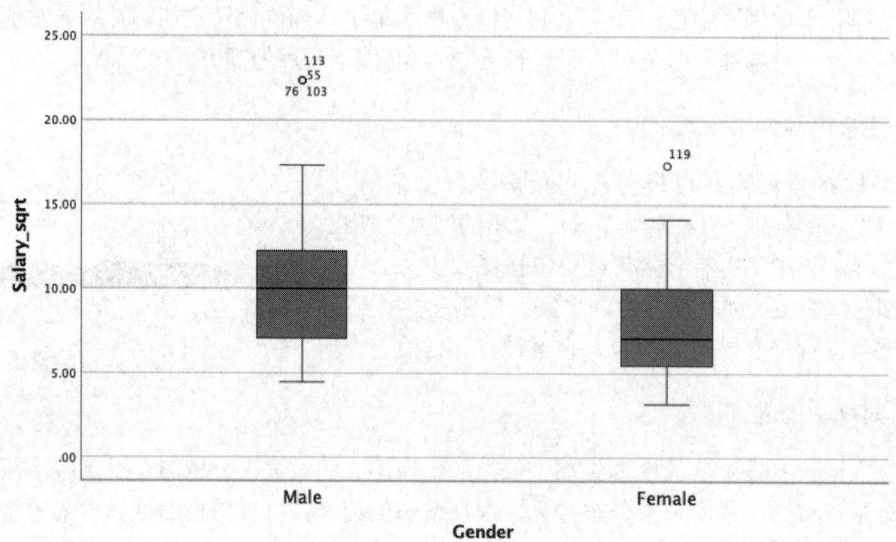

（a）平方根转换后的箱图

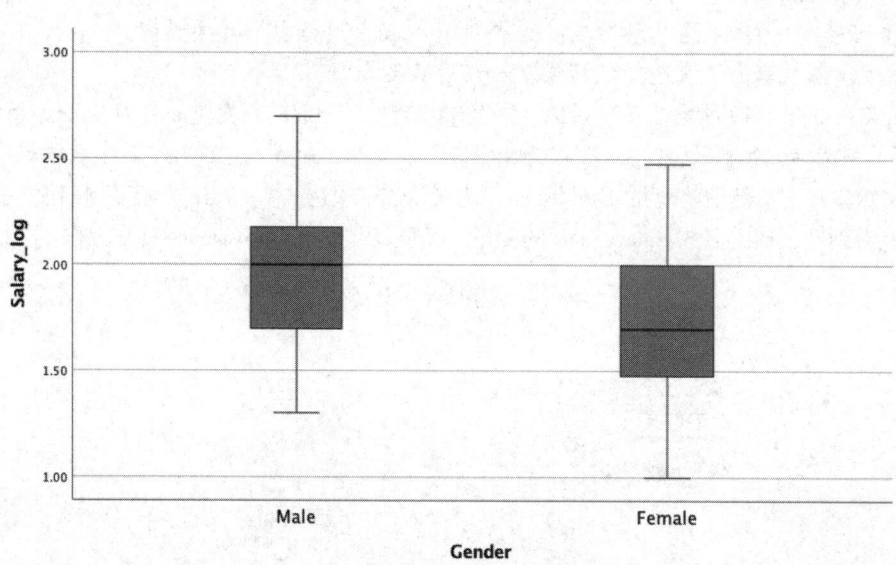

（b）对数转换后的箱图

图 2.41 转换变量后的异常值情况

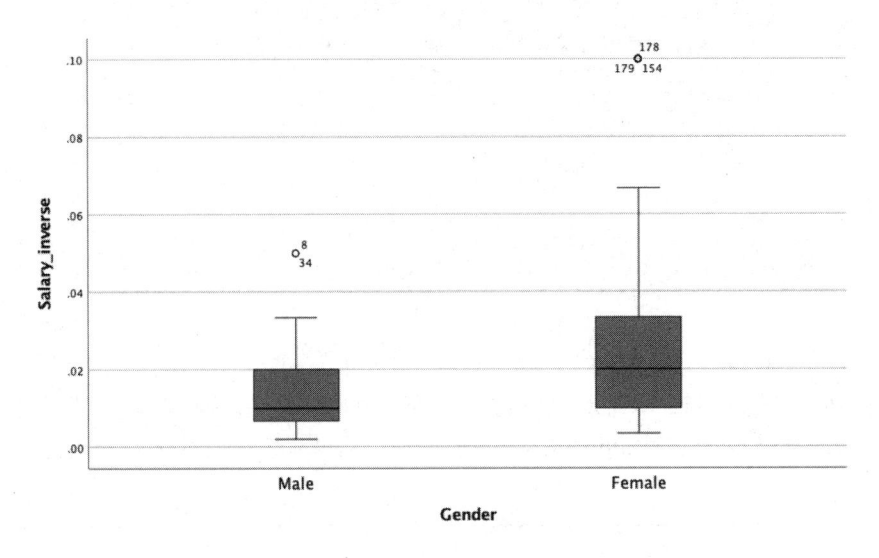

（c）倒数转换后的箱图

图 2.41　转换变量后的异常值情况（续）

需要注意的是，上述转换方法针对的是样本集的偏度>0 的情况。如果存在极端异常值的样本集的偏度<0，则在进行平方根转换、对数转换或倒数转换时，可以使用以下公式：Salary_sqrt = sqrt(max+1-DailySalary)，Salary_log = lg10(max+1-DailySalary)，Salary_inverse = 1/(max+1-DailySalary)。其中，max 为这个样本集中的最大值。

2.3.2　多选题的处理

在设计调研或者市场调研中，经常会使用多选题，也就是一个问题允许被调研对象给出多个答案，典型的多选题如本章例 5 中所示。多选题通常有以下两种数据输入的方式。

（1）二分法：每个选项都被当作一个变量。如图 2.42 所示，如果选中该选项，就录入 1；如果未选中该选项，就录入 0。

U11	U12	U13	U14	U15	U16	U17	U18	U19
0	1	0	1	1	0	0	0	0
0	1	0	0	1	0	0	1	0
0	1	0	1	1	1	1	0	0
0	1	1	1	1	0	1	1	0
0	1	0	0	1	0	1	0	0
1	0	0	1	1	0	0	0	0
0	1	1	0	1	1	0	1	0
0	0	0	1	1	0	0	1	0

图 2.42　二分法输入多选题

（2）多重分类法：每个选项都有一个编号，如果选中该选项，就录入其编号；如果未选中该选项，就不录入其编号，如图 2.43 所示。

对于通过多选题采集到的数据，无论是用二分法还是多重分类法保存的，在分析时一般都需要构建多重响应集，具体操作可参见本章例 5。

U11	U12	U13	U14	U15	U16	U17	U18	U19
2	4	5	.	.	.	.	.	.
5	8	2	.	.	.	.	.	.
4	2	6	5	7	.	.	.	.
2	5	8	3	4	7	.	.	.
2	8	5	7	6	.	.	.	.
5	4	1	.	.	.	.	.	.
6	8	5	3	2	.	.	.	.
4	8	5	.	.	.	.	.	.

图 2.43 多重分类法输入多选题

例 5：研究者随机调查了 1000 名路人，询问他们使用过哪些香薰类产品，调查问卷如图 2.44 所示。数据保存在 MultipleSelection.sav 中。要求统计：使用人数排名前三的香薰类产品是什么？

请问您用过哪些香薰类产品？
☐ 无火香薰   ☐ 蜡烛香薰   ☐ 固体香薰-点香
☐ 固体香薰-香膏 ☐ 车载香薰   ☐ 香薰喷雾（按压头）
☐ 香薰扩香仪（香薰机、加湿器+精油） ☐ 香水（包括淡香精，浓香精等）
☐ 其他（请注明）

图 2.44 调查问卷

分析过程：

Step 1：构建多重响应集。在菜单中依次选择"分析"→"表"→"多重响应集"。按图 2.45 进行设置：

将多选题涉及的所有题项选入"集合中的变量"。本例通过多重分类法录入多选题，因此在"变量编码"中选中"类别"。在"集合名称"处给将要建立的多重响应集起名为 Type，并可设置"集合标签"。单击"添加"按钮，即可完成多重响应集的构建。

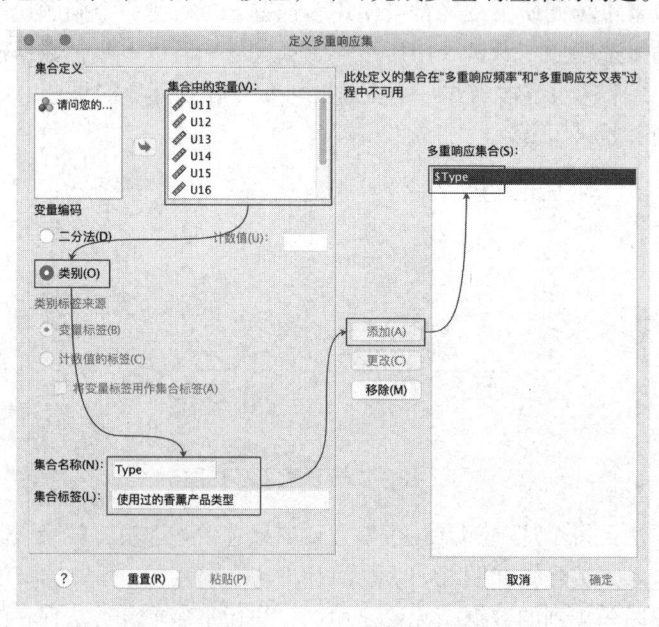

图 2.45 构建多重响应集

Step 2：对多重响应集进行统计。在菜单中依次选择"分析"→"表"→"定制表"，如图 2.46 所示，将建立好的多重响应集 Type 选入"行"。单击"摘要统计"按钮，在弹出界面将"列响应%（基准：计数）"和"列计数%（基准：响应）"都选入"显示"中。单击"应用于所选项"按钮，再单击"关闭"按钮。

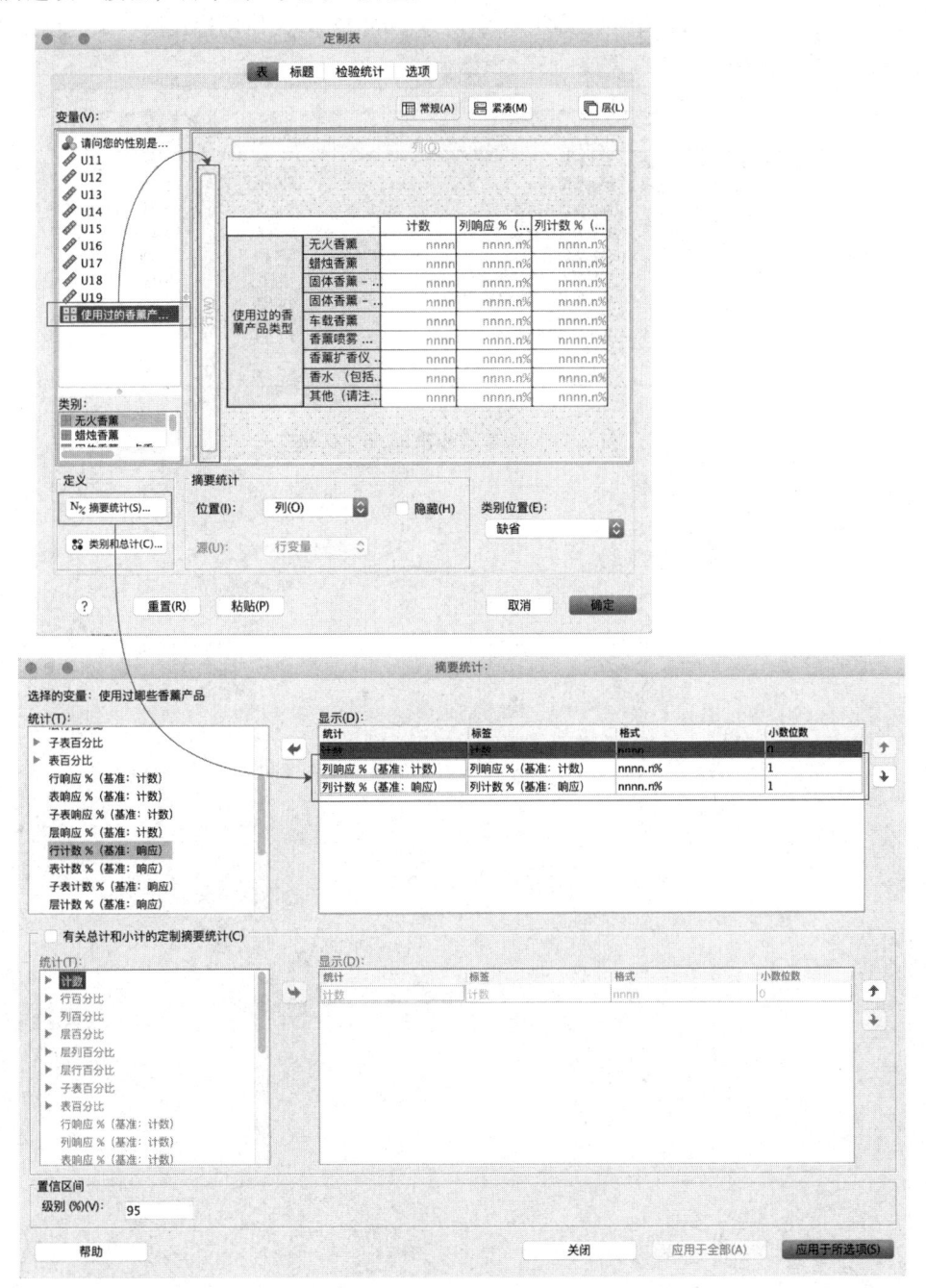

图 2.46　对多重响应集进行统计

需要注意的是，这里的"列响应%（基准：计数）"指个案百分比，也就是选这项的人与所有参与调研的人数的比例，因而所有类别的"列响应%（基准：计数）"之和会大于100%；而"列计数%（基准：响应）"指将所有人的所有选择都计算在内，选这款产品的比例，也就

- 031 -

是所有选择中的比例，而不是所有人数中的比例。因此，所有类别的"列计数%（基准：响应）"之和等于100%。

Step 3：结果分析。

多重响应集的统计结果如图2.47所示。可知，使用人数排名前三的香薰类产品为：第一名，香水，77.0%的人使用过；第二名，车载香薰，69.1%的人使用过；第三名，固定香薰-香膏，52.7%的人使用过。

		计数	列响应 %（基准：计数）	列计数 %（基准：响应）
使用过的香薰产品类型	无火香薰	315	31.5%	7.8%
	蜡烛香薰	477	47.7%	11.8%
	固体香薰 – 点香	391	39.1%	9.7%
	固体香薰 – 香膏	527	52.7%	13.1%
	车载香薰	691	69.1%	17.2%
	香薰喷雾（按压头）	390	39.0%	9.7%
	香薰扩香仪（香薰机、加湿器+精油）	466	46.6%	11.6%
	香水（包括淡香精，浓香精等）	770	77.0%	19.1%
	其他（请注明）	0	0.0%	0.0%

图 2.47　多重响应集的统计结果

第3章
差异性分析Ⅰ——在一个连续型指标上

从本章开始,我们讨论如何在研究中进行差异性分析。所谓差异性分析,就是分析不同的样本组在某个(些)指标上是否有差异。因其内容较多,将分为3章,即在第3章、第4章、第5章中进行讲解。具体的,本章讨论的主要是:不同的样本组,在某**一个连续型**指标上是否有差异,即一个或 n 个分类型自变量,对一个连续型因变量,是否有显著性影响;第4章讨论的是不同的样本组,在某**一个分类型**指标上是否有差异;而第5章则探讨不同样本组在**多个因变量**形成的整体上是否有差异。

本章中的分析方法可以分为两大类:参数检验方法以及非参数检验方法。所谓**参数检验方法**,就是在已知数据服从某种分布的前提下,通过样本数据对总体分布的参数(如均值、方差等)进行推断的方法。因此使用这类方法进行分析时,要求数据必须符合一定的条件(如服从正态分布、方差齐性等)。如果数据不满足所要求的条件,使用参数检验方法就有可能出现错误。

所以,在数据不符合所要求的条件时,就应该选用**非参数检验方法**。所谓非参数检验方法,就是在总体分布未知的情况下,通过样本数据推断总体形态的一类方法。整个推断的过程不涉及有关总体分布的参数,所以称为"非参数"检验。尽管使用非参数检验方法不用考虑总体分布等限制条件,但是因为非参数检验方法通常不使用具体数值信息,而主要使用排序或秩来计算,对信息的利用不充分,所以非参数检验方法的检验效能低于参数检验方法的检验效能。

在参数检验方法与非参数检验方法的选择上,应该遵守以下原则:

(1)可以使用参数检验方法时,应使用参数检验方法;不能使用参数检验方法时,才考虑使用非参数检验方法。

(2)如果一份数据既可以使用参数检验方法进行分析,也可以使用非参数检验方法进行分析,则:

若非参数检验方法分析结果显示 $p < 0.05$，则对应的参数检验方法分析结果一定是 $p < 0.05$。

若非参数检验方法分析结果显示 $p > 0.05$，则对应的参数检验方法分析结果既可能是 $p > 0.05$，也可能是 $p < 0.05$。即，非参数检验方法显示样本无显著性差异时，有可能不是没有显著性差异，而是非参数检验方法检测不出来。

本章中的分析方法也适用于讨论"不同的样本组，在某一个**由李克特量表测出的指标**上是否有差异"。

因此，本章研究的问题可以概括为：

（1）不同的样本组，在某一个连续型或由李克特量表测得的指标上，是否有差异？

（2）一个或 n 个分类型自变量，对一个连续型因变量或一个由李克特量表测得的因变量（数据），是否有显著性影响？

3.1 一个样本组与一个常数之间的差异性

在讨论不同样本组之间的差异性之前，首先来讨论一下如何分析一个样本组与一个常数之间的差异性。

有一组连续型数据（或一组由李克特量表测得的数据），如果想知道这组数据的均值与某一个给定的常量之间是否存在统计学意义上的显著性差异，可以考虑使用**单样本 t 检验**（One sample t-test）。单样本 t 检验的使用条件和零假设如表 3.1 所示。

表 3.1 单样本 t 检验的使用条件和零假设

使用条件	（1）样本组为连续型数据，或是由李克特量表测得的数据，并且数据之间互相独立。 （2）如果样本组是小样本数据集（样本量小于 30），则这些数据最好符合正态分布，否则会影响检验的准确性；如果样本组是大样本数据集，则正态分布的条件可以适当放宽。 （3）样本组无异常值
零假设	H_0: $\mu = \mu_0$，即样本组的均值 μ 与常数 μ_0 没有显著性差异

例 1：大西洋中有一种鱼，历史数据显示这种鱼的平均体重为 400g。现在要研究：目前这种鱼的体重是否发生了改变？随机捕捉 40 条这种鱼，分别测量它们的体重，记录在 OneSampleT.sav 中。

分析过程：

Step 1：整个数据只有一个变量 body_weight。首先，检验样本组是否符合正态分布：

在菜单中依次选择"分析"→"描述统计"→"探索"。如图 3.1 所示，在弹出的正态性检验的设置中将变量 body_weight 选入"因变量列表"，单击"图"按钮，在弹出界面选中"含检验的正态图"，再单击"确定"按钮。

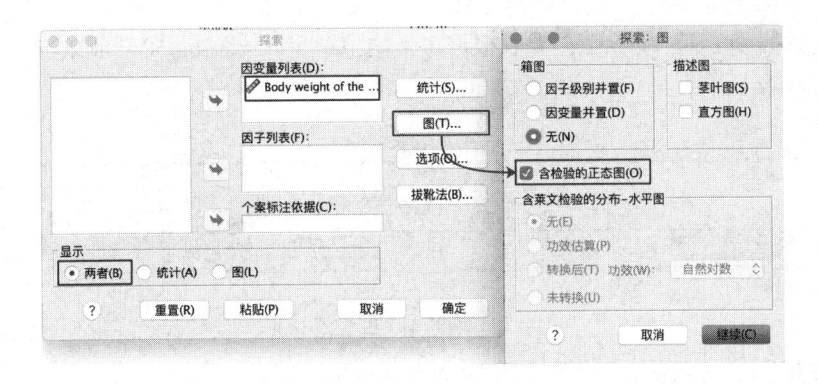

图 3.1 正态性检验的设置

正态性检验的结果如图 3.2 所示。由图 3.2 可知，两种正态性检验方法都表明样本组符合正态分布，因此可以进行下一步。

正态性检验

	柯尔莫戈洛夫-斯米诺夫[a]			夏皮洛-威尔克		
	统计	自由度	显著性	统计	自由度	显著性
Body weight of the herring in grams	.112	40	.200*	.959	40	.157

*. 这是真显著性的下限。
a. 里利氏显著性修正

图 3.2 正态性检验的结果

Step 2：在菜单中依次选择"分析"→"比较均值"→"单样本 t 检验"。
如图 3.3 所示，将变量 body_weight 选入"检验变量"，并在"检验值"中填写 400。

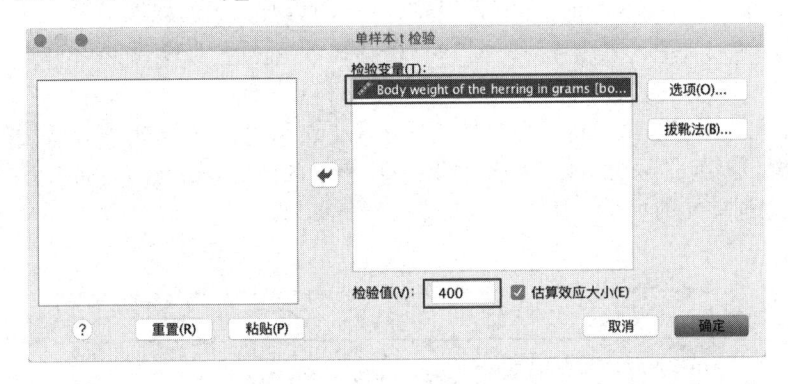

图 3.3 单样本 t 检验的设置

Step 3：结果分析。
（1）查看单样本统计结果，如图 3.4 所示，可知目前这种鱼的平均体重为 369.55g。

单样本统计

	N	均值	标准差	标准误差平均值
Body weight of the herring in grams	40	369.55	79.308	12.540

图 3.4 单样本统计结果

（2）查看单样本 t 检验的结果，如图 3.5 所示，$p = 0.020 < 0.05$，表明这种鱼目前的平均

体重与历史数据 400g 有显著性差异。根据"平均值差值" = -30.450，可知与过去相比，这种鱼的体重显著下降了。

单样本检验

	t	自由度	单侧 P	双侧 P	平均值差值	下限	上限
Body weight of the herring in grams	-2.428	39	.010	.020	-30.450	-55.81	-5.09

检验值 = 400，差值 95% 置信区间

图 3.5　单样本 t 检验的结果

（3）查看效应量（Effect size）。

效应量是社科类研究中越来越普遍要求汇报的一个统计量[1-2]。通过图 3.5 中的 p 值，可以知道是否接受零假设（接受零假设，就是零假设为真；不接受或拒绝零假设，就是零假设为假）。对于单样本 t 检验，通过 p 值可以知道样本组的均值与给定常量之间是否存在显著性差异。当 p 小于 0.05 时，即存在显著性差异，但这个差异究竟有多大，只靠 p 值是无法得知的。这里引入一个新的概念——**效应量**，就是用来衡量所检测出的效应（此处就是所检测出的差异性）的大小。

单样本 t 检验通常使用 Cohen's d（图 3.6 中的 Cohen d）来衡量效应的大小，一般用 d 来表示。SPSS 27 及之后的版本能自动计算出效应量，如图 3.6 所示。而 SPSS 26 及之前的版本，则需要手工计算，其计算公式为

$$d = \frac{\mu - \mu_0}{\sigma} \quad (3-1)$$

式中：μ 与 μ_0 分别为样本组的均值、给定的常量；σ 为样本组的标准差。当 $d \leq 0.2$ 时，表示所检测出的效应很小（Small effect）；当 d 在 0.5 附近时，表明效应中等（Medium effect）；当 d 在 0.8 附近时，表示效应比较大（Large effect）；当 d 大于 1.3 时，表示效应非常大（Very large effect）[2]。

本例中，可以看到，虽然这种鱼目前的平均体重与历史数据 400g 有显著性差异，但这种差异不是很大，因为 $d = 0.384$。注意，图 3.6 中显示的效应量 d 为 -0.384，但因为它是用来反映 μ 与 μ_0 之间差异的大小，所以一般看其绝对值即可。

单样本效应大小

		标准化量ª	点估算	下限	上限
Body weight of the herring in grams	Cohen d	79.308	-.384	-.703	-.060
	Hedges 修正	80.875	-.377	-.689	-.059

a. 估算效应大小时使用的分母。
Cohen d 使用样本标准差。
Hedges 修正使用样本标准差，加上修正因子。

图 3.6　效应量

Step 4：书写报告。

单样本 t 检验显示，这种鱼目前的平均体重为 369.55g，显著小于历史数据 400g，$t(39) = -2.428$，$p = 0.020$，效应量 $d = 0.384$。

例 2：Tudor 等在研究中使用 System Usability Scale（SUS），对所设计的电子睡眠日记进行可用性测量[3]。SUS 是一种应用广泛的测量产品可用性的量表（如图 3.7 所示），共 10 个问题，所有题项的得分之和就是被测产品的可用性得分。另外，有的研究通过统计 446 个使用 SUS 测量产品可用性的研究，得到了通用产品的平均可用性值，作为后续其他研究的标准。

因此，Tudor 等将收集到的 SUS 数据与通用产品的平均可用性值做了单样本 t 检验，用来了解所设计的电子睡眠日记的可用性是高于通用产品的平均可用性值，还是低于通用产品的平均可用性值。在这项研究中，所有被测者提交的 SUS 的得分形成了测试组数据，而通用产品的平均可用性值则作为单样本 t 检验中的常量（详细内容参见本章参考文献[3]）。

图 3.7　SUS

例 3：Chen 等设计用不同颜色来可视化用户在使用社交软件发送语音信息时的情绪[4]。为了检测用户是喜欢使用新设计出的情绪可视化方案，还是原有方案，Chen 等使用了一个 5 级李克特量表。如图 3.8 所示，-2 表示用户选择使用原有方案，2 表示用户选择使用新设计出的情绪可视化方案，0 表示两个方案都可以。因此，由李克特量表测出的数据就是测试组数据，量表的中间值 0 作为常量。如果单样本 t 检验的结果显示由李克特量表测出的数据与 0 之间存在显著性差异，即用户在新设计出的情绪可视化方案与原有方案之间是有明确的选择偏好的；如果单样本 t 检验的结果显示两者之间不存在显著性差异，则说明这两个方案对用户的吸引力相差不大（详细内容参见本章参考文献[4]）。

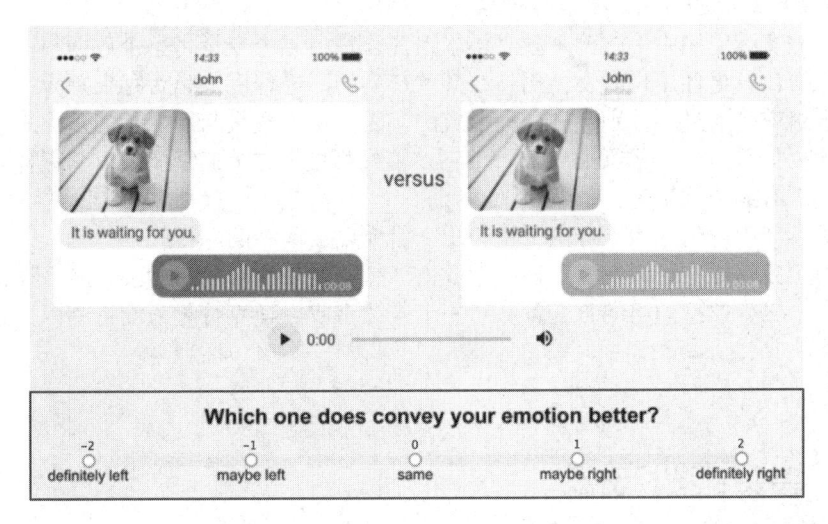

图 3.8　检测用户对两种方案的偏好

3.2 两个独立样本组之间的差异性

如果要分析组间实验中产生的两个独立样本组在一个连续型、或一个由李克特量表测出的指标上是否有差异（如图 3.9 所示），可先考虑使用**独立样本 t 检验**（Independent-samples t-test）。作为参数检验方法，独立样本 t 检验有一些特定的使用条件，如正态性、无异常值等。当不满足这些使用条件时，应该转而考虑使用与其对应的非参数检验方法，包括 **Mann-Whitney U 检验**、**Kolmogorov-Smirnov 检验**、**Wald-Wofwitz runs 检验**、**Moses extreme reaction 检验**等。其中，Mann-Whitney U 检验最为常用。

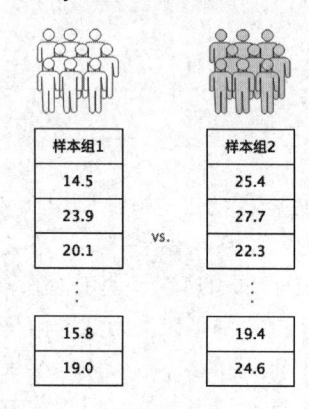

图 3.9　两个独立样本组在一个连续型或由李克特量表测得的指标上的差异性分析

应注意，如果比较三个或更多样本组之间的差异，本节中的检验方法并不适用，可查阅并使用 3.4 节中对应的方法。

另外，在实际应用中，这两个独立样本组往往是由某个变量将整个数据集一分为二形成的。例如，要比较男性用户与女性用户在某款产品的喜好程度上是否存在差异，男性样本组与女性样本组就是通过"性别"划分而形成的。因此从自变量与因变量的角度来看，这里就是分析："性别"这个二分类型的自变量，对"喜好程度"这个连续型或由李克特量表测得的因变量，是否有显著性影响？

因此，本节中讨论的检验方法，主要用来研究以下两种问题：

（1）两个独立样本组，在一个连续型或由李克特量表测得的指标上，是否存在差异？

（2）一个二分类型的组间自变量，对一个连续型或由李克特量表测得的因变量，是否存在显著性影响？

3.2.1　参数检验方法

独立样本 t 检验（Independent-samples t-test）的使用条件和零假设如表 3.2 所示。

表 3.2　独立样本 t 检验的使用条件和零假设

使用条件	（1）组间实验。 （2）只有一个自变量，为二分类型，即只有两个独立样本组。 （3）只有一个因变量，为连续型或者由李克特量表测得的。同一个样本组内部，数据互相独立。 （4）如果样本组是小样本数据集，这些数据最好符合正态分布，否则会影响检验的准确性；如果样本组是大样本数据集，则正态分布的条件可以适当放宽。 （5）两个样本组符合方差齐性要求（不需要另外检测，在独立样本 t 检验的过程中，可以自动完成方差齐性检测）。 （6）样本组无异常值
零假设	H_0：$\mu_1 = \mu_2$，即第一个样本组的均值 μ_1 与第二个样本组的均值 μ_2 之间没有显著性差异

例 4：研究者邀请了 40 名被试者，统计了他们的性别以及每周用于购买食品的费用，数据存放在 IndependentT_1.sav 中。现在需要研究：不同性别的人每周花在食品上的费用是否存在差异？

分析过程：

Step 1：性别是自变量，只有两个取值，即男、女。购买食品的费用为因变量，属于连续型数据。

Step 2：检测样本组是否符合正态性及异常值要求。

（1）正态性检验：在菜单中依次选择"分析"→"描述统计"→"探索"。

如图 3.10 所示，将因变量 cost 选入"因变量列表"，将自变量 gender 选入"因子列表"。单击"图"按钮，在弹出界面选中"含检验的正态图"以及"箱图"中的"因子级别并置"，再单击"确定"按钮。

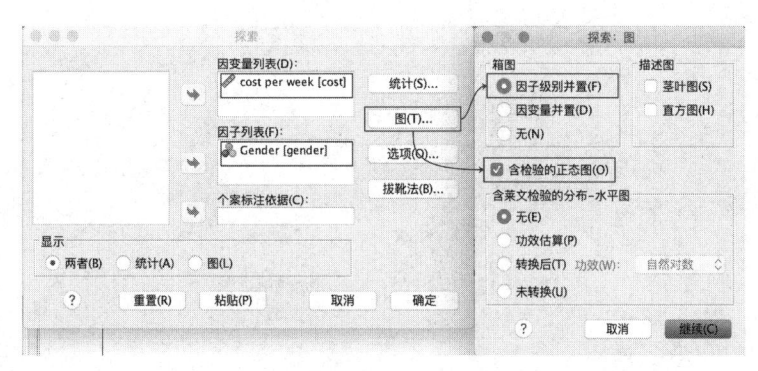

图 3.10　正态性检验的设置

正态性检验的结果如图 3.11 所示。可以看到，两种检验方法均显示，男性样本组与女性样本组都符合正态分布要求，$p > 0.05$。

正态性检验

	Gender	柯尔莫戈洛夫-斯米诺夫(V)[a]			夏皮洛-威尔克		
		统计	自由度	显著性	统计	自由度	显著性
cost per week	Male	.074	20	.200*	.983	20	.970
	Female	.120	20	.200*	.961	20	.560

*. 这是真显著性的下限。
a. 里利氏显著性修正

图 3.11　正态性检验的结果

（2）异常值检验：在步骤（1）中，除了会输出正态性检验的结果，还会输出异常值检验的结果，如图 3.12 所示。从中可以看到，男性样本组与女性样本组均没有异常值。

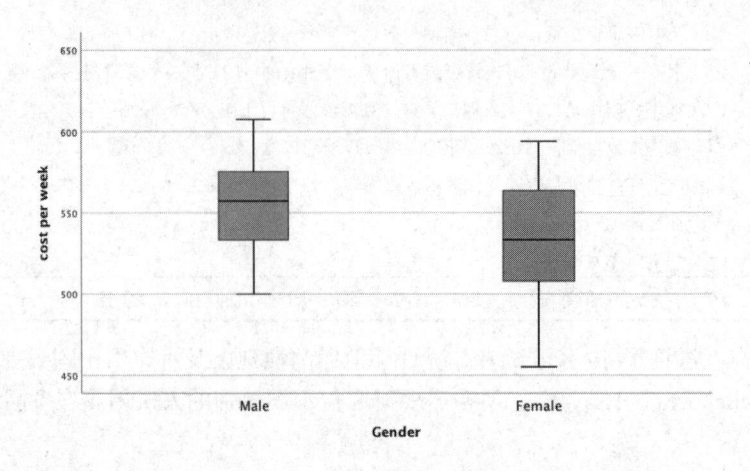

图 3.12　异常值检验的结果

因此，可以采用独立样本 t 检验，对男性样本组及女性样本组进行差异性分析。

Step 3：在菜单中依次选择"分析"→"比较均值"→"独立样本 t 检验"，按图 3.13 进行设置，即将因变量 cost 选入"检验变量"，自变量 gender 选入"分组变量"，并单击"定义组"按钮，在弹出界面中将"组 1"设为 1（男性），"组 2"设为 2（女性）。

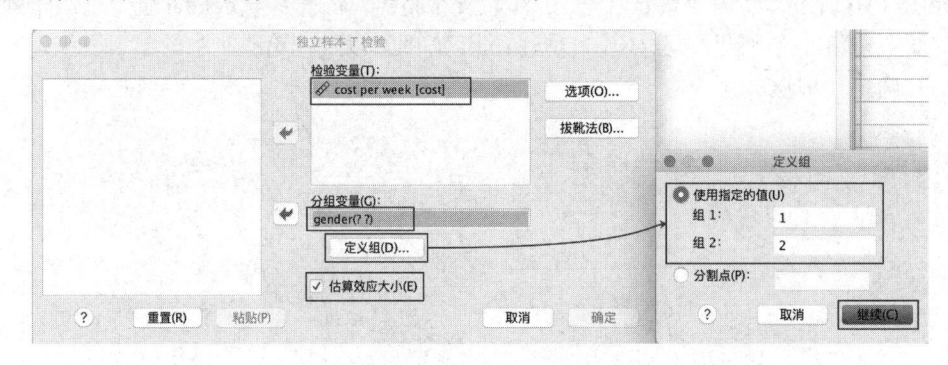

图 3.13　独立样本 t 检验的设置

Step 4：结果分析。

通过莱文方差等同性检验（Levene's test），来检测两个样本组是否符合方差齐性要求。

莱文方差等同性检验的零假设是 H_0：$\sigma_1^2 = \sigma_2^2$，即两个样本组的方差相等。当样本组符合方差齐性要求时，则以"假定等方差"这一行（如图 3.14 所示）中独立样本 t 检验的结果为准；当样本组不符合方差齐性要求时，则以"不假定等方差"这一行（如图 3.14 所示）中独立样本 t 检验的结果为准。

在本例中，如图 3.14 所示，男性样本组与女性样本组都符合方差齐性要求，$p = 0.174 > 0.05$。因此，独立样本 t 检验的结果为"假定等方差"这一行所示：男性与女性在每周食品消费上存在显著性差异，$t(38) = 2.365$，$p = 0.023$。从图 3.14 中还可观察到，男性比女性在食品消费上平均每周多了 25.900 元。

独立样本检验

		莱文方差等同性检验		平均值等同性 t 检验						差值 95% 置信区间	
		F	显著性	t	自由度	单侧 P	双侧 P	平均值差值	标准误差差值	下限	上限
cost per week	假定等方差	1.922	.174	2.365	38	.012	.023	25.900	10.954	3.726	48.074
	不假定等方差			2.365	35.055	.012	.024	25.900	10.954	3.664	48.136

图 3.14 独立样本 t 检验的结果

Step 5：计算效应量。

独立样本 t 检验通常也使用 Cohen's d 来衡量效应的大小，用 d 来表示。如图 3.15 所示，$d=0.748$。

独立样本效应大小

		标准化量[a]	点估算	95% 置信区间	
				下限	上限
cost per week	Cohen d	34.638	.748	.101	1.385
	Hedges 修正	35.341	.733	.099	1.358
	Glass Delta	39.339	.658	-.003	1.304

a. 估算效应大小时使用的分母。
Cohen d 使用汇聚标准差。
Hedges 修正使用汇聚标准差，加上修正因子。
Glass Delta 使用控制组的样本标准差。

图 3.15 独立样本 t 检验的效应量

如果使用的是 SPSS 26 及之前版本，可以按式（3-2）计算效应量：

$$d = \frac{\mu_1 - \mu_2}{\sqrt{\dfrac{(n_1-1)\sigma_1^2 + (n_2-1)\sigma_2^2}{n_1 + n_2 - 2}}} \tag{3-2}$$

式中：μ_1 和 μ_2 分别为两个样本组的平均值；n_1 和 n_2 分别为两个样本组的个案数；σ_1 和 σ_2 分别为两个样本组的标准差。所以本例中效应量为

$$d = \frac{555.89 - 529.99}{\sqrt{\dfrac{(20-1) \times 29.19^2 + (20-1) \times 39.34^2}{20 + 20 - 2}}} = 0.748 \tag{3-3}$$

根据本章参考文献[2]，$d=0.748$ 表明效应比较大。

Step 6：书写报告。

男性平均每周花费 555.89 元用于购买食品，而女性平均每周花费 529.99 元用于购买食品。男性比女性在购买食品上平均每周多花 25.900 元，$t(38) = 2.365$，$p = 0.023$，其效应量 $d = 0.748$。

例 5：研究者发放了 110 份问卷，回收有效问卷 91 份，用来了解宠物主在日常照护宠物（猫或者狗）中遇到的问题，为后续设计相应的宠物照护设备做准备。问卷中包含一个 5 级李克特量表；问卷共 6 题，询问宠物主对于 6 个照护宠物过程中经常会遇到的问题的看法，1 分表示"非常不同意"，5 分表示"非常同意"。数据存放在 IndependentT_2.sav 中。现在需要研究：养猫和养狗在日常照护上遇到的问题是否相同？

分析过程：

Step 1：养宠物类型为自变量，6 个李克特量表中的题项为 6 个因变量，共做 6 次独立样本 t 检验，每次独立样本 t 检验只对一个因变量进行分析。如图 3.16 所示，通过频率分析可以看到，91 位宠物主中共有 38 位养猫，47 位养狗，另有 6 位两种宠物都养。为了研究养猫和养狗过程中的差异性，将仅养猫和仅养狗的宠物主纳入分析范围。

养宠物类型

		频率	百分比	有效百分比	累积百分比
有效	猫	38	41.8	41.8	41.8
	狗	47	51.6	51.6	93.4
	都养	6	6.6	6.6	100.0
	总计	91	100.0	100.0	

图 3.16　频率统计

在菜单中依次选择"数据"→"选择个案"。按图 3.17 所示进行过滤规则的设置，将既养狗又养猫的宠物主过滤掉。

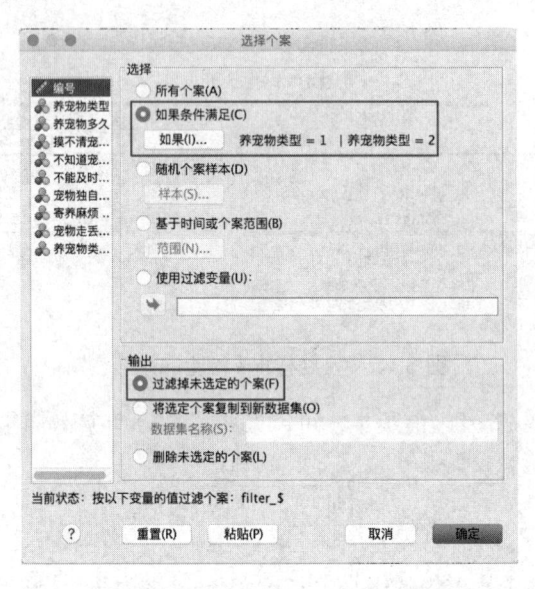

图 3.17　过滤个案

Step 2：本例中的因变量为由李克特量表测得的数据，按照保守的观点，这类数据应该采用非参数检验方法，如采用 3.2.2 节中的 Mann-Whitney U 检验来对本例进行分析。但是，最近的研究[5]表明，对于由李克特量表测得的数据而言，独立样本 t 检验与 Mann-Whitney U 检验的结果具有相同的效力。因此，本例选择采用独立样本 t 检验进行分析。

Step 3：在菜单中依次选择"分析"→"比较均值"→"独立样本 t 检验"。

如图 3.18 所示，将因变量 Q1~Q6 选入"检验变量"，将自变量"养宠物类型"选入"分组变量"，并单击"定义组"按钮，在弹出界面中将"组 1"设为 1（养猫的宠物主），"组 2"设为 2（养狗的宠物主），同时选中"估算效应大小"。

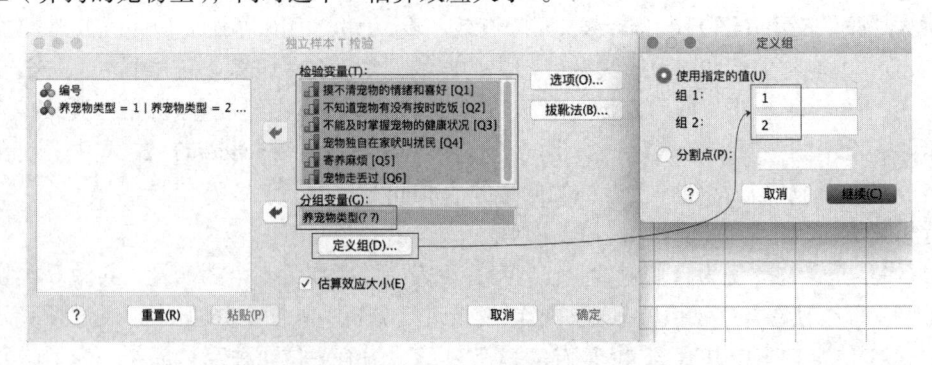

图 3.18　独立样本 t 检验的设置

Step 4：结果分析。

综合查看图 3.19、图 3.20 和图 3.21：

（1）对于 Q1，莱文方差等同性检验显示样本组符合方差齐性要求，因此查看"假定等方差"那行（图 3.20）的独立样本 t 检验的结果，即养猫的宠物主（平均值为 4.50，标准差为 0.507）比养狗的宠物主（平均值为 3.47，标准差为 0.546）更摸不清宠物的情绪和喜好，两者之间有显著性差异，$t(83)= 8.946$，$p < 0.001$，效应量 $d=1.952$。

（2）对于 Q2，莱文方差等同性检验显示样本组不符合方差齐性要求，因此看"不假定等方差"那行（图 3.20）的独立样本 t 检验的结果，即养狗的宠物主（平均值为 4.02，标准差为 0.921）比养猫的宠物主（平均值为 2.87，标准差为 0.475）更不确定宠物是否按时吃饭，两者之间有显著性差异，$t(71.616)= -7.448$，$p < 0.001$，效应量 $d=1.527$（取绝对值，下同）。

（3）对于 Q3，莱文方差等同性检验显示样本组符合方差齐性要求，因此看"假定等方差"那行（图 3.20）的独立样本 t 检验的结果，即养猫的宠物主（平均值为 3.71，标准差为 0.768）与养狗（平均值为 3.91，标准差为 0.996）的宠物主在及时掌握宠物的健康状况上没有显著性差异，$t(83)= 1.039$，$p = 0.302$，效应量 $d=0.227$。

对 Q4～Q6 的分析可参照 Q1～Q3 进行，此处省略。

组统计

	养宠物类型	个案数	平均值	标准 偏差	标准 误差平均值
摸不清宠物的情绪和喜好	猫	38	4.50	.507	.082
	狗	47	3.47	.546	.080
不知道宠物有没有按时吃饭	猫	38	2.87	.475	.077
	狗	47	4.02	.921	.134
不能及时掌握宠物的健康状况	猫	38	3.71	.768	.125
	狗	47	3.91	.996	.145
宠物独自在家吠叫扰民	猫	38	3.13	.665	.108
	狗	47	4.57	.500	.073
寄养麻烦	猫	38	3.61	.823	.134
	狗	47	3.94	1.009	.147
宠物走丢过	猫	38	3.03	.716	.116
	狗	47	4.34	.731	.107

图 3.19 描述性统计的结果

独立样本检验

		莱文方差等同性检验		平均值等同性 t 检验							
		F	显著性	t	自由度	单侧 P	双侧 P	平均值差值	标准误差差值	差值 95% 置信区间 下限	上限
摸不清宠物的情绪和喜好	假定等方差	.508	.478	8.946	83	.000	.000	1.032	.115	.803	1.261
	不假定等方差			9.018	81.376	.000	.000	1.032	.114	.804	1.260
不知道宠物有没有按时吃饭	假定等方差	9.277	.003	-6.999	83	.000	.000	-1.153	.165	-1.480	-.825
	不假定等方差			-7.448	71.616	.000	.000	-1.153	.155	-1.461	-.844
不能及时掌握宠物的健康状况	假定等方差	1.721	.193	-1.039	83	.151	.302	-.204	.197	-.596	.187
	不假定等方差			-1.068	82.834	.144	.289	-.204	.191	-.585	.176
宠物独自在家吠叫扰民	假定等方差	.048	.827	-11.422	83	.000	.000	-1.443	.126	-1.694	-1.192
	不假定等方差			-11.087	67.259	.000	.000	-1.443	.130	-1.703	-1.183
寄养麻烦	假定等方差	3.617	.061	-1.630	83	.053	.107	-.331	.203	-.735	.073
	不假定等方差			-1.665	82.988	.050	.100	-.331	.199	-.726	.064
宠物走丢过	假定等方差	7.358	.008	-8.318	83	.000	.000	-1.314	.158	-1.628	-1.000
	不假定等方差			-8.336	79.941	.000	.000	-1.314	.158	-1.628	-1.000

图 3.20 独立样本 t 检验的结果

独立样本效应大小

		标准化量[a]	点估算	95% 置信区间 下限	上限
摸不清宠物的情绪和喜好	Cohen d	.529	1.952	1.427	2.468
	Hedges 修正	.534	1.934	1.414	2.446
	Glass Delta	.546	1.891	1.309	2.460
不知道宠物有没有按时吃饭	Cohen d	.755	-1.527	-2.010	-1.037
	Hedges 修正	.762	-1.513	-1.991	-1.027
	Glass Delta	.921	-1.252	-1.745	-.749
不能及时掌握宠物的健康状况	Cohen d	.902	-.227	-.655	.203
	Hedges 修正	.910	-.225	-.649	.201
	Glass Delta	.996	-.205	-.634	.226
宠物独自在家吠叫扰民	Cohen d	.579	-2.492	-3.058	-1.916
	Hedges 修正	.584	-2.469	-3.031	-1.899
	Glass Delta	.500	-2.887	-3.608	-2.154
寄养麻烦	Cohen d	.931	-.356	-.785	.076
	Hedges 修正	.939	-.352	-.778	.076
	Glass Delta	1.009	-.328	-.759	.106
宠物走丢过	Cohen d	.724	-1.815	-2.319	-1.302
	Hedges 修正	.731	-1.798	-2.298	-1.290
	Glass Delta	.731	-1.799	-2.356	-1.230

a. 估算效应大小时使用的分母。
  Cohen d 使用汇聚标准差。
  Hedges 修正使用汇聚标准差，加上修正因子。
  Glass Delta 使用控制组的样本标准差。

图 3.21 效应量

例 6：Sutono 等设计了一个有 16 题的 5 级李克特量表，用来调查用户对不同外观的车的评价[6]，如图 3.22 所示。以性别作为分组变量，对这 16 个李克特量表中的题项进行独立样本 t 检验，即性别为自变量，16 个李克特量表中的题项为 16 个因变量，共做 16 次独立样本 t 检验。统计结果如图 3.23 所示。由图 3.23 可知，男性与女性对于车的评价，在 16 个题项上均没有显著性差异，因为它们的 p 值都大于 0.05（详细内容参见本章参考文献[6]）。

No.	Kansei adjective pairs	No.	Kansei adjective pairs
1	Elegant – not elegant	9	Cute – not cute
2	Stylish – not stylish	10	Sporty – not sporty
3	Youthful – oldish	11	Formal – not formal
4	Sleek – not sleek	12	Grand – not grand
5	Modern – not modern	13	Streamlined – not streamlined
6	Powerful – not powerful	14	Classic – not classic
7	Rugged – not rugged	15	Bold – plain
8	Spacious – confined	16	Masculine – feminine

图 3.22 分析不同性别的用户对车外观的评价是否有差异

Kansei adjective	Mean	t-value	p-value
Elegant	M = 3.63, F = 3.52	1.443	0.152
Stylish	M = 3.69, F = 3.65	0.474	0.636
Youthful	M = 3.20, F = 3.14	0.817	0.416
Sleek	M = 3.24, F = 3.24	-0.188	0.851
Modern	M = 3.67, F = 3.67	0.105	0.917
Powerful	M = 3.66, F = 3.72	-0.690	0.492
Rugged	M = 3.31, F = 3.38	-0.695	0.489
Spacious	M = 3.37, F = 3.49	-1.536	0.128
Cute	M = 2.54, F = 2.40	1.186	0.238
Sporty	M = 3.31, F = 3.31	0.090	0.929
Formal	M = 3.17, F = 3.29	-1.697	0.093
Grand	M = 3.18, F = 3.25	-0.901	0.369
Streamlined	M = 3.65, F = 3.56	0.863	0.390
Classic	M = 2.65, F = 2.87	-1.864	0.065
Bold	M = 3.12, F = 3.24	-1.383	0.170
Masculine	M = 3.53, F = 3.66	-1.449	0.150

Note:
M: Male; F: Female

图 3.23 统计结果

3.2.2 非参数检验方法

如果样本不满足表 3.2 中的使用条件，而无法使用独立样本 t 检验时，则应考虑使用与其对应的非参数检验方法。最常用的是 Mann-Whitney U 检验（Mann-Whitney U test），其使用条件和零假设如表 3.3 所示。

表 3.3 Mann-Whitney U 检验的使用条件和零假设

使用条件	（1）组间实验。 （2）只有一个自变量，为二分类型，即只有两个独立样本组。 （3）只有一个因变量，为连续型或者有序分类型。 （4）不满足独立样本 t 检验的使用条件
零假设	H_0：两个样本组来自相同的总体

例 7：研究者统计了 15 名销售人员的性别与收入，数据存放在 MannWhitneyU.sav 中。现在需要研究：不同性别的销售人员在收入上是否有差异？

分析过程：

Step 1：性别是自变量，只有两个取值：男、女；收入是因变量，属于连续型数据。

本例的样本量很少，若其不满足正态性要求但仍使用独立样本 t 检验进行分析，会影响结果的可信度。所以首先对其进行正态性检验，可参照第 2 章例 4 中的步骤进行。本例中，男性样本组与女性样本组都不符合正态分布要求，如图 3.24 所示。因此，不使用独立样本 t 检验，而采用 Mann-Whitney U 检验。

正态性检验

	Gender	柯尔莫戈洛夫-斯米诺夫(V)[a]			夏皮洛-威尔克		
		统计	自由度	显著性	统计	自由度	显著性
Salary Salesman in 2017	Female	.339	7	.015	.725	7	.007
	Male	.303	8	.029	.802	8	.030

a. 里利氏显著性修正

图 3.24 正态性检验的结果

Step 2：在菜单中依次选择"分析"→"非参数检验"→"旧对话框"→"2 个独立样本"，按图 3.25 进行设置。

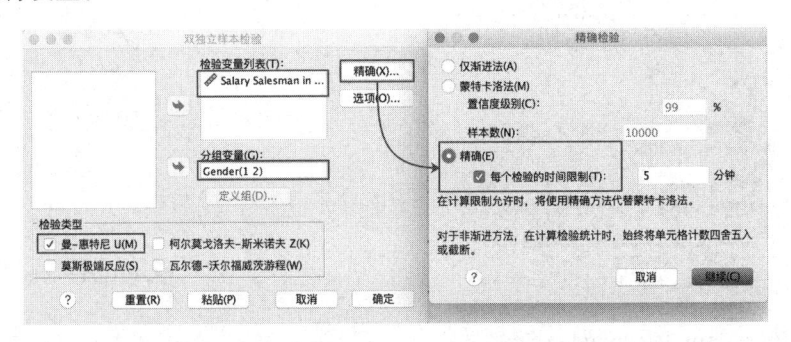

图 3.25 Mann-Whitney U 检验的设置

（1）将变量 Salary 选入"检验变量列表"，将变量 Gender 选入"分组变量"，单击"定义组"按钮，在弹出界面中将"组1"设为1（女性），"组2"设为2（男性）。选中"曼-惠特尼U"（Mann-Whitney U 检验）。

（2）单击"精确"按钮，在弹出界面选中"精确"。

Step 3：结果分析。

当在 Step 2 中选中"精确"后，Mann-Whitney U 检验会提供两种显著性值：渐进显著性和精确显著性。当每个样本组的样本量都大于20时，一般认为渐进显著性已经非常逼近真实的显著性值。也就是说，如果每个样本组的样本量都大于20，那么在 Step 2 中也可以不选择"精确"，直接汇报渐进显著性。但是如果有样本组的样本量小于20，有的研究认为汇报渐进显著性已经不合适了，改汇报第二种显著性值更好，即精确显著性。

本例中，因为样本量小于20，所以以精确显著性为准。从图 3.26 可以看到，男性销售人员与女性销售人员在收入上有显著性差异，$U = 8.500$，$Z = -2.294$，$p = 0.019$。

Step 4：Mann-Whitney U 检验的效应量计算公式为

$$r = \frac{|Z|}{\sqrt{n}} = \frac{2.294}{\sqrt{15}} = 0.59 \quad (3-4)$$

式中：Z 为图 3.26 中的 Z 值；n 为所有样本的总量。当 $r < 0.3$ 时，效应比较小；当 r 在 0.3~0.5 间时，效应中等；当 $r > 0.5$ 时，效应比较大。

Step 5：书写报告。

因为样本组不符合正态分布要求，所以采用 Mann-Whitney U 检验分析样本组之间的差异性。Mann-Whitney U 检验结果显示，男性销售人员与女性销售人员在收入上有显著性差异，$U = 8.500$，$Z = -2.294$，$p = 0.019$，效应量 $r = 0.59$。

例8：Wang 等人设计了一种数字产品 iSticker 用来增进驾驶员之间的情感体验[7]。为了测试驾驶员在使用这款产品时的难度，Wang 等人使用 Rating Scale for Mental Effort（RSME）进行测量，并将使用了 iSticker 和没有使用 iSticker 的两组被试者的 RSME 数据进行差异性分析。因为 RSME 测出的是有序分类型数据，但相邻类型间的间距并相等（如图 3.27 所示），所以在进行差异性分析时，没有使用独立样本 t 检验，而使用了 Mann-Whitney U 检验（详细内容参见本章参考文献[7]）。

图 3.26　Mann-Whitney U 检验的结果

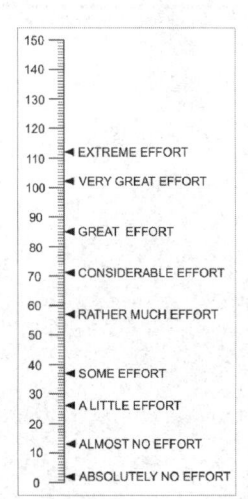

图 3.27　RSME

3.3 两个配对样本组之间的差异性

如果要分析组内实验中产生的两个配对样本组在一个连续型或由李克特量表测得的指标上是否有差异，如图 3.28 所示，首先可以考虑使用**成对样本 t 检验**（Paired-samples t-test），或称为**重复测量 t 检验**（Repeated measures t-test）。其典型的应用场景如：为了检测某种降压药物的效果，招募一批被试者，分别检测他们在服用药物之前与服用药物之后的血压，将这两组血压进行差异性分析。这里，每个被试者被检测了两次血压，这两次血压就形成了两个配对样本组。

还有一些情况下，虽然是对互不相同的被试者的数据进行差异性分析，但是这些被试者在实验之初，就已经被有目地预先两两配对了。例如，让双胞胎中的 A 使用某种产品，让双胞胎中的 B 不使用这种产品而成为对照组，将 A 与 B 身上收集到的数据进行差异性分析。这种情况下，虽然 A 与 B 是两个不同的个体，但是他们在实验中是配对的，所以也形成了两个配对样本组。

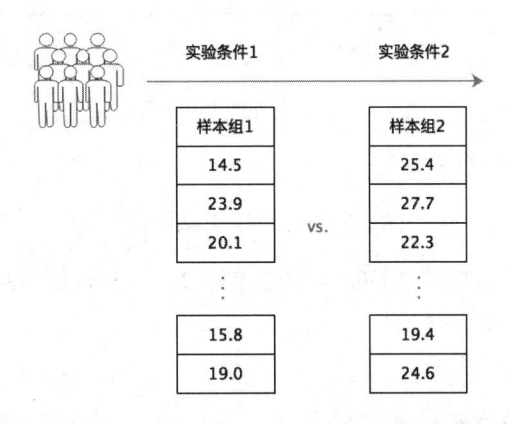

图 3.28 两个配对样本组在一个连续型或由李克特量表测得指标上的差异性分析

作为参数检验方法，成对样本 t 检验也有一些特定的使用条件，如表 3.4 所示。当样本不满足这些使用条件时，应该转而考虑使用与其对应的非参数检验方法，即 **Wilcoxon 检验**。

3.3.1 参数检验方法

成对样本 t 检验（Paired-samples t-test）的使用条件和零假设如表 3.4 所示。

表 3.4 成对样本 t 检验的使用条件和零假设

使用条件	（1）组内实验，或其他样本之间两两配对的实验。 （2）只有一个自变量，为二分类型，即只有两个配对样本组。 （3）只有一个因变量，为连续型或者由李克特量表测得的。同一个样本组内部，数据互相独立。 （4）如果样本量较小，这些数据最好符合正态分布，否则会影响检验的准确性；如果样本量较大，则正态分布的条件可以适当放宽。 （5）样本组无异常值
零假设	$H_0: \mu_1 = \mu_2$，即第一个样本组的均值 μ_1 与第二个样本组的均值 μ_2 没有显著性差异

例 9：研究者对 19 名学生进行了两次数学测试，并将成绩记录在 PairedT1.sav 中。现在需要研究：这两次测试的难度是否一致？

分析过程：

Step 1：自变量为进行数学测试的时间，因变量为成绩。

Step 2：检查样本是否满足成对样本 t 检验的使用条件。因为样本总量为 19，所以如果样本在不满足正态性等条件时还使用成对样本 t 检验对其进行检验，则检验的可靠性会受到影响。

（1）正态性检验，可参照第 2 章例 4 中的步骤进行。正态性检验的结果如图 3.29 所示，可以看到，本例中这两组样本均符合正态性要求。

正态性检验

	柯尔莫戈洛夫-斯米诺夫[a]			夏皮洛-威尔克		
	统计	自由度	显著性	统计	自由度	显著性
Exam 1	.145	19	.200[*]	.937	19	.228
Exam 2	.164	19	.189	.950	19	.390

*. 这是真显著性的下限。
a. 里利氏显著性修正

图 3.29 正态性检验的结果

（2）异常值检验，可参照第 2 章例 4 中的步骤进行。异常值检验的结果如图 3.30 所示，可见，这两个样本组都没有异常值。

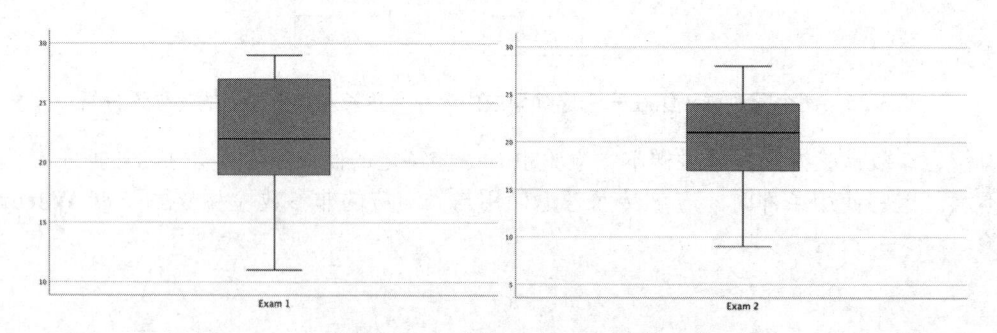

图 3.30 异常值检验的结果

Step 3：通过 Step 2 中的检测结果可知，本例可以使用成对样本 t 检验。在菜单中依次选择"分析"→"比较均值"→"成对样本 t 检验"。

如图 3.31 所示，将变量 ex1 和变量 ex2 分别选入"配对变量"中的"变量 1"和"变量 2"，保持"估算效应大小"被选中，并单击"确定"按钮。

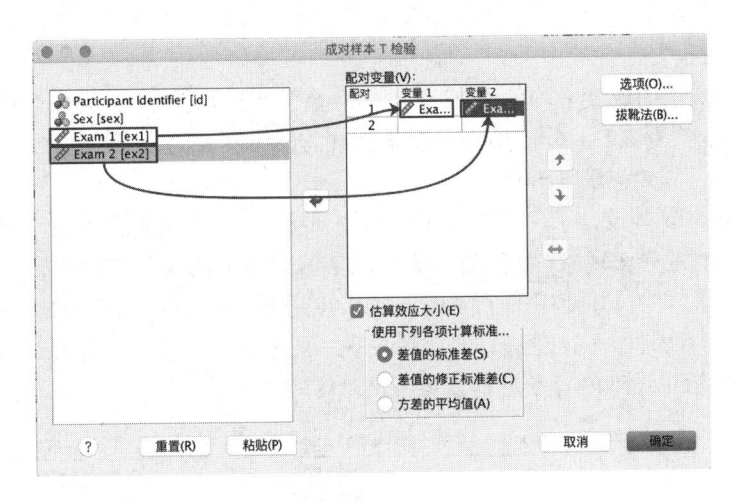

图 3.31 成对样本 t 检验的设置

Step 4：结果分析。

如图 3.32 所示，第一次数学测试的成绩与第二次数学测试的成绩有显著性差异，$t(18) = 2.455$，$p = 0.025$。

配对样本统计

		平均值	个案数	标准 偏差	标准 误差平均值
配对 1	Exam 1	22.00	19	5.249	1.204
	Exam 2	20.58	19	5.231	1.200

成对样本检验

		配对差值					t	自由度	显著性	
		均值	标准差	标准误差平均值	差值 95% 置信区间				单侧 P	双侧 P
					下限	上限				
配对 1	Exam 1 - Exam 2	1.421	2.524	.579	.205	2.637	2.455	18	.012	.025

图 3.32 成对样本 t 检验的结果

Step 5：计算效应量。

成对样本 t 检验的效应量通常也使用 Cohen's d 来衡量，用 d 表示。SPSS 27 及后续版本能自动计算效应量，如图 3.33 所示。

成对样本效应大小

			标准化量[a]	点估算	95% 置信区间	
					下限	上限
配对 1	Exam 1 - Exam 2	Cohen d	2.524	.563	.071	1.042
		Hedges 修正	2.578	.551	.070	1.020

a. 估算效应大小时使用的分母。
Cohen d 使用平均值差值样本标准差。
Hedges 修正使用平均值差值样本标准差，加上修正因子。

图 3.33 成对样本 t 检验的效应量

SPSS 27 之前的版本可以按式（3-5）计算：

$$d = \frac{t}{\sqrt{n}} = \frac{2.455}{\sqrt{19}} = 0.563 \tag{3-5}$$

式中：t 为 Step 3 中成对样本 t 检验的值（此例中为 2.455）；n 为单个样本组的样本量（此例中为 19）。根据计算结果可知，这两次数学测试成绩差异的程度属于中度，$d = 0.563$。

Step 6：书写报告。

第一次数学测试的成绩平均值为 22.00，标准差为 5.249 分，第二次数学测试的成绩平均值为 20.58，标准差为 5.231 分。第一次数学测试的成绩显著比第二次高了 2.524 分，$t(18)=2.455$，$p = 0.025$，其效应量 $d = 0.563$。

例 10：Karjanto 等设计了一款周边视觉前馈系统 PVFS，用来改善自动驾驶过程中人员进行非驾驶任务时的晕车现象[8]。通过一个组内实验，每个被试者先后经历了有 PVFS 和没有 PVFS 两种乘车体验，并使用一个 7 级量表 SART 来测量人员对周围的感知程度。使用成对样本 t 检验，对两种乘车体验进行对比后发现，两者具有显著的差异性，SART 上的对比结果如图 3.34 所示（详细内容参见本章参考文献[8]）。

Total differences in SART in between the two conditions (control- and test-condition) for overall SART and its constructs (7-point scale; 1 = low, 7 = high).

SART	Condition	Mean, (SD)	Paired-Samples T-Test, two-tailed
Total (T)	Control	2.520, (1.867)	95% CI [−3.607, −1.160]
	Test	4.904, (2.597)	t (19) = −4.077, d = −1.053, p = 0.001*
Demand (D)	Control	4.283, (1.066)	95% CI [0.288, 1.444]
	Test	3.417, (1.371)	t (19) = 3.136, d = 0.701, p = 0.005*
Supply (S)	Control	3.638, (0.719)	95% CI [−1.172, −0.228]
	Test	4.338, (0.867)	t (19) = −3.104, d = −0.880, p = 0.006*
Understanding (U)	Control	3.168, (1.017)	95% CI [−1.172, −0.228]
	Test	3.733, (1.172)	t (19) = −1.734, d = −0.515, p = 0.099

* Indicates significance, p < 0.05.

图 3.34　SART 上的对比结果

3.3.2　非参数检验方法

如果样本因不满足表 3.4 中的使用条件，而无法使用成对样本 t 检验时，应该考虑使用与其对应的非参数检验方法，即 **Wilcoxon 检验**（Wilcoxon test）。它的使用条件和零假设如表 3.5 所示。

表 3.5　Wilcoxon 检验的使用条件和零假设

使用条件	（1）组内实验，或其他样本之间两两配对的实验。 （2）只有一个自变量，为二分类型，即只有两个配对样本组。 （3）只有一个因变量，为连续型或者有序分类型。同一个样本组内部，数据互相独立。 （4）不满足成对样本 t 检验的使用条件
零假设	H_0：两个样本组来自相同的总体

例 11：设计人员给某款新车设计了两个广告。邀请 18 个被试者，每人观看这两个广告并打分，0 分表示非常不吸引人，100 分表示非常吸引人，数据存放在 Wilcoxon.sav 中。现在需要研究：所有被试者对这两个广告的评价是否存在显著性差异？

分析过程：

Step 1：因为样本量只有 18，比较少，所以必须检测样本是否符合成对样本 t 检验的使用条件。

（1）正态性检验，可参照第 2 章例 4 中的步骤进行。正态性检验的结果如图 3.35 所示，可知，有一组样本在变量 ad1 上（图 3.35 中"Rating the first ad"那行），不符合正态性要求。

正态性检验

	柯尔莫戈洛夫-斯米诺夫[a]			夏皮洛-威尔克		
	统计	自由度	显著性	统计	自由度	显著性
Rating the first ad	.237	18	.009	.826	18	.004
Rating the second ad	.159	18	.200*	.956	18	.522

*. 这是真显著性的下限。
a. 里利氏显著性修正

图 3.35　正态性检验的结果

（2）异常值检验，可参照第 2 章例 4 中的步骤进行。异常值检验的结果如图 3.36 所示，可见，样本组 ad1 中有温和异常值。综合正态性检验和异常值检验的结果，本例使用 Wilcoxon 检验更为妥当。

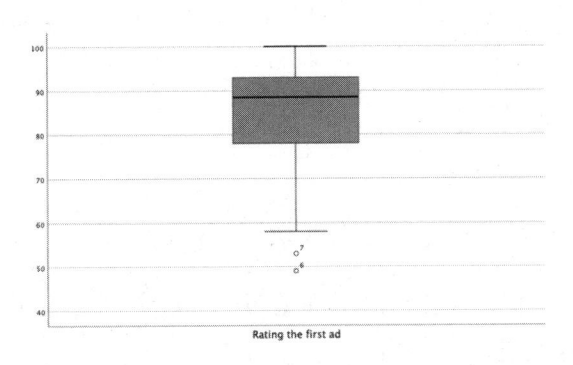

图 3.36　异常值检验的结果

Step 2：在菜单中依次选择"分析"→"非参数检验"→"旧对话框"→"2 个相关样本"。按图 3.37 进行设置。

（1）将变量 ad1（Rating the first ad）和变量 ad2（Rating the second ad）分别选入"检验对"中的"变量 1"和"变量 2"，并选中"威尔科克森"，即 Wilcoxon 检验。

（2）单击"精确"按钮，在弹出界面选中"精确"。

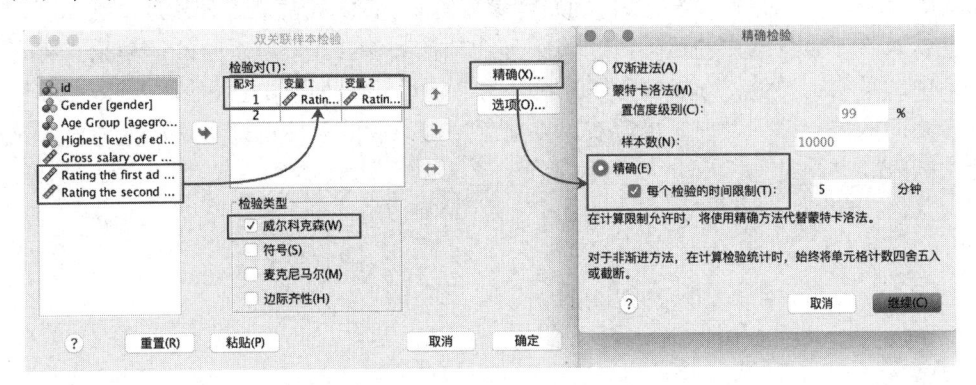

图 3.37　Wilcoxon 检验的设置

Step 3：结果分析。

在 Step 2 中选中了"精确"后，Wilcoxon 检验会提供两种显著性值：渐进显著性和精确显著性。与 Mann-Whitney U 检验类似，当每个样本组的样本量都大于 20 时，可直接汇报渐进显著性，因为这种情况下渐进显著性已经非常逼近真实的显著性值。但是如果样本量小于 20，比如此例，汇报精确显著性更好一些。

本例中，如图 3.38 所示，18 个被试者对这两个广告的评价有显著性差异，$Z = -3.202$，$p = 0.001$。再通过描述性统计分析可以发现，被试者对第一个广告的评价显著高于对第二个广告的评价。

图 3.38 Wilcoxon 检验的结果

Step 4：计算效应量。

Wilcoxon 检验效应量的计算公式为

$$r = \frac{|Z|}{\sqrt{n}} = \frac{3.202}{\sqrt{18}} = 0.755 \tag{3-6}$$

式中：Z 为图 3.38 中的 Z 值；n 为所有样本的总量。当 $r < 0.3$ 时，效应比较小；当 r 在 0.3 ~ 0.5 时，效应中等；当 $r > 0.5$ 时，效应比较大。

Step 5：书写报告。

通过 S-W（夏皮洛-威尔克）检验发现，样本不符合正态性要求，所以使用 Wilcoxon 检验进行差异性分析。结果表明，被试者对第一个广告的评价（平均值为 83.44，标准差为 15.440）显著高于对第二个广告的评价（平均值为 55.00，标准差为 20.304），$Z = -3.202$，$p = 0.001$，效应量 $r = 0.755$。

例 12：Lotte 等设计了一款光幕游戏（Light Curtain），用来增加具有合并视力及智力缺陷患者的运动量[9]。有 9 位符合条件的患者参与研究。对每个患者，使用运动加速度计首先统计 7 次其在日常生活中的运动量，其次统计 7 次其参与光幕游戏时的运动量。将患者日常生活中的平均运动量，与参与光幕游戏时的平均运动量进行对比，使用 Wilcoxon 检验分析两者之间的差异性，发现光幕游戏可以显著增加患者的肢体运动量（详细内容参见本章参考文献[9]）。

3.4 三个或更多独立样本组之间的差异性

3.2 节主要讨论了如何分析两个独立样本组在一个连续型或由李克特量表测得的指标上是否存在差异。在实际应用中，经常会遇到一些组间实验中产生了三个或更多的独立样本组，需要分析这些样本组在一个连续型或由李克特量表测得的指标上是否存在差异性，这种情况可以用图 3.39 表示。

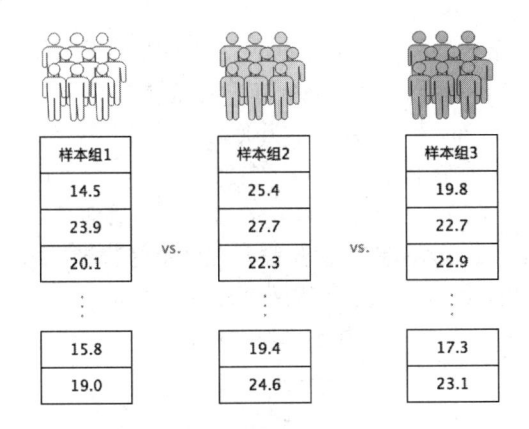

图 3.39　三个或更多独立样本组在一个连续型或由李克特量表测得的指标上的差异性分析

图 3.39 所示问题也可以描述为：一个多分类型自变量，是否对一个连续型或由李克特量表测得的因变量，产生显著性影响？分析这类问题时，可以首先考虑使用参数检验方法 One-way ANOVA 检验。当其使用条件不满足时，可用与其对应的非参数检验方法 Kruskal-Wallis H 检验。

3.4.1　参数检验方法

当需要对三个或更多独立样本组进行差异性比较，且这些样本组仅由一个多分类型自变量划分形成时，首先考虑使用单因素方差分析，即 **One-way ANOVA 检验**（One-way ANOVA test）。其使用条件和零假设如表 3.6 所示。

表 3.6　One-way ANOVA 检验的使用条件和零假设

使用条件	（1）组间实验。 （2）只有一个自变量，为多分类型，即有三个或更多独立样本组。 （3）只有一个因变量，为连续型或者由李克特量表测得的。同一个样本组内部，数据互相独立。 （4）如果样本组是小样本数据集，这些数据最好符合正态分布，否则会影响检验的准确性；如果样本组属于大样本数据集，则正态分布的条件可以适当放宽。 （5）样本组之间符合方差齐性要求（不需要另外检测，在 One-way ANOVA 检验的过程中可以自动完成样本组方差齐性的检测）。 （6）样本组无异常值
零假设	H_0: $\mu_1 = \mu_2 = \mu_3 = \cdots$，即所有样本组的均值 μ_1、μ_2、$\mu_3\cdots$ 之间没有显著性差异

注意表 3.6 中的使用条件（5），One-way ANOVA 检验要求样本组之间符合方差齐性要求。如果样本组之间不符合方差齐性要求，则应该以 Welch ANOVA 检验或者 Brown-Forsythe 检验的结果为准，它们都是 One-way ANOVA 检验的变种。其中，Welch ANOVA 检验使用更为普遍。

需要注意的是，One-way ANOVA 检验分析的是这些独立样本组之间是否存在显著性差异。正如它的零假设表述的那样，One-way ANOVA 检验只能回答这些样本组之间是否存在显著性差异，还是存在互不相同的样本组。但到底哪两个样本组之间存在显著性差异，或者是这几个样本组两两之间都存在显著性差异，仅通过 One-way ANOVA 检验是无法知道的。

例如，有 A、B、C 三个样本组，通过 One-way ANOVA 检验得知它们之间有差异，但是 A 与 B 有差异，还是 B 与 C 有差异，或者是 A 与 C 有差异，One-way ANOVA 检验无法回答，必须通过额外的事后检验（Post hoc test）才能确定。所谓事后检验，就是进一步两两对比，以确定是哪两个样本组之间存在显著性差异。事实上，不仅是 One-way ANOVA 检验，其他用来检测三个或更多样本组之间是否存在差异的方法，如后面要介绍的 Kruskal-Wallis H 检验、One-way repeated measures ANOVA 检验等，在确定这些样本组之间存在显著性差异后，都需要进行事后检验，才能明确差异是在哪两个样本组之间。

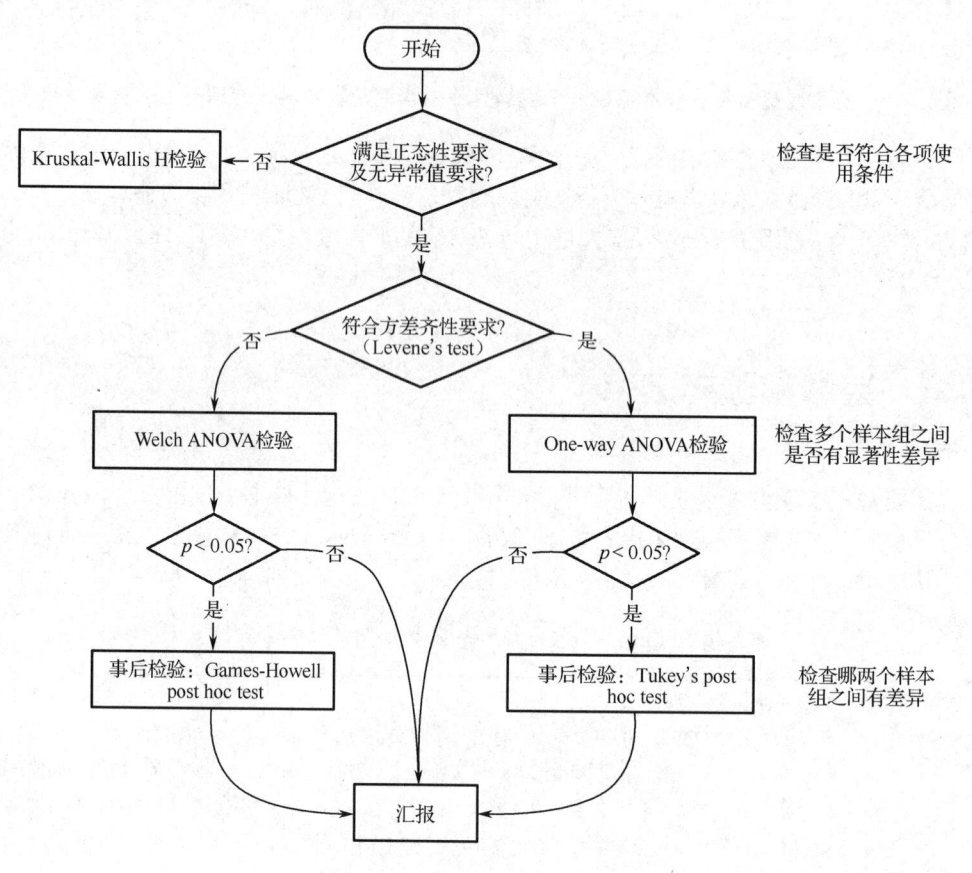

One-way ANOVA 检验的分析流程如图 3.40 所示。

图 3.40 One-way ANOVA 检验的分析流程

例 13：有三种化肥，96 块田，种植同一种农作物。将 96 块田分为左、中、右三份，每份都有 32 块田。左边的田施第一种化肥，中间的田施第二种化肥，右边的田施第三种化肥。统计农作物的产量，数据存放在 OneWayANOVA.sav 中。现在需要研究：这三份田中农作物的产量是否存在显著性差异？

分析过程：

Step 1：使用哪种化肥，是自变量（fertilizer）；农作物的产量，是因变量（yield）。自变量 fertilizer 共有三种取值（1、2、3），也就是将所有数据分成了三个样本组。

Step 2：检查正态性和异常值。

（1）正态性检验可参照第 2 章例 4 中的步骤。正态性检验的结果如图 3.41 所示，可见，本例中的三个样本组都符合正态性要求。

正态性检验

	fertilizer	柯尔莫戈洛夫-斯米诺夫[a] 统计	自由度	显著性	夏皮洛-威尔克 统计	自由度	显著性
yield	the first fertilizer	.103	32	.200*	.979	32	.774
	the second fertilizer	.087	32	.200*	.983	32	.887
	the third fertilizer	.111	32	.200*	.959	32	.254

*. 这是真显著性的下限。
a. 里利氏显著性修正

图 3.41　正态性检验的结果

（2）异常值检验可参照第 2 章例 4 中的步骤。异常值检验的结果如图 3.42 所示，可见，本例中第三个样本组存在一个温和异常值，一般情况下不需要对温和异常值进行处理。特别要求时，可以考虑将该异常值删除。若要删除该异常值，可在数据表中将第 80 个个案删除（fertilizer = 3，yield = 179.061 的个案）。

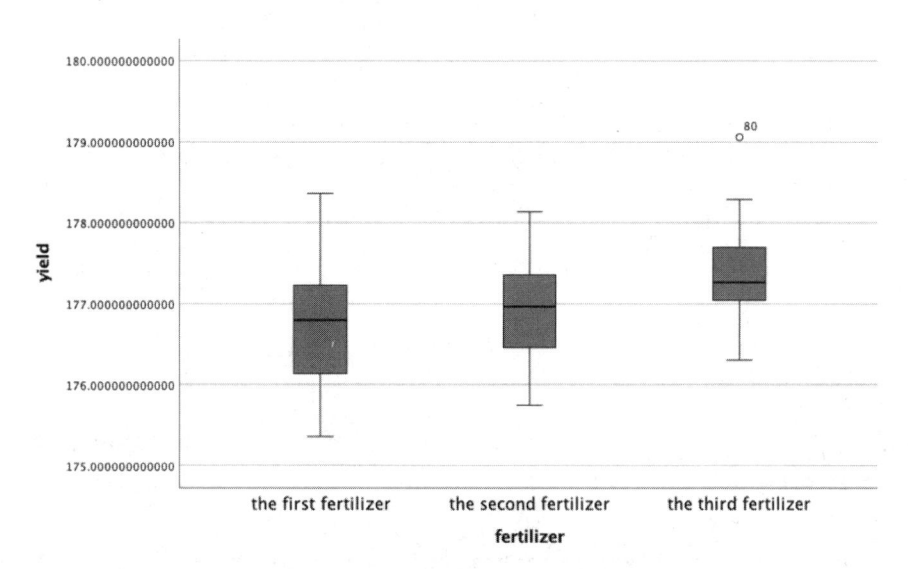

图 3.42　异常值检验的结果

Step 3：在菜单中依次选择"分析"→"比较均值"→"单因素 ANOVA 检验"。按图 3.43 所示进行设置。

（1）将因变量 yield 选入"因变量列表"；将自变量 fertilizer 选入"因子"，并选中"估算总体检验的效应大小"。

（2）单击"选项"按钮，在弹出界面选中"描述""方差齐性检验""韦尔奇检验"。

前面提到应用 One-way ANOVA 检验的一个前提条件就是样本组应符合方差齐性要求，此处选中"方差齐性检验"就是用于检测样本组是否符合这个要求。如果检测出来的结果表明样本组符合方差齐性要求，则以 One-way ANOVA 检验的结果为准；如果检测出来的结果表明样本组不符合方差齐性要求，则应以 Welch ANOVA 检验的结果为准，这也是此处选中"韦尔奇检验"的目的。

（3）单击"事后比较"按钮，在弹出界面选中"图基"和"盖姆斯-豪厄尔"。

此处的"图基"就是图基事后检验（Tukey's post hoc test），是样本组满足方差齐性要求时最常用的事后比较方法；而"盖姆斯-豪厄尔"（Games-Howell post hoc test）则是样本组不满足方差齐性要求时比较常用的事后比较方法。

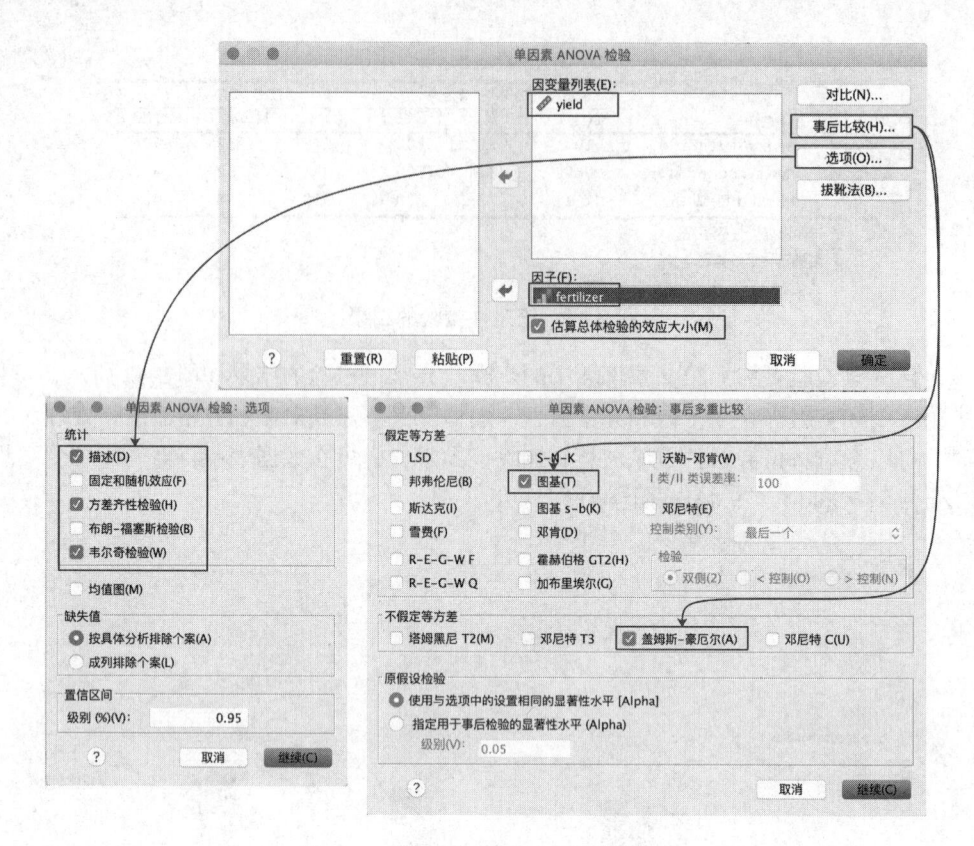

图 3.43　单因素 ANOVA 检验的设置

Step 4：结果分析。

（1）查看样本组是否符合方差齐性要求。如图 3.44 所示，莱文方差等同性检验表明，样本组满足方差齐性要求，$p = 0.235$。

方差齐性检验

yield	莱文统计	自由度 1	自由度 2	显著性
基于平均值	1.471	2	92	.235
基于中位数	1.420	2	92	.247
基于中位数并具有调整后自由度	1.420	2	90.305	.247
基于剪除后平均值	1.497	2	92	.229

图 3.44　方差齐性检验的结果

（2）查看所有样本组之间是否存在显著性差异。因为样本组满足方差齐性要求，所以以 One-way ANOVA 检验的结果为准，即以"ANOVA"表中结果为准。如图 3.45 所示，$F(2, 92) = 6.770, p = 0.002$，说明自变量 fertilizer 的三个不同取值形成的三个样本组之间，在因变量 yield 上存在显著性差异。也就是说，自变量 fertilizer 对因变量 yield 有显著性影响。

ANOVA

yield	平方和	自由度	均方	F	显著性
组间	4.840	2	2.420	6.770	.002
组内	32.886	92	.357		
总计	37.726	94			

图 3.45　One-way ANOVA 检验的结果

（3）计算效应量。可通过效应量来进一步观察差异性的大小。One-way ANOVA 检验的效应量用 η^2 来表示。SPSS 27 及后续版本中能自动给出效应量的大小，如图 3.46 所示（图中的 Eta 方就是 η^2）。本例中，$\eta^2 = 0.128$。

ANOVA 效应大小[a,b]

		点估算	95% 置信区间 下限	95% 置信区间 上限
yield	Eta 方	.128	.021	.248
	Epsilon 方	.109	-.001	.231
	Omega 方固定效应	.108	-.001	.229
	Omega 方随机效应	.057	.000	.130

a. Eta 方和 Epsilon 方是根据固定效应模型进行估算。
b. 值为负数但偏差较小的估算予以保留，而非舍入为零。

图 3.46　One-way ANOVA 检验的效应量

SPSS 26 及之前版本可以按式（3-7）计算：

$$\eta^2 = \frac{SS_{between}}{SS_{total}} = \frac{4.840}{37.726} = 0.128 \qquad (3\text{-}7)$$

式中：$SS_{between}$ 和 SS_{total} 分别是图 3.45 中的"组间平方和"与"总计平方和"。

（4）查看三个样本组两两对比的结果。如图 3.47 所示，因为样本组满足方差齐性要求，所以只需查看"图基 HSD"中的结果。本例中，第一种化肥与第三种化肥之间存在显著性差异，$p = 0.001$；第二种化肥与第三种化肥之间也存在显著性差异，$p = 0.043$；而第一种化肥与第二种化肥之间没有显著性差异，$p = 0.469$。

多重比较

因变量：yield

	(I) fertilizer	(J) fertilizer	平均值差值 (I-J)	标准误差	显著性	95% 置信区间 下限	95% 置信区间 上限
图基 HSD	the first fertilizer	the second fertilizer	-.17616873	.149469941	.469	-.53224096	.179903511
		the third fertilizer	-.5441343*	.150670522	.001	-.90306661	-.18520201
	the second fertilizer	the first fertilizer	.176168725	.149469941	.469	-.17990351	.532240962
		the third fertilizer	-.3679656*	.150670522	.043	-.72689789	-.00903329
	the third fertilizer	the first fertilizer	.54413431*	.150670522	.001	.185202013	.903066614
		the second fertilizer	.36796559*	.150670522	.043	.009033288	.726897889
盖姆斯-豪厄尔	the first fertilizer	the second fertilizer	-.17616873	.157982645	.509	-.55580923	.203471784
		the third fertilizer	-.5441343*	.152968083	.002	-.91210975	-.17615887
	the second fertilizer	the first fertilizer	.176168725	.157982645	.509	-.20347178	.555809234
		the third fertilizer	-.3679656*	.137977383	.026	-.69945308	-.03647810
	the third fertilizer	the first fertilizer	.54413431*	.152968083	.002	.176158875	.912109753
		the second fertilizer	.36796559*	.137977383	.026	.036478098	.699453079

*. 平均值差值的显著性水平为 0.05。

图 3.47　事后检验的结果

Step 5：书写报告。

One-way ANOVA 检验显示，使用不同的化肥，会对农作物产量造成显著性影响，$F(2, 92) = 6.770$，$p = 0.002$，$\eta^2 = 0.128$。图基事后检验显示，第一种化肥与第三种化肥之间存在显著性差异，$p = 0.001$；第二种化肥与第三种化肥之间也存在显著性差异，$p = 0.043$；而第一种化肥与第二种化肥之间没有显著性差异，$p = 0.469$。

例 14：研究者邀请了 91 位宠物主，统计了他们养宠物的时长（一个月以内、一个月至半年、一年以上），以及照顾宠物时的困难程度（5 级李克特量表，1 分表示"非常容易"，5 分表示"非常困难"），数据存放在 WelchANOVA.sav 中。现在需要研究：养宠物时长，是否会影响宠物主在照顾宠物时感受到的困难程度？

分析过程：

Step 1：养宠物的时长（Experience）为自变量，有三个取值：一个月以内、一个月至半年、一年以上。照顾宠物时的困难程度（Hard）为因变量，是由李克特量表测得的数据。

Step 2：在菜单中依次选择"分析"→"比较均值"→"单因素 ANOVA 检验"。按图 3.48 进行设置。

（1）将变量 Hard 选入"因变量列表"，并将变量 Experience 选入"因子"。

（2）单击"选项"按钮，在弹出界面选中"描述""方差齐性检验""韦尔奇检验"。

（3）单击"事后比较"按钮，在弹出界面选中"图基"和"盖姆斯-豪厄尔"。

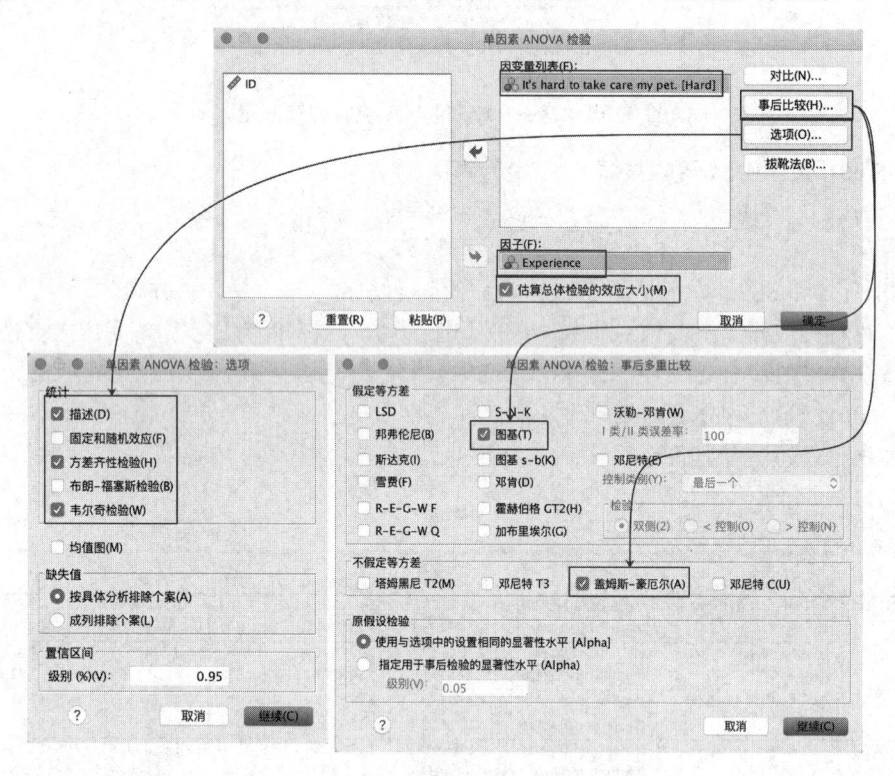

图 3.48　One-way ANOVA 检验的设置

Step 3：结果分析。

（1）查看方差齐性检验的结果，如图 3.49 所示。本例中，三个样本组不符合方差齐性要求，$p < 0.001$。

方差齐性检验

	莱文统计	自由度 1	自由度 2	显著性
It's hard to take care my pet. 基于平均值	15.079	2	88	.000
基于中位数	4.753	2	88	.011
基于中位数并具有调整后自由度	4.753	2	85.720	.011
基于剪除后平均值	13.609	2	88	.000

图 3.49　方差齐性检验的结果

（2）因为样本组不符合方差齐性要求，所以以 Welch ANOVA 检验的结果为准，如图 3.50 所示。本例中，三个样本组之间存在显著性差异，Welch's $F(2, 35.360) = 42.171$，$p < 0.001$。

平均值相等性稳健检验

It's hard to take care my pet.

	统计[a]	自由度 1	自由度 2	显著性
韦尔奇	42.171	2	35.360	.000

a. 渐近 F 分布。

图 3.50　Welch ANOVA 检验的结果

（3）计算效应量。

Welch ANOVA 检验的效应量用调整后的 ω^2 来表达。其计算公式为（df_1 为图 3.50 中的自由度 1）

$$\omega^2 = \frac{df_1(F-1)}{df_1(F-1)+N} = \frac{2\times(42.171-1)}{2\times(42.171-1)+91} = 0.475 \qquad (3-8)$$

式中：F 是图 3.50 中的检验结果；N 是被试者的数量。

（4）确定了三个样本组之间有差异后，还需要进行事后检验，且因为样本组不符合方差齐性要求，所以事后检验以"盖姆斯-豪厄尔"检验结果为准。如图 3.51 所示，本例中，在照顾宠物的困难程度上，养宠物少于一个月的宠物主与养宠物一个月至半年的宠物主有显著性差异，$p = 0.006$；与养宠物一年以上的宠物主也有显著性差异，$p < 0.001$。但是养宠物一个月至半年的宠物主与养宠物一年以上的宠物主之间在照顾宠物的困难程度上没有显著性差异，$p = 0.233$。

多重比较

因变量：It's hard to take care my pet.

	(I) Experience	(J) Experience	平均值差值 (I-J)	标准 错误	显著性	95% 置信区间 下限	上限
图基 HSD	less than one month	one month to half year	.833*	.205	.000	.34	1.32
		longer than one year	1.224*	.165	.000	.83	1.62
	one month to half year	less than one month	-.833*	.205	.000	-1.32	-.34
		longer than one year	.391	.175	.071	-.03	.81
	longer than one year	less than one month	-1.224*	.165	.000	-1.62	-.83
		one month to half year	-.391	.175	.071	-.81	.03
盖姆斯-豪厄尔	less than one month	one month to half year	.833*	.242	.006	.23	1.44
		longer than one year	1.224*	.132	.000	.90	1.54
	one month to half year	less than one month	-.833*	.242	.006	-1.44	-.23
		longer than one year	.391	.232	.233	-.19	.97
	longer than one year	less than one month	-1.224*	.132	.000	-1.54	-.90
		one month to half year	-.391	.232	.233	-.97	.19

*. 平均值差值的显著性水平为 0.05。

图 3.51　事后检验的结果

Step 4：书写报告。

养宠物时长不同的宠物主，在照顾宠物的困难程度上有显著性差异，Welch's $F(2, 35.360) = 42.171$，$p < 0.001$，$\omega^2 = 0.475$。具体的，在照顾宠物的困难程度上，养宠物少于一个月的宠物主与养宠物一个月至半年的宠物主有显著性差异，$p = 0.006$；与养宠物一年以上的宠物主也有显著性差异，$p < 0.001$。但是养宠物一个月至半年的宠物主与养宠物一年以上的宠物主之间在照顾宠物的困难程度上没有显著性差异，$p = 0.233$。

例 15：Abbas 等设计了一款 CoZ 众包遥控机器人[10]。为了测试多少人参与遥控机器人能取得较好的效果，他们对单独一个人遥控机器人、两人一起遥控、四人一起遥控、八人一起遥控，这四种情况进行响应时间的测试。这四种情况是一个自变量，响应时间是因变量。One-way ANOVA 检验显示，参与遥控的人数会对系统的响应时间产生显著性影响，$F(3, 16) = 4.184$，$p \leq 0.023$。进一步通过 Bonferroni 事后检验发现，单独一人遥控与八人一起遥控，在响应时间上存在显著性差异，$p \leq 0.017$，如图 3.52 所示。而其他情况之间并没有显著性差异（详细内容可参见本章参考文献[10]）。

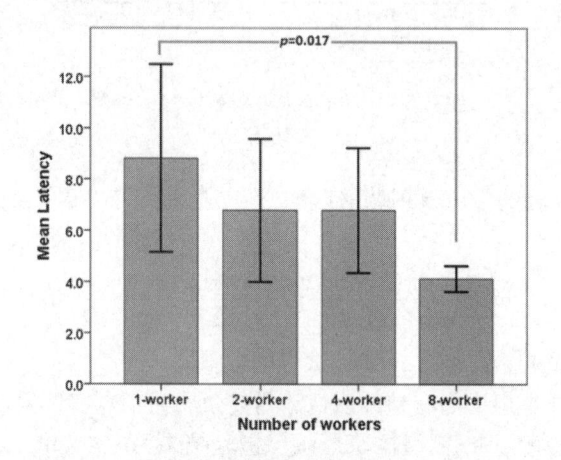

图 3.52　本章参考文献[10]事后检验的结果

3.4.2　非参数检验方法

与 One-way ANOVA 检验对应的非参数检验方法是 **Kruskal-Wallis H 检验**（Kruskal-Wallis H test）。当样本组因为不满足表 3.6 中的要求而无法使用 One-way ANOVA 检验时，可使用 Kruskal-Wallis H 检验，其使用条件和零假设如表 3.7 所示。

表 3.7　Kruskal-Wallis H 检验的使用条件和零假设

使用条件	（1）组间实验。 （2）只有一个自变量，为多分类型，即有三个或更多独立样本组。 （3）只有一个因变量，为连续型或者有序分类型。同一个样本组内部，数据互相独立。 （4）不符合 One-way ANOVA 检验的使用条件
零假设	H_0：所有样本组来自相同的总体

与 One-way ANOVA 检验相似，Kruskal-Wallis H 检验检验的是所有样本组之间是否存在显著性差异，但是无法确切知道显著性差异是在哪些样本组之间，因此也需要通过事后检验来确定是哪些样本组之间存在显著性差异。

例 16：现在需要研究：开车之前摄入咖啡因是否会影响驾驶表现？邀请 18 个被试者，将他们分为三组，第一组喝普通咖啡，第二组喝无咖啡因的咖啡，第三组喝水。对被试者在驾驶过程中的规范程度、效率等打分，数据记录在 KruskalWallisH1.sav 中。

分析过程：

Step 1：驾驶前喝哪种饮料，是自变量（变量 Drink）；驾驶的评分为因变量（变量 DrivingScore）。因为样本量较小，所以首先进行正态性检验，其结果如图 3.53 所示。其中，驾驶前喝普通咖啡的样本组（Drink = Coffe 的样本组）不符合正态性要求。因此安全起见，不使用 One-way ANOVA 检验，而改用 Kruskal-Wallis H 检验。

Step 2：在菜单中依次选择"分析"→"非参数检验"→"独立样本"。

(1)如图 3.54 所示,在"字段"页面中,将变量 Drink 拖入"组",将变量"DrivingScore"拖入"检验字段"。

正态性检验

	Drink	柯尔莫戈洛夫-斯米诺夫[a]			夏皮洛-威尔克		
		统计	自由度	显著性	统计	自由度	显著性
DrivingScore	Coffe	.337	6	.032	.726	6	.012
	Decaff	.226	6	.200*	.912	6	.452
	Water	.183	6	.200*	.960	6	.820

*. 这是真显著性的下限。
a. 里利氏显著性修正

图 3.53　正态性检验的结果

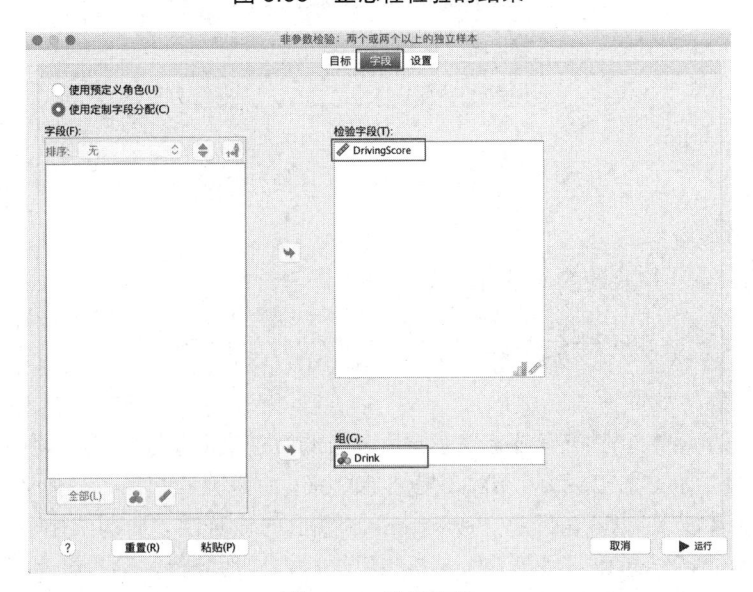

图 3.54　设置字段

(2)如图 3.55 所示,在"设置"页面中,选中"定制检验",并选中"克鲁斯卡尔-沃利斯单因素 ANOVA 检验(k 个样本)",在"多重比较"中选择"全部成对"。此处的"多重比较"就是设置事后检验的方法。

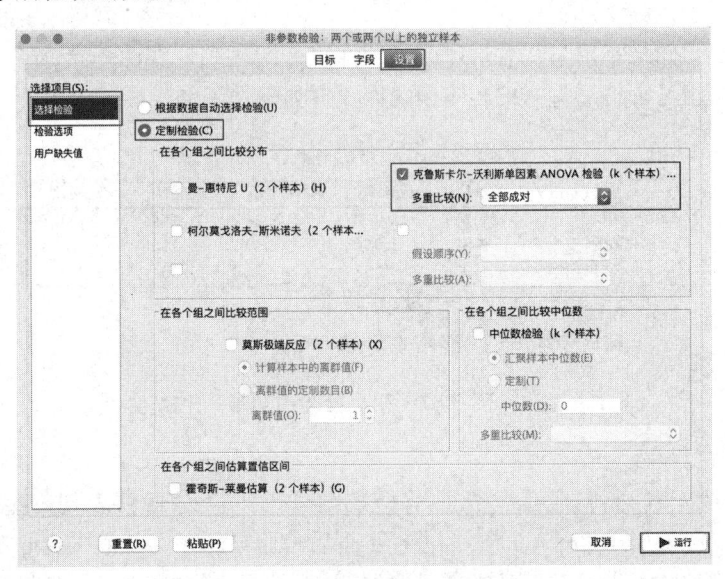

图 3.55　设置检验方法及事后检验

Step 3：结果分析。

（1）如图 3.56 所示，Kruskal-Wallis H 检验显示，三个样本组之间存在显著性差异，$\chi^2(2) = 7.844$，$p = 0.020$。

图 3.56 Kruskal-Wallis H 检验的结果

（2）计算效应量。

Kruskal-Wallis H 检验的效应量可按式（3-9）计算：

$$E_R^2 = \frac{\chi^2}{(n^2-1)/(n+1)} = \frac{7.844}{(18^2-1)/(18+1)} = 0.461 \tag{3-9}$$

式中：n 为被试者的数量。

（3）确定三个样本组之间有显著性差异后，需要通过事后检验分析显著性差异存在于哪两个样本组之间。如图 3.57 所示，SPSS 提供了两种事后检验的结果，一种是"显著性"，另一种是"Adj.显著性"，也就是经过 Bonferroni 调整后的显著性。所谓"显著性"，是进行三次独立差异性分析的结果，即将第一组与第二组进行差异性分析、第一组与第三组进行差异性分析、第二组与第三组进行差异性分析。但这样做会增大 I 类错误（Type I error，即应该是没有显著性差异的，但是错误地汇报为有显著性差异）出现的概率。因此为了提高准确性，SPSS 提供了 Bonferroni 调整后的显著性。"Adj.显著性"约为"显著性"乘以 k，k 为两两对比的次数，本例中为三次。对于 Decaff-Coffe 这两个样本组，因为显著性不会大于 1，所以它们调整后的显著性为 1.000。

本例中，喝水的样本组与喝普通咖啡的样本组之间存在显著性差异，$p = 0.031$；喝无咖啡因咖啡的样本组与喝普通咖啡的样本组之间没有显著性差异，$p = 1.000$。

图 3.57 事后检验的结果

Step 4：书写报告。

Kruskal-Wallis H 检验显示，驾驶前摄入咖啡因，会对驾驶表现产生显著性影响，$\chi^2(2) = 7.844$，$p = 0.020$，$E_R^2 = 0.461$。进一步事后检验显示，驾驶前喝普通咖啡的样本组与喝无咖啡因咖啡的样本组，在驾驶表现上没有显著性差异，$p = 1.000$；而驾驶前喝普通咖啡的样本组，其驾驶表现显著好于驾驶前喝水的组，$p = 0.031$。

例 17：研究者设计了一款健身操，用来帮助增加健身者的肌肉含量。为了知道这种健身操是否有用，在早上还是晚上做效果更好，邀请 15 名被试者分成三组进行为期一个月的实验。第一组为对照组，不做健身操；第二组早上做；第三组晚上做。一个月后，测试所有被试者肌肉含量的变化情况，并记录在 KruskalWallisH2.sav 中。现在需要研究：这种健身操是否能有效增加健身者的肌肉含量？早上做与晚上做，效果上是否有区别？

分析过程：

Step 1：做健身操的方式 group 为自变量，肌肉含量变化 gain 为因变量。

Step 2：检测样本组是否符合 One-way ANOVA 检验的使用条件。

因为样本量只有 15，比较小，所以对正态性的要求比较严格，可按第 2 章例 4 中的步骤检查正态性。本例如图 3.58 所示，可见，Morning treatment 这个样本组不符合正态性要求。所以本例采用非参数检验方法。

正态性检验

	Treatment group	柯尔莫戈洛夫-斯米诺夫[a] 统计	自由度	显著性	夏皮洛-威尔克 统计	自由度	显著性
gain	No treatment	.347	5	.049	.787	5	.064
	Morning treatment	.463	6	.000	.603	6	.000
	Evening treatment	.275	4	.	.893	4	.396

a. 里利氏显著性修正

图 3.58　正态性检验的结果

Step 3：在菜单中依次选择"分析"→"非参数检验"→"独立样本"。参考图 3.54 与图 3.55，按以下方法进行设置。

（1）在"字段"页面中，将变量 group 拖入"组"，将变量 gain 拖入"检验字段"。

（2）在"设置"页面中，选中"定制检验"，并选中"克鲁斯卡尔-沃利斯单因素 ANOVA 检验（k 个样本）"，在"多重比较"中选择"全部成对"。

Step 4：结果分析。

如图 3.59 所示，Kruskal-Wallis H 检验的结果表明，三个样本组之间没有显著性差异，$\chi^2(2) = 3.868$，$p = 0.145$。因为样本组之间没有显著性差异，所以不需要进行事后检验。

假设检验摘要

	原假设	检验	显著性	决策
1	在 Treatment group 的类别中，Muscle weight gain over last month in grams 的分布相同。	独立样本克鲁斯卡尔-沃利斯检验	.145	保留原假设。

显示了渐进显著性。显著性水平为 .050。

独立样本克鲁斯卡尔-沃利斯检验摘要

总计 N	15
检验统计	3.868[a,b]
自由度	2
渐进显著性（双侧检验）	.145

a. 检验统计将针对绑定值进行调整。
b. 由于总体检验未检测出样本间存在显著差异，因此未执行多重比较。

图 3.59　Kruskal-Wallis H 检验的结果

注意，本例中的样本量比较小，所以如果要汇报精确显著性，应在菜单中依次选择"分析"→"非参数检验"→"旧对话框"→"K 个独立样本"，再参照第 3 章例 7 中的操作，单击

"精确"按钮并选中"精确"。此外，这里使用的 Kruskal-Wallis H 检验不能自动进行事后检验。

Step 5：书写报告。

在 15 名被试者中，对照组在一个月后平均增肌了 120.20g（标准差为 218.48），早上做健身操的组平均增肌了 664.00g（标准差为 818.61），而晚上做健身操的组平均增肌了 961.25g（标准差为 523.93）。因为样本组不符合正态分布，所以使用 Kruskal-Wallis H 检验对样本组之间的差异性进行检测。结果显示，这款健身操对增肌没有有效作用，$\chi^2(2) = 3.868$，$p = 0.145$。

3.5 三个或更多配对样本组之间的差异性

如果要分析组内实验中产生的三个或更多配对样本组在一个连续型或由李克特量表测得的指标上是否有差异，如图 3.60 所示，首先可以考虑使用**重复测量 ANOVA 检验**（One-way repeated measures ANOVA test），当其使用条件不满足时，可改用与其对应的非参数检验方法 **Friedman 检验**（Friedman test）。典型的应用场景例如：让被试者在一个月内每天按计划进行运动，在 10、20、30 天时分别测量被试者的体重，分析这三组体重之间是否存在差异，也就是分析这种运动对体重是否有影响。在这种情况下，每个被试者都被检测了三次体重，形成了三个配对样本组。

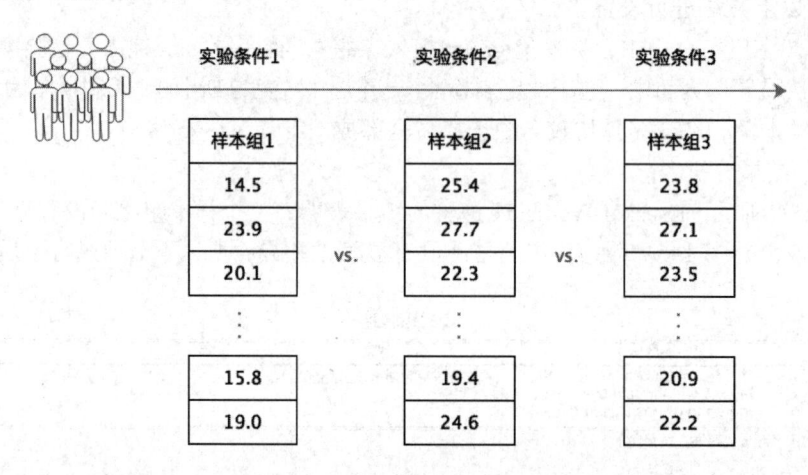

图 3.60　三个或更多配对样本组在一个连续型或由李克特量表测得的指标上的差异性分析

3.5.1 参数检验方法

重复测量 ANOVA 检验（One-way repeated measures ANOVA test）适用于对仅由一个自变量生成的三个或更多配对样本组之间进行差异性分析，属于参数检验方法。其使用条件和零假设如表 3.8 所示。

表 3.8 重复测量 ANOVA 检验的使用条件和零假设

使用条件	（1）组内实验。 （2）只有一个自变量，为多分类型，即有三个或更多配对样本组。 （3）只有一个因变量，为连续型或由李克特量表测得的。同一个样本组内部，数据互相独立。 （4）如果样本组是小样本数据集，这些数据最好符合正态分布，否则会影响检验的准确性；如果样本组属于大样本数据集，则正态分布的条件可以适当放宽。 （5）各样本组之间满足协方差矩阵球形度要求（不需要额外操作，在重复测量 ANOVA 检验中会自动使用 Mauchly 检验进行这项检查）。 （6）样本组无异常值
零假设	H_0：$\mu_1 = \mu_2 = \mu_3 = \cdots$，即所有样本组的均值 μ_1、μ_2、$\mu_3 \cdots$ 之间没有显著性差异

由表 3.8 可知，重复测量 ANOVA 检验的使用条件之一是样本组符合协方差矩阵球形度要求。若样本组满足该要求，则以重复测量 ANOVA 检验的结果为准；若样本组不满足该要求，则应以 Greenhouse-Geisser 校准后的重复测量 ANOVA 检验结果为准。

另外，与 One-way ANOVA 检验类似，在确定多个样本组之间存在显著性差异后，需要通过事后检验进一步明确差异到底发生在哪两个样本组之间。因此，重复测量 ANOVA 检验的分析流程如图 3.61 所示。

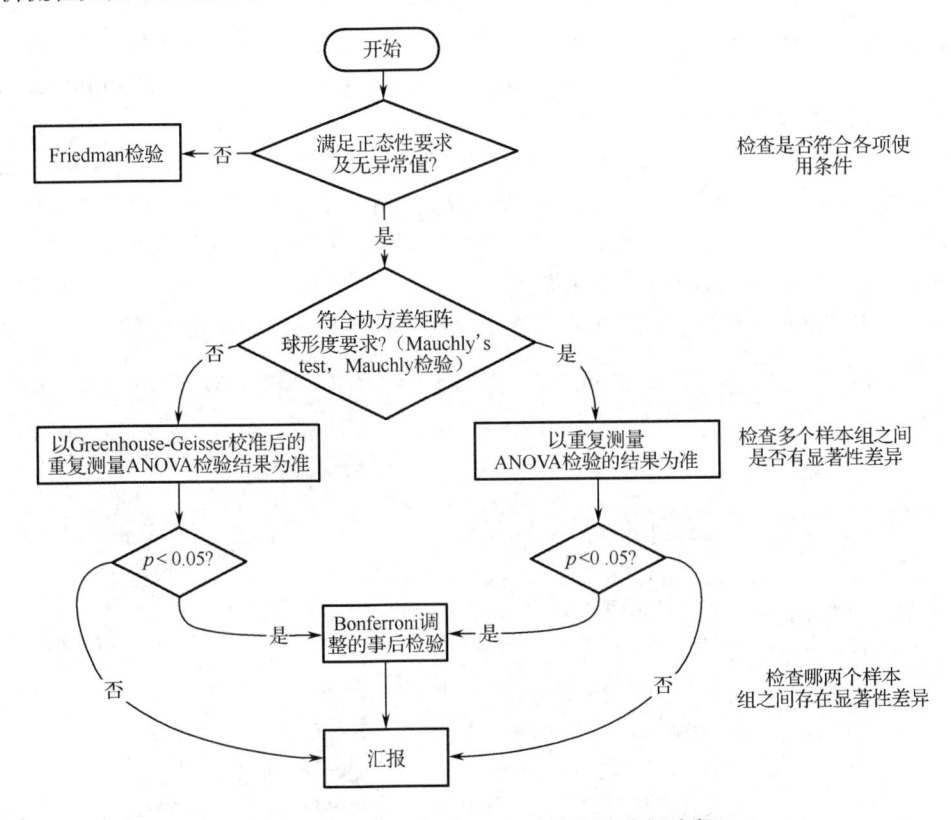

图 3.61 重复测量 ANOVA 检验的分析流程

例 18：一项研究中共 30 名被试者，每个被试者先后经历了三种不同的实验条件，每种实验条件下被试者的信心指数和沮丧指数存放在 RepeatedMeasuresANOVA.sav 中。现在需要研究：这三种不同的实验条件下，被试者的信心指数是否有显著性差异？他们的沮丧指数是否有显著性差异？

分析过程：

Step 1：这是一个典型的组内实验，三个样本组都采集自同一批被试者。在不同时间点上经历的三种不同的实验条件是自变量，写为 condition。信心指数和沮丧指数是两个因变量。因此，需要对每个因变量都进行一次重复测量 ANOVA 检验。

Step 2：在菜单中依次选择"分析"→"一般线性模型"→"重复测量"。以信心指数作为因变量，进行第一次重复测量 ANOVA 检验。

（1）如图 3.62 所示，在"主体内因子名"中填入 condition，并将"级别数"设为 3，单击"添加"按钮。

这里的"主体内因子名"指的就是组内实验中的自变量。一般情况下，这个变量在原数据表中是没有列出来的，如本例中是在三种不同的实验条件下测出的信心指数，所以就建立一个名为 condition 的自变量。condition 有三个取值（1、2、3），分别代表三种不同的实验条件，因而这里的"级别数"设为 3。

此处的"测量名称"就是因变量。本例中使用三列记录三个实验条件下的信心指数，所以这里建立一个名为 confidence 的因变量。

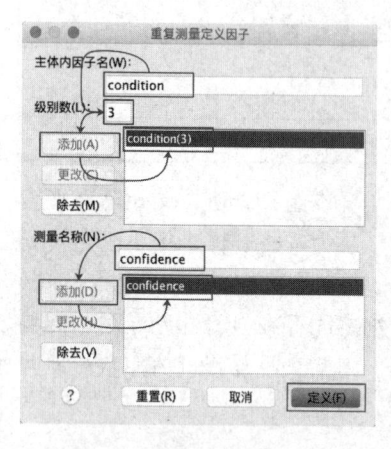

图 3.62　设置自变量与因变量

（2）单击"定义"按钮，弹出界面如图 3.63 所示，将变量 confidence time1、confidence time2、confidence time3 分别选入"主体内变量"。

（3）单击"EM 平均值"按钮，在弹出界面将"因子与因子交互"下的"condition"选入"显示下列各项的平均值"中。选中"比较主效应"，将"置信区间调整"设为"邦弗伦尼"。这样设置，是为了对所有样本组进行事后检验，同时为保证对比结果的准确性，使用 Bonferroni 方法对事后检验的结果进行调整。

（4）单击"选项"按钮，在弹出界面选中"描述统计"和"效应量估算"。

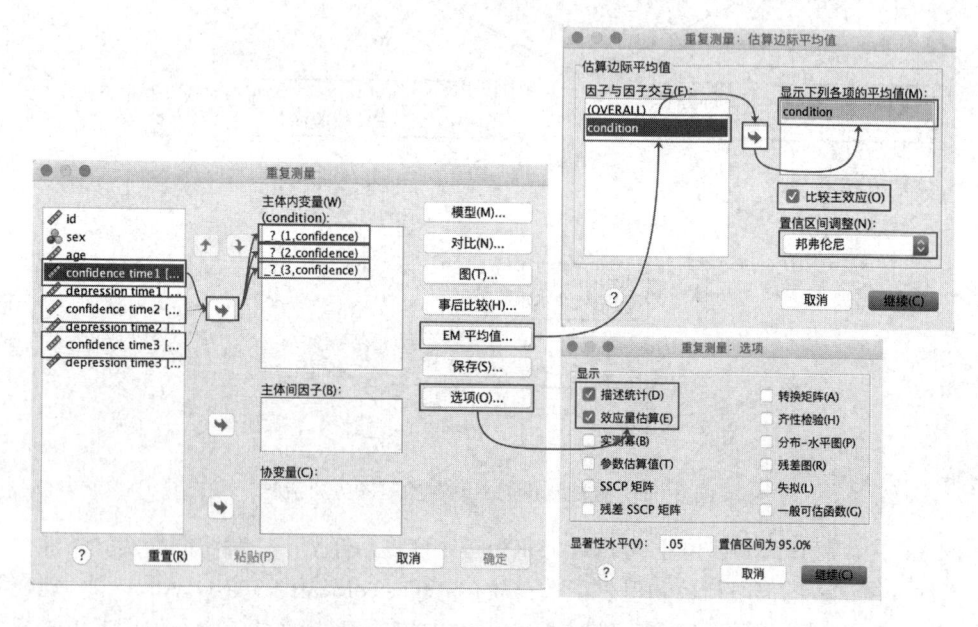

图 3.63　重复测量 ANOVA 检验的设置

Step 3：结果分析。

（1）查看样本组之间是否符合协方矩阵差球形度要求，如图 3.64 所示。

重复测量 ANOVA 检验会自动调用 Mauchly 检验来判断样本组是否符合协方差矩阵球形度要求。Mauchly 检验的零假设是 H_0：**重复测量的样本数据具有球面性**。本例中，Mauchly 检验的结果表明三个样本组并不符合协方差矩阵球形度要求，$\chi^2(2)=14.660$，$p = 0.001$。

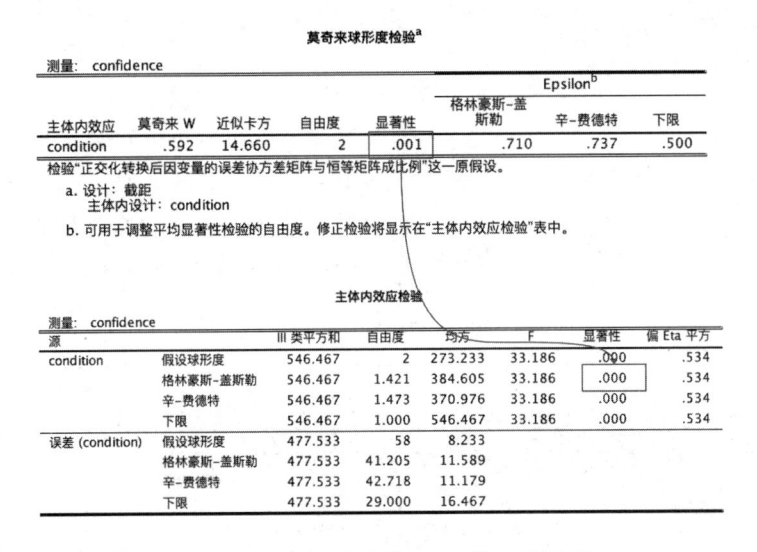

图 3.64　重复测量 ANOVA 检验的结果

（2）在样本组不符合协方差矩阵球形度要求时，应该以校准后的重复测量 ANOVA 检验结果为准。最常用的校准方法为 Greenhouse-Geisser，也就是图 3.64 中的"格林豪斯-盖斯勒"。本例结果显示，三个样本组之间存在显著性差异，即实验条件 condition 对信心指数 confidence 有显著性影响，$F(1.421, 41.205)= 33.186$，$p < 0.001$，效应量 $\eta_p^2 = 0.534$。

（3）在确定三个样本组之间存在显著性差异后，可进一步观察两两比较的事后检验结果。如图 3.65 所示，本例中，condition = 1 与 condition = 2 有显著性差异，$p = 0.008$；condition = 1 与 condition = 3 有显著性差异，$p < 0.001$；condition = 2 与 condition = 3 也有显著性差异，$p < 0.001$。

图 3.65　重复测量 ANOVA 检验的事后检验结果

Step 4：在菜单中依次选择"分析"→"一般线性模型"→"重复测量"。以沮丧指数作为因变量，进行第二次重复测量 ANOVA 检验。

（1）如图 3.66 所示，"主体内因子名"中不进行更改，在"测量名称"中新建一个名为 depression 的因变量。

（2）参考 Step 2 中的方法进行其余设置，仅将 confidence time1、confidence time2、confidence time3 改为 depression time1、depression time2、depression time3。

Step 5：结果分析。

（1）如图 3.67 所示，Mauchly 检验结果显示，样本组符合协方差矩阵球形度要求，$\chi^2(2) = 3.693$，$p = 0.158$。

（2）因为样本组符合协方差矩阵球形度要求，所以直接以重复测量 ANOVA 检验的结果为准：三个样本组之间有显著性差异，即实验条件 condition 对沮丧指数 depression 有显著性影响，$F(2, 58) = 30.987$，$p < 0.001$，效应量 $\eta_p^2 = 0.517$。

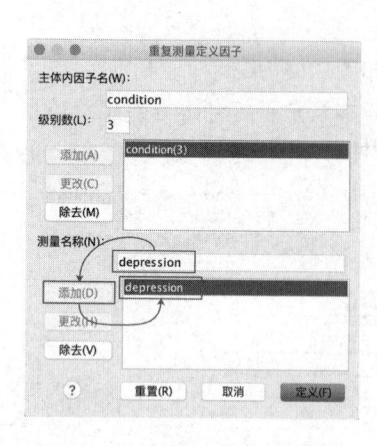

图 3.66　设置自变量与因变量

莫奇来球形度检验^a

测量：depression

主体内效应	莫奇来 W	近似卡方	自由度	显著性	Epsilon^b 格林豪斯–盖斯勒	辛–费德特	下限
condition	.876	3.693	2	.158	.890	.944	.500

检验"正交化转换后因变量的误差协方差矩阵与恒等矩阵成比例"这一原假设。
a. 设计：截距
　主体内设计：condition
b. 可用于调整平均显著性检验的自由度。修正检验将显示在"主体内效应检验"表中。

主体内效应检验

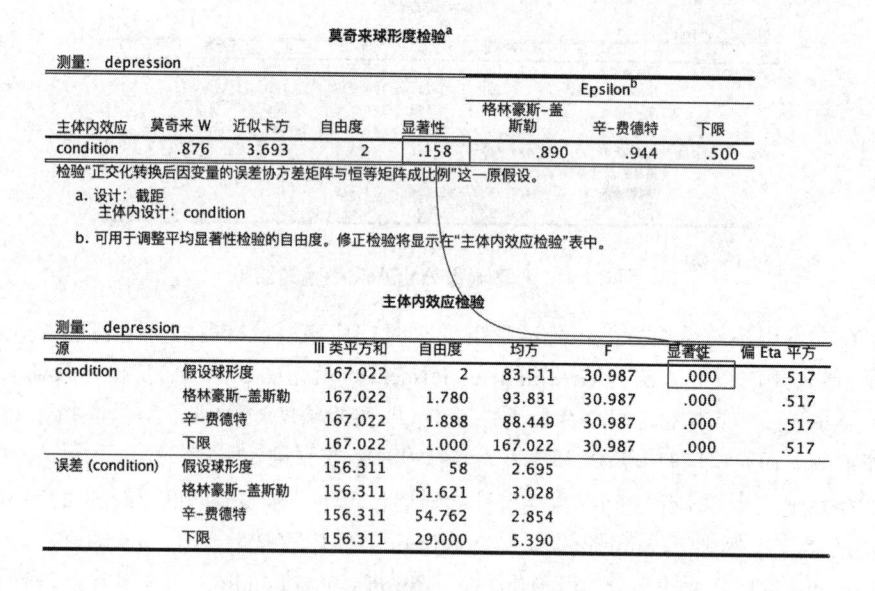

源		III 类平方和	自由度	均方	F	显著性	偏 Eta 平方
condition	假设球形度	167.022	2	83.511	30.987	.000	.517
	格林豪斯–盖斯勒	167.022	1.780	93.831	30.987	.000	.517
	辛–费德特	167.022	1.888	88.449	30.987	.000	.517
	下限	167.022	1.000	167.022	30.987	.000	.517
误差 (condition)	假设球形度	156.311	58	2.695			
	格林豪斯–盖斯勒	156.311	51.621	3.028			
	辛–费德特	156.311	54.762	2.854			
	下限	156.311	29.000	5.390			

图 3.67　重复测量 ANOVA 检验的结果

（3）在确定了三个样本组之间存在显著性差异后，可进一步观察事后检验的结果。如图 3.68 所示，本例中，condition = 1 与 condition = 2 有显著性差异，$p = 0.001$；condition = 1 与 condition = 3 也有显著性差异，$p < 0.001$；condition = 2 与 condition = 3 也有显著性差异，$p < 0.001$。

估算值

测量：depression

condition	平均值	标准误差	95% 置信区间 下限	上限
1	42.533	.838	40.819	44.248
2	40.733	1.008	38.672	42.795
3	39.200	.929	37.300	41.100

成对比较

测量：depression

(I) condition	(J) condition	平均值差值 (I-J)	标准误差	显著性^b	差值的 95% 置信区间^b 下限	上限
1	2	1.800[*]	.456	.001	.642	2.958
	3	3.333[*]	.463	.000	2.156	4.510
2	1	−1.800[*]	.456	.001	−2.958	−.642
	3	1.533[*]	.342	.000	.666	2.401
3	1	−3.333[*]	.463	.000	−4.510	−2.156
	2	−1.533[*]	.342	.000	−2.401	−.666

基于估算边际平均值
*. 平均值差值的显著性水平为 .05。
b. 多重比较调节：邦弗伦尼法。

图 3.68　重复测量 ANOVA 检验的事后检验结果

Step 6：书写报告。

Mauchly 检验显示，三个信心指数的样本组并不符合协方差矩阵球形度要求，$\chi^2(2)=14.660$，$p = 0.001$。通过 Greenhouse-Geisser 校准的重复测量 ANOVA 检验发现，三次实验条件中的信心指数具有显著性差异，$F(1.421, 41.205)= 33.186$，$p < 0.001$，$\eta_p^2 = 0.534$。Bonferroni 校正的事后检验进一步显示，第二次实验时的信心指数（平均值为 21.867，标准差为 1.021）显著高于第一次实验的信心指数（平均值为 19.000，标准差为 0.980），$p = 0.008$；第三次实验时的信心指数（平均值为 25.033，标准差为 0.950）显著高于第二次实验的信心指数（平均值为 21.867，标准差为 1.021），$p < 0.001$。

此外，Mauchly 检验显示，三个沮丧指数的样本组符合协方差矩阵球形度要求，$\chi^2(2) = 3.693$，$p = 0.158$。重复测量 ANOVA 检验显示，三次实验条件中的沮丧指数也有显著性差异，$F(2, 58)= 30.987$，$p < 0.001$，效应量 $\eta_p^2 = 0.517$。Bonferroni 校正的事后检验进一步显示，第二次实验时的沮丧指数（平均值为 40.733，标准差为 1.008）显著低于第一次实验的沮丧指数（平均值为 42.533，标准差为 0.838），$p = 0.001$；第三次实验时的沮丧指数（平均值为 39.200，标准差为 0.929）显著低于第二次实验的沮丧指数（平均值为 40.733，标准差为 1.008），$p < 0.001$。

例 19：Karjanto 等研究了自动驾驶中乘客的晕车情况[11]。在该研究中，有一部分内容是要检测被试者在乘车之前、乘车过程中以及乘车之后的心率是否存在差异。这是一个典型的具有三个样本组的组内实验。因变量为心率，为连续型变量，因此使用了重复测量 ANOVA 检验。具体检验结果参见本章参考文献[11]中的 3.4 节。

3.5.2 非参数检验方法

当不满足重复测量 ANOVA 检验的使用条件，如存在异常值或者样本组严重不符合正态分布等，应使用与其对应的非参数检验方法 **Friedman 检验**（Friedman test）。其使用条件和零假设如表 3.9 所示。

表 3.9 Friedman 检验的使用条件和零假设

使用条件	（1）组内实验。 （2）只有一个自变量，为多分类型，即有三个或更多配对样本组。 （3）只有一个因变量，为连续型或者有序分类型。同一个样本组内部，数据互相独立。 （4）不满足重复测量 ANOVA 检验的使用条件
零假设	H_0：所有样本组来自相同的总体

如果通过 Friedman 检验确定了样本组之间存在显著性差异，则应使用事后检验进一步确定差异到底发生在哪两个样本组之间。

例 20：设计人员给某款新车设计了三个广告，并邀请了 18 个被试者，每人观看这三个广告并打分，0 分表示非常不吸引人，100 分表示非常吸引人，数据存放在 Friedman.sav 中。现在需要研究：所有被试者对这三个广告的评价是否存在显著性差异？

分析过程：

Step 1：这三个广告是自变量，给广告的评分为因变量。

Step 2：因样本量太小，只有 18 个被试者，则首先应检查样本组是否符合重复测量 ANOVA 检验的使用条件。

（1）正态性检验可参照第 2 章例 4 中的步骤进行。正态性检验的结果如图 3.69 所示，可见，变量名为 ad1 的样本（图 3.69 中标"Rating the first ad"的那一行）不符合正态性要求。

正态性检验

	柯尔莫戈洛夫-斯米诺夫(V)[a]			夏皮洛-威尔克		
	统计	自由度	显著性	统计	自由度	显著性
Rating the first ad	.237	18	.009	.826	18	.004
Rating the second ad	.159	18	.200*	.956	18	.522
Rating the third ad	.135	18	.200*	.974	18	.876

*. 这是真显著性的下限。
a. 里利氏显著性修正

图 3.69　正态性检验的结果

（2）异常值检验可参照第 2 章例 4 中的步骤进行。异常值检验的结果如图 3.70 所示，可见，变量为 ad1 的样本组中有温和异常值，但没有极端异常值。综合正态性与异常值情况，使用 Friedman 检验更为稳妥。

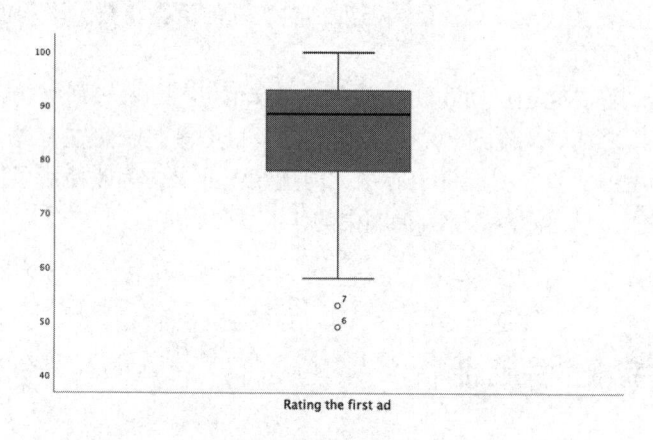

图 3.70　异常值检验的结果

Step 3：在菜单中依次选择"分析"→"非参数检验"→"相关样本"。

（1）如图 3.71 所示，在"字段"页面中，将变量 ad1（Rating the first ad）、ad2（Rating the second ad）、ad3（Rating the third ad）选入"检验字段"。

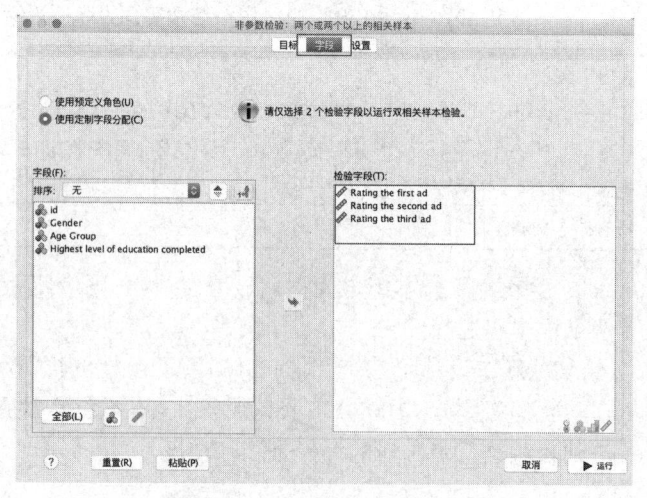

图 3.71　设置检验字段

（2）如图 3.72 所示，在"设置"页面中，选中"傅莱德曼双因素按秩 ANOVA 检验（k 个样本）"，并将"多重比较"设为"全部成对"。也就是选择进行 Friedman 检验，同时进行 Bonferroni 校准的事后检验。

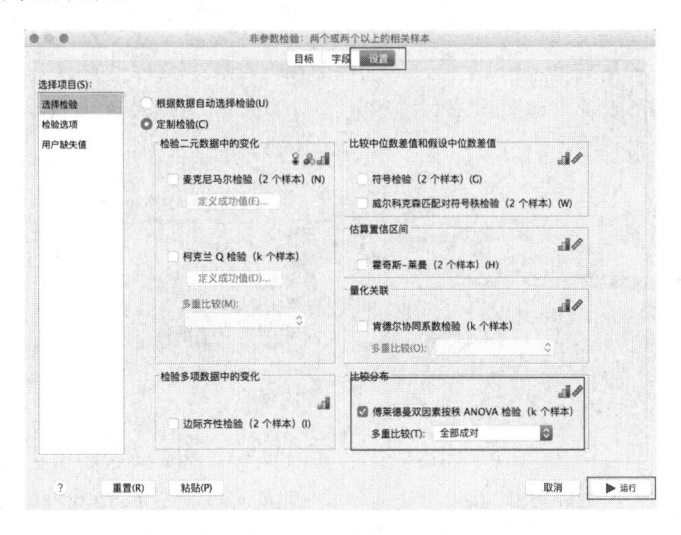

图 3.72　设置检验方法及事后检验

Step 4：结果分析。

（1）如图 3.73 所示，Friedman 检验的结果表明，18 个被试者对这三个广告的评价有显著性差异，$\chi^2(2) = 8.648$，$p = 0.013$。

图 3.73　Friedman 检验的结果

注意，本例中的样本量比较小，所以如果要汇报精确显著性，应在菜单中依次选择"分析"→"非参数检验"→"旧对话框"→"K 个相关样本"，参照第 3 章例 7 中的操作，单击"精确"按钮并选中"精确"。此外，这里使用的 Friedman 检验不能自动进行事后检验。

（2）确定三个广告的评价存在显著性差异后，查看事后检验的结果：与 Kruskal-Wallis H 检验类似，这里以 Bonferroni 调整后的显著性为准，也就是以"Adj.显著性"为准。如图 3.74 所示，本例中，被访者对 ad1 的评价显著高于对 ad2 的评价，$p = 0.011$。其余样本组之间并无显著性差异。

图 3.74　事后检验的结果

Step 5：计算效应量。

Friedman 检验的效应量可以用 Kendall's W 值来表示：

$$W_{\text{Kendall}} = \frac{\chi^2}{n(k-1)} = \frac{8.648}{18 \times (3-1)} = 0.240 \qquad (3\text{-}10)$$

式中：n 为样本量；k 为每个被试者经过的实验次数。

另外，如图 3.75 所示，也可以通过在 Step 3 中的"设置"页面上选中"量化关联"中的"肯德尔协同系数检验（k 个样本）"，得到 Kendall's W 值。本例中，$W_{\text{Kendall}} = 0.240$。

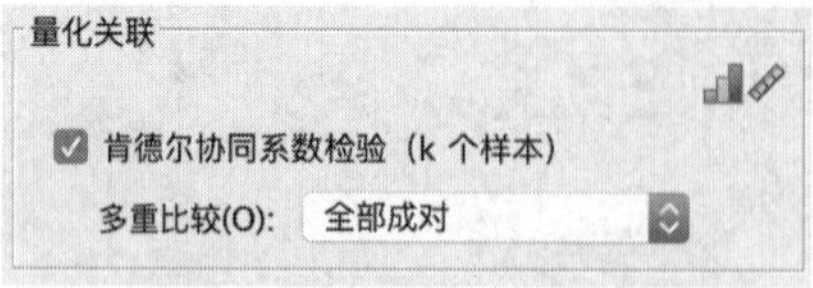

相关样本肯德尔协同系数摘要	
总计 N	18
肯德尔 W	.240
检验统计	8.648
自由度	2
渐进显著性（双侧检验）	.013

图 3.75 效应量

Step 6：书写报告。

S-W 检验发现样本不符合正态性，而且有异常值，所以使用 Friedman 检验进行差异性分析。Friedman 检验显示，被试者对三个广告的评价有显著性差异，$\chi^2(2) = 8.648$，$p = 0.013$，效应量 $W_{\text{Kendall}} = 0.240$。

例 21：Ghazali 等在一项关于机器人交互行为的研究中，研究了机器人采用不同的交互频率是否会影响用户对机器人的服从度[12]。研究人员通过一个组内实验，统计了用户分别在面对具有高频、中频、低频交互行为的机器人时，采纳机器人建议的情况（0 表示完全不采纳，1 表示部分采纳，2 表示全部采纳）。这是一个因变量为多分类型的问题，所以采用 Friedman 检验进行分析。结果显示，机器人的交互频率并不能对用户的服从度产生影响，$\chi^2(2) = 0.55$，$p = 0.76$（详细内容参见本章参考文献[12]）。

3.6 有多个分类型自变量的差异性分析

前面讨论的都是只有一个自变量，而且这个自变量是分类型的情况。也就是，一个二分类型（3.2 节和 3.3 节）或多分类型（3.4 节和 3.5 节）的自变量，独自将样本集划分成两个或多个样本组，再对样本组进行差异性分析。

但在实际应用中，经常会遇到有两个或更多分类型自变量的情况。这种情况下，一般要分析的是"三个或更多样本组之间，在一个连续型或由李克特量表测得的指标上的差异性分析"。只不过这三个或更多样本组，是由多个二分类型或多分类型的自变量划分形成的。例如，根据性别以及是否使用过某种产品这两个二分类型的自变量，就可以将整个样本集划分为四个独立组：男性使用过该产品组、女性使用过该产品组、男性未使用过该产品组、女性未使用过该产品组。所以要研究的是这四个样本组在某一个连续型或由李克特量表测得的指标上是否存在显著性差异，也就是研究性别是否对这个指标产生影响？该产品的使用经验是否会对这个指标产生影响？

在这种情况下，通常还需要分析这些分类型自变量之间是否对因变量存在"**交互影响**"。所谓的"交互影响"，是指自变量 A 对因变量 C 产生的影响，会受到另一个自变量 B 的影响。例如，发现性别对于用户在某种产品的喜好上，存在显著性影响，如男性比女性更喜欢这款产品。但是这种喜好上的差异，随着用户所属年龄段的增长呈现逐步变小的趋势。也就是说，60～70 岁的男性用户虽然比 60～70 岁的女性用户更喜欢这款产品，但是他们对这款产品喜好上的差异，同 20～30 岁的男性用户与 20～30 岁的女性用户的喜好差异相比并没有那么大。

因此，在差异性分析中，如果存在两个或更多分类型自变量，则研究的主要是以下两个层面的内容：

（1）每个自变量，是否各自对因变量存在显著性影响？
（2）自变量之间，是否对因变量产生显著的交互影响？

这里的交互影响，通常在文献中被称为**交互效应**（Interaction effect）或交互作用。当交互效应不存在时，每个自变量对因变量的影响被称为**主效应**（Main effect）。但是当交互效应存在时，研究的就是在由一个自变量将所有样本划分成不同的样本组中，另一个自变量对因变量的影响。这种影响被称为**简单主效应**（Simple main effect）。

事实上，在包含有多个分类型自变量的差异性分析中，研究这些自变量之间的交互效应，往往会得出比较有价值的结论。例如，研究某种产品能否改善用户的睡眠质量，以及其对男性用户和对女性用户的效果是否一样。这种情况下，应该使用本节中的方法，来分析一下性别与该产品，是否对用户的睡眠质量产生了交互影响。

当这种分析发生在组间实验中时，最常用的方法就是 ***N*-way ANOVA 检验**（*N*-way ANOVA test），*N* 指自变量的个数。例如，对两个分类型自变量划分形成的多样本组之间进行差异性分析，使用 Two-way ANOVA 检验来检测；如果有三个自变量，则使用 Three-way ANOVA 检验。

当这种分析发生在组内实验中时，最常用的方法是 ***N*-way repeated measures ANOVA 检验**（*N*-way repeated measures ANOVA test）。

3.6.1 组间实验

在组间实验中，如果要分析两个或多个分类型自变量是否对因变量存在显著性影响，并且这些自变量之间是否存在交互影响，则可以考虑使用 *N*-way ANOVA 检验。以 Two-way ANOVA 检验为例，其使用条件和零假设如表 3.10 所示。

表 3.10　Two-way ANOVA 检验的使用条件和零假设

使用条件	（1）组间实验。 （2）有两个自变量，为二分类型或多分类型。 （3）只有一个因变量，为连续型或者由李克特量表得到的。同一个样本组内部，数据互相独立。 （4）如果样本量较小，这些数据最好符合正态分布，否则会影响检验的准确性；如果样本量较大，且每个样本组的样本量相似，则即使样本组不符合正态分布，也可以使用 Two-way ANOVA 检验。 （5）样本组之间符合方差齐性要求。 （6）样本组无异常值

续表

零假设	共有三个零假设： （1）第一个自变量 A，对因变量 C 没有显著性影响。 （2）第二个自变量 B，对因变量 C 没有显著性影响。 （3）自变量 A 与自变量 B 之间对因变量 C 不存在交互影响

从表中所列的使用条件可以看出，Two-way ANOVA 检验的鲁棒性非常强。只要各样本组的样本量接近，而且样本量较大，则基本可以使用该方法进行检验。

例如，有 A 和 B 两个自变量，C 为因变量。其中，A 为二分类型变量，有 $A1$ 和 $A2$ 两个取值；B 为多分类型变量，有 $B1$、$B2$、$B3$ 三个取值。如果 Two-way ANOVA 检验显示变量 A 与变量 B 之间不存在交互影响，即对 $A1$ 群体来说，B 对 C 的影响与 $A2$ 群体中 B 对 C 的影响并无差别。所以此时可以将 $A1$ 和 $A2$ 这两个群体当成一个整体，去分析 B 对 C 的影响。同理，也说明 $B1$ 这个群体中 A 对 C 的影响，与 $B2$ 群体中 A 对 C 的影响，以及 $B3$ 群体中 A 对 C 的影响，并无差别。因此，在明确 A 与 B 对 C 没有显著的交互效应后，可直接分析 A 对 C 以及 B 对 C 的**主效应**。本节中的例 22 即为此种情况。

但是如果 Two-way ANOVA 检验显示变量 A 与变量 B 之间存在显著的交互效应，则说明 B 对 C 的影响，在 $A1$ 群体上与在 $A2$ 群体上是不一样的，或者 A 对 C 的影响，在 $B1$、$B2$、$B3$ 群体上是不一样的。所以此时如果要分析 B 对 C 有什么样的影响，则应该将 $A1$ 群体和 $A2$ 群体分开讨论。同理，如果要分析 A 对 C 有什么样的影响，则应该将 $B1$、$B2$、$B3$ 群体分开进行讨论。因此，在明确 A 与 B 对 C 有显著的交互效应后，分析的就是 A 对 C 以及 B 对 C 的**简单主效应**。本节中的例 23 就是此种情况。

因此，以一个有 A（二分类型变量）和 B（多分类型变量）两个自变量，因变量为 C 的 Two-way ANOVA 检验为例，其分析流程如图 3.76 所示。

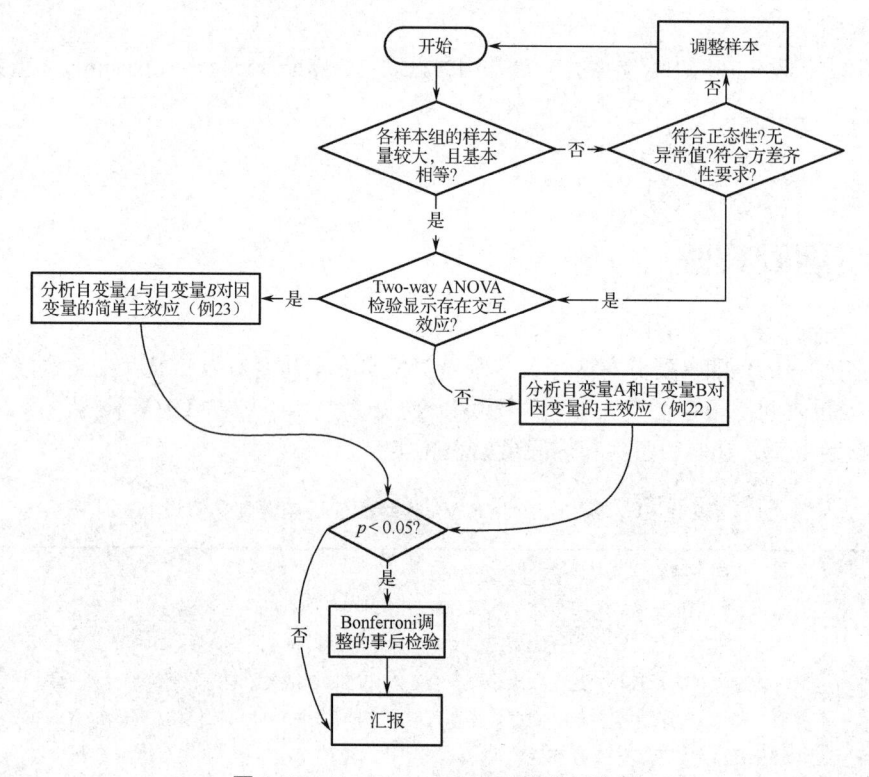

图 3.76 Two-way ANOVA 的分析流程

例 22（无交互效应）：研究者调查了 439 位被试者的性别、年龄分组等参数，并根据量表评测他们的日常压力，数据存放在 TwoWayANOVA1.sav 中。现在需要研究：性别、年龄会对日常压力产生什么样的影响？

分析过程：

Step 1：性别（sex）和年龄分组（agegp5）为自变量，日常压力（tpstress）为因变量。

Step 2：检查各样本组的正态性与异常值情况。

（1）将整个数据集按照两个自变量拆分成各个样本组。在菜单中依次选择"数据"→"拆分文件"。按图 3.77 所示，选中"比较组"，并将自变量 sex 和自变量 agegp5 选入"分组依据"。

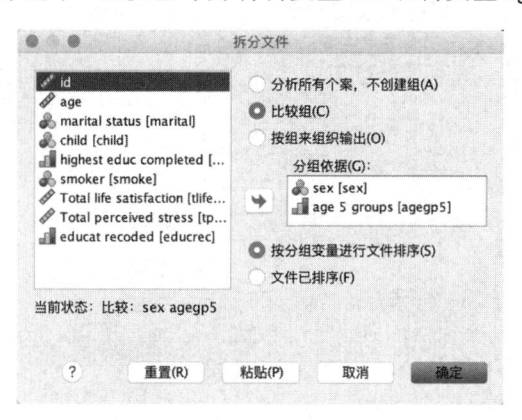

图 3.77 拆分成样本组

（2）在菜单中依次选择"分析"→"描述统计"→"探索"。参照第 2 章例 4 的步骤检查样本组的正态性与异常值。正态性检验的结果如图 3.78 所示。可见，只有一个样本组不符合正态性要求（其偏态并不严重），其余样本组都符合正态分布。此外，各样本组的样本量比较接近，所以本例可以使用 Two-way ANOVA 检验来进行分析。

图 3.78 正态性检验的结果

（3）将所有分组重新归为一组。在菜单中依次选择"数据"→"拆分文件"，选中"分析所有个案，不创建组"。

Step 3：检查是否存在交互效应。在菜单中依次选择"分析"→"一般线性模型"→"单变量"。按图 3.79 所示进行设置。

（1）将因变量 tpstress 选入"因变量"，将自变量 sex 和 agegp5 选入"固定因子"。

（2）单击"图"按钮（这里是通过画图观察两个自变量对因变量的交互效应），在弹出界面中将自变量 sex 和 agegp5 分别选入"单独的线条"和"水平轴",再单击"添加"按钮,则会在空格中出现"agegp5*sex"。一般将二分类型变量选入"单独的线条",而将多分类型变量选入"水平轴"。

(3)单击"EM 均值"按钮,在弹出界面中将"因子与因子交互"中的"sex""agegp5"和"sex*agegp5"选入"显示下列各项的平均值",选中"比较主效应"。在"置信区间调整"中选择"邦弗伦尼"。

(4)单击"选项"按钮,选中"效应量估算"和"齐性检验"。

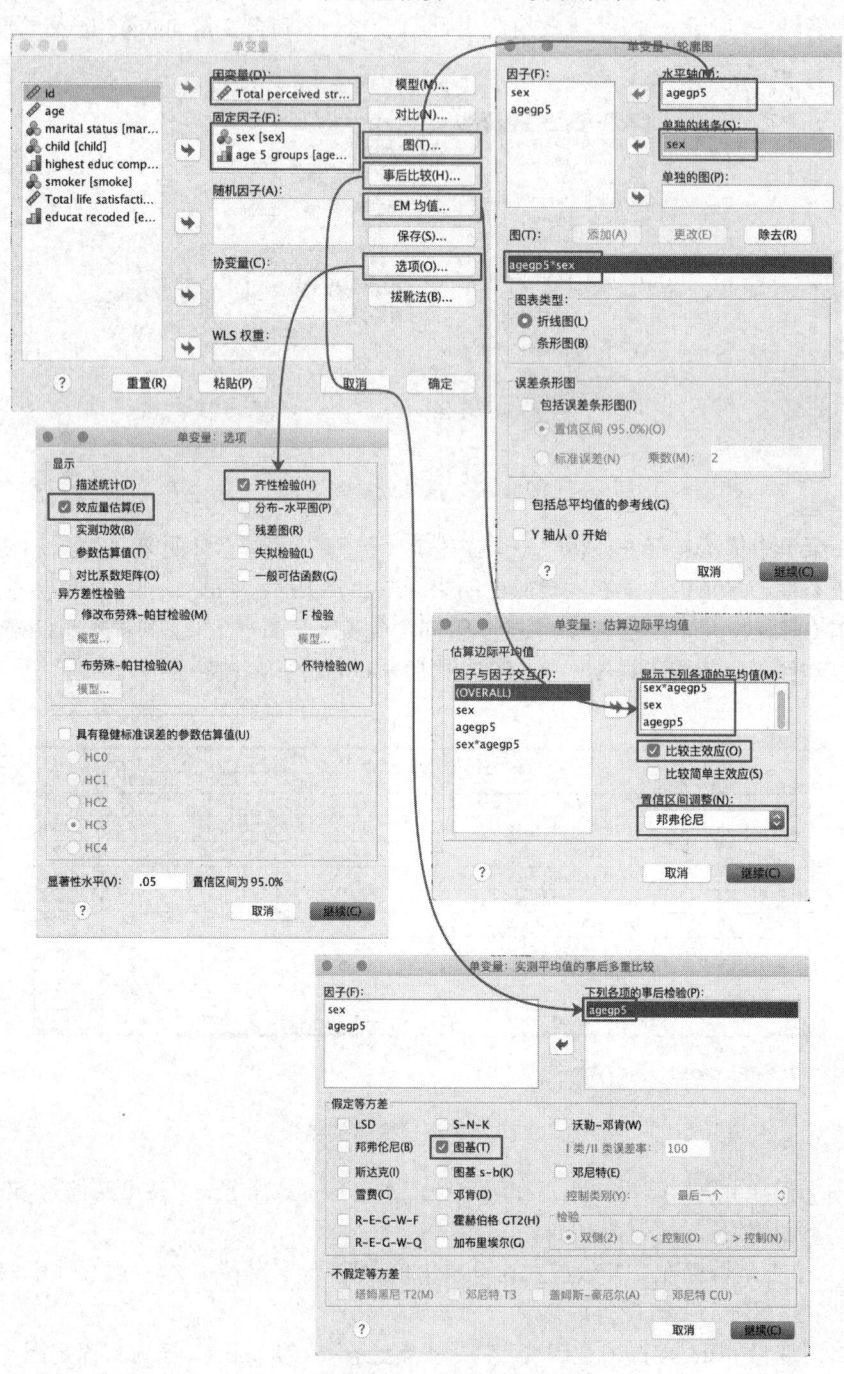

图 3.79 检测交互效应时的设置

（5）单击"事后比较"按钮。事后比较，就是如果发现某个多分类型自变量对因变量有显著性影响，则对这个多分类型自变量内部进行进一步分析，以了解究竟是哪些类别之间存在显著性差异。本例中，将自变量 agegp5 选入"下列各项的事后检验"中，并选中"图基"。自变量 sex 不用选入，因为 sex 是二分类型变量，不需要进行事后比较。

Step 4：结果分析。

（1）查看样本组是否符合方差齐性要求。如图 3.80 所示，莱文方差等同性检验表明，样本组满足方差齐性要求，$p = 0.418 > 0.05$。

误差方差的莱文等同性检验[a,b]

		莱文统计	自由度 1	自由度 2	显著性
Total perceived stress	基于平均值	1.026	9	423	.418
	基于中位数	.981	9	423	.455
	基于中位数并具有调整后自由度	.981	9	394.994	.455
	基于剪除后平均值	1.030	9	423	.415

检验"各个组中的因变量误差方差相等"这一原假设。
a. 因变量：Total perceived stress
b. 设计：截距 + sex + agegp5 + sex * agegp5

图 3.80　方差齐性检验的结果

需要注意的是，因为 Two-way ANOVA 检验的鲁棒性很强，所以即使样本组不满足方差齐性要求，也不太影响后续 Two-way ANOVA 检验的效果，尤其是在样本量比较相似的情况下。但是如果此处检验发现样本组不满足方差齐性要求，则应在汇报中指出。

（2）查看自变量对因变量是否存在交互效应。如图 3.81 所示，本例中自变量 sex 与自变量 agegp5 对因变量 tpstress 没有显著的交互效应，$F(4, 423) = 0.492$，$p = 0.741$，这也就意味着自变量 agegp5 对因变量 tpstress 的影响与性别没有关系。

主体间效应检验

因变量：Total perceived stress

源	III 类平方和	自由度	均方	F	显著性	偏 Eta 平方
修正模型	839.252[a]	9	93.250	2.831	.003	.057
截距	295968.489	1	295968.489	8985.743	.000	.955
sex	277.994	1	277.994	8.440	.004	.020
agegp5	503.367	4	125.842	3.821	.005	.035
sex * agegp5	64.874	4	16.219	.492	.741	.005
误差	13932.591	423	32.938			
总计	324089.000	433				
修正后总计	14771.843	432				

a. R 方 = .057（调整后 R 方 = .037）

图 3.81　交互效应的检验结果

（3）图 3.82 为交互效应检验结果的图示，可以看出，男性曲线与女性曲线的基本趋势是一致的。

Step 5：在确定两个自变量对因变量没有交互效应后，就可以直接观察每个自变量是否对因变量有影响（主效应）。查看图 3.81 中自变量 sex 和 agegp5 这两行对应的显著性，可知，自变量 sex 对因变量 tpstress 存在显著性影响，$F(1, 423) = 8.440$，$p = 0.004$，效应量 $\eta_p^2 = 0.020$；自变量 agegp5 对因变量 tpstress 也存在显著性影响，$F(4, 423) = 3.821$，$p = 0.005$，效应量 $\eta_p^2 = 0.035$。

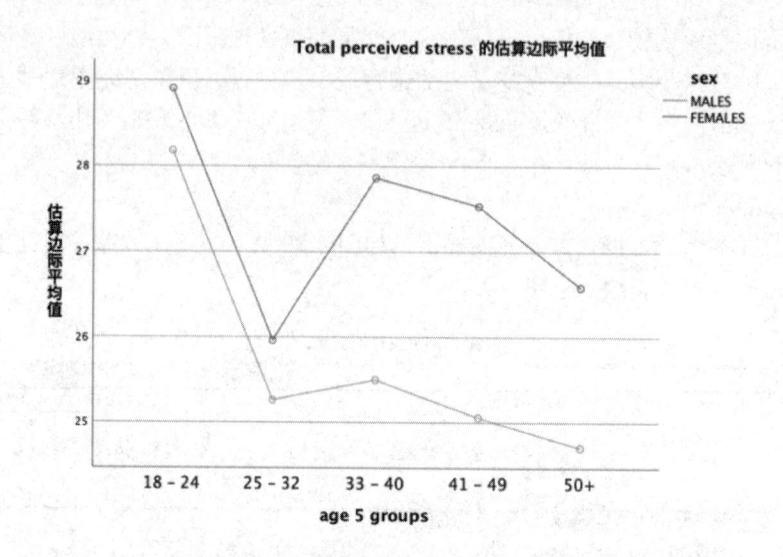

图 3.82 交互效应检验结果的图示

Step 6：因为 agegp5 是多分类型变量，所以需要进一步了解究竟是哪些类别之间存在显著性差异。由图 3.83 可知，18～24 年龄组与 25～32 年龄组，在因变量 tpstress 上存在显著性差异，$p = 0.008$。此外，18～24 年龄组与 50+年龄组，在 tpstress 上也存在显著性差异，$p = 0.013$。其他组别之间均没有显著性差异。

成对比较

因变量：Total perceived stress

(I) age 5 groups	(J) age 5 groups	平均值差值 (I-J)	标准误差	显著性[b]	差值的 95% 置信区间[b] 下限	上限
18－24	25－32	2.933*	.867	.008	.486	5.380
	33－40	1.862	.876	.342	-.610	4.334
	41－49	2.248	.858	.091	-.173	4.669
	50+	2.900*	.893	.013	.380	5.419
25－32	18－24	-2.933*	.867	.008	-5.380	-.486
	33－40	-1.071	.890	1.000	-3.582	1.440
	41－49	-.684	.872	1.000	-3.146	1.777
	50+	-.033	.907	1.000	-2.591	2.525
33－40	18－24	-1.862	.876	.342	-4.334	.610
	25－32	1.071	.890	1.000	-1.440	3.582
	41－49	.387	.881	1.000	-2.100	2.873
	50+	1.038	.915	1.000	-1.544	3.621
41－49	18－24	-2.248	.858	.091	-4.669	.173
	25－32	.684	.872	1.000	-1.777	3.146
	33－40	-.387	.881	1.000	-2.873	2.100
	50+	.652	.898	1.000	-1.882	3.185
50+	18－24	-2.900*	.893	.013	-5.419	-.380
	25－32	.033	.907	1.000	-2.525	2.591
	33－40	-1.038	.915	1.000	-3.621	1.544
	41－49	-.652	.898	1.000	-3.185	1.882

基于估算边际平均值

*. 平均值差值的显著性水平为 .05。
b. 多重比较调节：邦弗伦尼法。

图 3.83 事后检验的结果

Step 7：书写报告。

Two-way ANOVA 检验显示，性别对压力有显著性影响，$F(1, 423) = 8.440$，$p = 0.004$，$\eta_p^2 = 0.020$，男性的压力显著小于女性的压力；年龄对压力也存在显著性影响，$F(4, 423) =$

3.821，$p = 0.005$，$\eta_p^2 = 0.035$；但是，性别与年龄对压力没有显著的交互效应。

通过 Turkey 事后检验发现，18～24 年龄组的日常压力显著高于 25～32 年龄组的（平均值差值为 2.933，标准差为 0.867），$p = 0.008$。此外，18～24 年龄组的日常压力显著高于 50+ 年龄组的（平均值差值为 2.900，标准差为 0.893），$p = 0.013$。其余组别并无显著性差异。

例 23（有交互效应）：研究者调查了 58 位观众的性别、教育背景，以及他们对一部新上映的电影的兴趣度，数据存放在 TwoWayANOVA3.sav 中。现在需要研究：性别、教育背景，是否会影响观众对这部电影的兴趣度？

分析过程：

Step 1：性别（gender）和教育背景（education_level）为自变量。其中，gender 是二分类型变量；education_level 是多分类型变量，有三个取值；对电影的兴趣度（interest）为连续型因变量。

Step 2：检查各样本组的正态性与异常值情况。可参照本章例 22 中的 Step 2 进行，此处不再详细描述。正态性检验的结果如图 3.84 所示。可见，各样本组均符合正态分布，且无异常值。注意：检验完毕后，应将所有分组重新归为一组，可在菜单中依次选择"数据"→"拆分文件"，并选中"分析所有个案，不创建组"。

正态性检验

Gender	Level of education		柯尔莫戈洛夫-斯米诺夫[a]			夏皮洛-威尔克		
			统计	自由度	显著性	统计	自由度	显著性
Male	School	Interest	.143	9	.200*	.981	9	.971
	College	Interest	.157	9	.200*	.957	9	.761
	University	Interest	.213	10	.200*	.915	10	.320
Female	School	Interest	.112	10	.200*	.963	10	.819
	College	Interest	.112	10	.200*	.963	10	.819
	University	Interest	.139	10	.200*	.950	10	.668

*. 这是真显著性的下限。
a. 里利氏显著性修正

图 3.84　正态性检验的结果

Step 3：检查变量间是否存在交互效应。在菜单中依次选择"分析"→"一般线性模型"→"单变量"。如图 3.85 所示，进行如下设置。

（1）将变量 interest 选入"因变量"，将变量 gender 和 education_level 选入"固定因子"。

（2）单击"图"按钮，在弹出界面中将变量 gender 和 education_level 分别选入"单独的线条"和"水平轴"，然后单击"添加"按钮，则在空格中会出现"education_level*gender"。一般将二分类型变量选入"单独的线条"，而将多分类型变量选入"水平轴"。

（3）单击"EM 均值"按钮，在弹出界面中将"因子与因子交互"下的"gender""education_level"和"gender *education_level"选入"显示下列各项的平均值"，选中"比较主效应"，并在"置信区间调整"中选择"邦弗伦尼"。

（4）单击"选项"按钮，在弹出界面选中"效应量估算"和"齐性检验"。

（5）单击"事后比较"按钮，在弹出界面中将变量 education_level 选入"下列各项的事后检验"中，并选中"图基"。变量 gender 不需要选入，因为它是二分类型的变量，不需要进行事后比较。

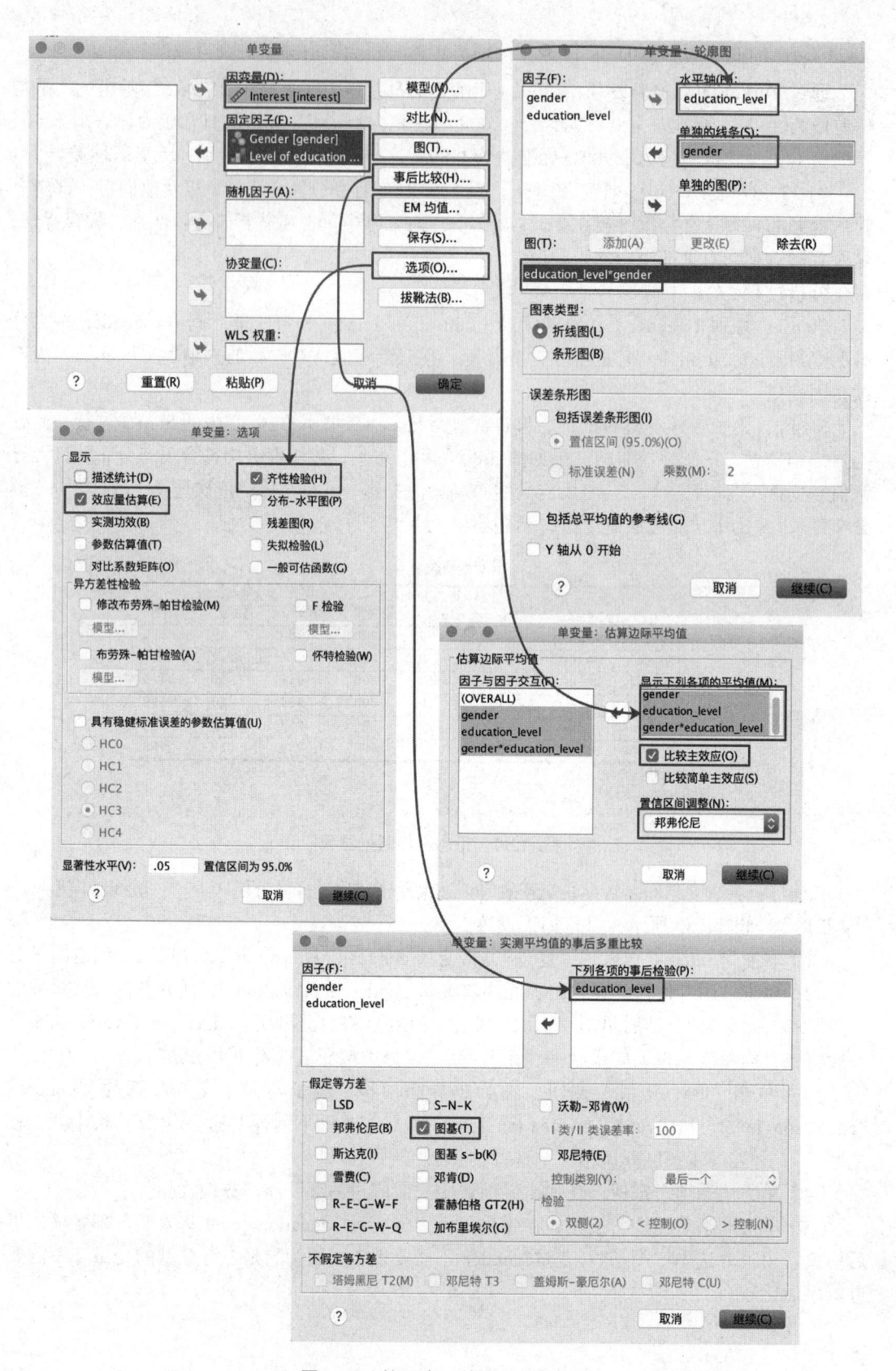

图 3.85 检测交互效应时的设置

Step 4：结果分析。

（1）查看样本组是否符合方差齐性要求。如图 3.86 所示，莱文方差等同性检验表明，样本组满足方差齐性要求，$p = 0.061 > 0.05$。

误差方差的莱文等同性检验[a,b]

		莱文统计	自由度 1	自由度 2	显著性
Interest	基于平均值	2.269	5	52	.061
	基于中位数	2.205	5	52	.068
	基于中位数并具有调整后自由度	2.205	5	27.511	.083
	基于剪除后平均值	2.263	5	52	.062

检验"各个组中的因变量误差方差相等"这一原假设。
a. 因变量: Interest
b. 设计: 截距 + gender + education_level + gender * education_level

图 3.86　方差齐性检验的结果

（2）查看这两个自变量对因变量是否存在交互效应。由图 3.87 可知（图中 R 方为 R^2），自变量 gender 与自变量 education_level 对因变量 interest 有显著的交互效应，$F(2, 52)= 7.315$，$p = 0.002$。

主体间效应检验

因变量: Interest

源	III 类平方和	自由度	均方	F	显著性	偏 Eta 平方
修正模型	5645.998[a]	5	1129.200	78.538	.000	.883
截距	132091.906	1	132091.906	9187.227	.000	.994
gender	8.420	1	8.420	.586	.448	.011
education_level	5446.697	2	2723.348	189.414	.000	.879
gender * education_level	210.338	2	105.169	7.315	.002	.220
误差	747.644	52	14.378			
总计	140265.750	58				
修正后总计	6393.642	57				

a. R 方 = .883（调整后 R 方 = .872）

图 3.87　交互效应的检验结果

（3）从图 3.88 中可以看出，男性曲线与女性曲线是交叉的。这种情况表明存在交互作用。

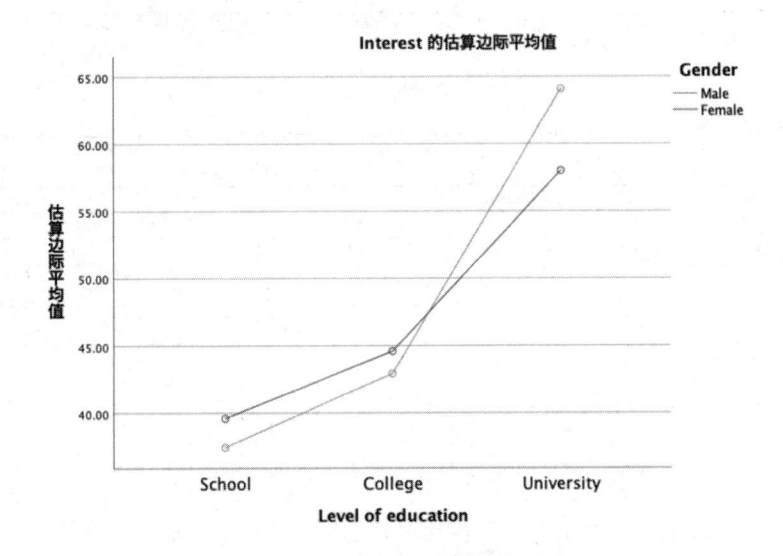

图 3.88　交互效应检验结果的图示

Step 5：在确定两个变量对因变量有交互效应后，可进一步分析每个自变量对因变量的影响究竟是什么样的，也就是分析简单主效应。在菜单中依次选择"分析"→"一般线性模型"→"单变量"。其他设置都保持不变，只单击"EM 均值"按钮，在弹出界面取消选中"比较主效应"，选中"比较简单主效应"，如图 3.89 所示。

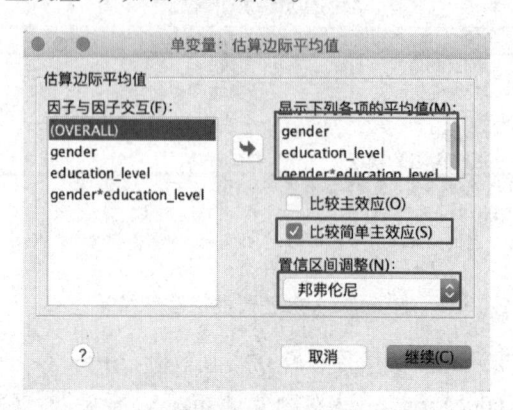

图 3.89　简单主效应的设置

Step 6：简单主效应结果分析。

（1）查看不同教育背景的人群中，性别对兴趣度的影响。由图 3.90 可知，只有在教育背景为 University 的人群中，男性与女性对这部电影的兴趣度有显著性差异，$F_{University}(1, 52)=12.940$，$p = 0.001$，效应量 $\eta_p^2 = 0.199$，男性比女性的兴趣度显著高了 6.100 ± 1.696。在其余教育背景的人群中，男性与女性对这部电影的兴趣度并没有显著性差异。

单变量检验

因变量：Interest

Level of education		平方和	自由度	均方	F	显著性	偏 Eta 平方
School	对比	22.009	1	22.009	1.531	.222	.029
	误差	747.644	52	14.378			
College	对比	12.983	1	12.983	.903	.346	.017
	误差	747.644	52	14.378			
University	对比	186.050	1	186.050	12.940	.001	.199
	误差	747.644	52	14.378			

每个 F 都将检验其他所示效应的每个级别组合中 Gender 的简单效应。这些检验基于估算边际平均值之间的线性无关成对比较。

成对比较

因变量：Interest

Level of education	(I) Gender	(J) Gender	平均值差值 (I-J)	标准误差	显著性[b]	差值的 95% 置信区间[b] 下限	上限
School	Male	Female	-2.156	1.742	.222	-5.652	1.340
	Female	Male	2.156	1.742	.222	-1.340	5.652
College	Male	Female	-1.656	1.742	.346	-5.152	1.840
	Female	Male	1.656	1.742	.346	-1.840	5.152
University	Male	Female	6.100*	1.696	.001	2.697	9.503
	Female	Male	-6.100*	1.696	.001	-9.503	-2.697

基于估算边际平均值
*. 平均值差值的显著性水平为 .05。
b. 多重比较调节：邦弗伦尼法。

图 3.90　不同教育背景的人群中，性别对兴趣度的影响

（2）查看不同性别的人群中，教育背景对兴趣度的影响。由图 3.91 可知，无论是男性群体还是女性群体，不同的教育背景都会显著影响其兴趣度：$F_{Male}(2, 52)= 132.493$，$p < 0.001$，

效应量 $\eta_p^2 = 0.836$；$F_{Female}(2, 52) = 62.958$，$p < 0.001$，效应量 $\eta_p^2 = 0.708$。具体的，教育背景为 College 的男性群体或女性群体，其兴趣度显著高于教育背景为 School 的；而教育背景为 University 的，其兴趣度又显著高于教育背景 College 的，$p < 0.001$。

单变量检验

因变量：Interest

Gender		平方和	自由度	均方	F	显著性	偏 Eta 平方
Male	对比	3809.897	2	1904.948	132.493	.000	.836
	误差	747.644	52	14.378			
Female	对比	1810.400	2	905.200	62.958	.000	.708
	误差	747.644	52	14.378			

每个 F 都将检验其他所示效应的每个级别组合中 Level of education 的简单效应。这些检验基于估算边际平均值之间的线性无关成对比较。

成对比较

因变量：Interest

Gender	(I) Level of education	(J) Level of education	平均值差值 (I-J)	标准误差	显著性[b]	差值的 95% 置信区间[b] 下限	上限
Male	School	College	-5.500*	1.787	.010	-9.922	-1.078
		University	-26.656*	1.742	.000	-30.966	-22.345
	College	School	5.500*	1.787	.010	1.078	9.922
		University	-21.156*	1.742	.000	-25.466	-16.845
	University	School	26.656*	1.742	.000	22.345	30.966
		College	21.156*	1.742	.000	16.845	25.466
Female	School	College	-5.000*	1.696	.014	-9.195	-.805
		University	-18.400*	1.696	.000	-22.595	-14.205
	College	School	5.000*	1.696	.014	.805	9.195
		University	-13.400*	1.696	.000	-17.595	-9.205
	University	School	18.400*	1.696	.000	14.205	22.595
		College	13.400*	1.696	.000	9.205	17.595

基于估算边际平均值

*. 平均值差值的显著性水平为 .05。

b. 多重比较调节：邦弗伦尼法。

图 3.91 不同性别的人群中，教育背景对兴趣度的影响

Step 7：书写报告。

观众的性别和教育背景，对他们对这部电影的兴趣度有显著的交互效应，$F(2, 52) = 7.315$，$p = 0.002$。具体的，教育背景为 College 的人群中，男性与女性对这部电影的兴趣度没有显著性差异，$p = 0.346$；教育背景为 School 的人群中，男性与女性对这部电影的兴趣度也没有显著性差异，$p = 0.222$；教育背景为 University 的人群中，男性对这部电影的兴趣度显著高于女性对这部电影的兴趣度（平均值差值为 6.100，标准差为 1.696），$F(1, 52) = 12.940$，$p = 0.001$，$\eta_p^2 = 0.199$。

对于女性群体而言，教育背景会显著影响其对这部电影的兴趣度，$F_{Female}(2, 52) = 62.958$，$p < 0.001$，效应量 $\eta_p^2 = 0.708$。教育背景为 College 的女性群体对这部电影的兴趣度显著高于教育背景为 School 的女性群体，$p = 0.014$；教育背景为 University 的女性群体，对这部电影的兴趣度又显著高于教育背景为 College 的女性群体，$p < 0.001$。

对于男性群体而言，教育背景也会显著影响其对这部电影的兴趣度，$F_{Male}(2, 52) = 132.493$，$p < 0.001$，$\eta_p^2 = 0.836$。教育背景为 College 的男性群体对这部电影的兴趣度显著高于教育背景为 School 的男性群体，$p = 0.010$；教育背景为 University 的男性群体，对这部电影的兴趣度又显著高于教育背景为 College 的男性群体，$p < 0.001$。

例 24：为了研究机器人在劝导行为中应该采用哪种反馈方式，才能更容易让用户接受，

Ghazali 等设计了三种不同外观及行为模式的机器人，并邀请被试者进行测试[13]。在这个研究中，共有三种不同外观及行为模式的机器人陪被试者进行两种难度要求的游戏。所有被试者被分为六组，每个被试者在一种机器人的陪同下进行一种难度要求的游戏，然后检测每个被试者的消极情绪。

以机器人的类型（三个分类）、游戏的难度（两个分类）作为自变量，消极情绪作为因变量，进行 Two-way ANOVA 检验。结果发现机器人类型与游戏的难度，对被试者的消极情绪有显著的交互影响，$F(2, 48) = 4.35$，$p = 0.02$，$\eta_p^2 = 0.15$。在主效应方面，玩高难度游戏时，机器人的类型对被试者的消极情绪有显著性影响，$F(2, 48) = 10.43$，$p = 0.001$，$\eta_p^2 = 0.30$；在玩低难度游戏时，机器人的类型对被试者的消极情绪没有影响，$F(2, 48) = 1.61$，$p = 0.21$，$\eta_p^2 = 0.06$（详细内容参见本章参考文献[13]）。

3.6.2 组内实验

在组内实验中，如果要分析两个或多个分类型组内自变量是否对因变量存在显著性影响，并且这些自变量之间是否存在交互影响，应该考虑使用 **N-way repeated measures ANOVA** 检验，这里的 N 指自变量的个数。典型使用场景例如：将所有被试者分为两部分，第一部分被试者在早上喝咖啡后进行记忆测试，在晚上喝水后再进行记忆测试。第二部分被试者则相反，在早上喝水后进行记忆测试，在晚上喝咖啡后再进行记忆测试。要研究喝水与喝咖啡以及记忆测试的时间（早上还是晚上），是否会影响记忆测试的成绩。在这个例子中，每个被试者分别在早上以及晚上（测试时间）、喝水以及喝咖啡之后（喝的饮料）进行记忆测试，而测试时间与喝的饮料都是组内自变量，所以应该考虑使用 Two-way repeated measures ANOVA 检验进行分析。

本节以 Two-way repeated measures ANOVA 检验为例来介绍 N-way repeated measures ANOVA 检验的做法。其使用条件和零假设如表 3.11 所示。

表 3.11 Two-way repeated measures ANOVA 检验的使用条件和零假设

使用条件	（1）组内实验。 （2）有两个组内自变量，为二分类型或多分类型。 （3）只有一个因变量，为连续型或者由李克特量表测得的。同一个样本组内部，数据互相独立。 （4）如果样本量较小，这些数据最好符合正态分布，否则会影响检验的准确性；如果样本量较大，且每个样本组的样本量相似，则即使样本组不符合正态分布，也可以使用 Two-way repeated measures ANOVA 检验。 （5）各样本组之间符合协方差矩阵球形度要求（不需要额外操作，在 Two-way repeated measures ANOVA 检验中会自动使用 Mauchly 检验进行这项检查）。 （6）样本组无异常值
零假设	共有三个零假设： （1）第一个自变量 A，对因变量 C 没有显著性影响。 （2）第二个自变量 B，对因变量 C 没有显著性影响。 （3）自变量 A 与自变量 B 之间对因变量 C 不存在交互影响

例 25：一家物流公司想了解在工作时播放背景音乐，是否可以提高员工的打包速度，以及背

景音乐对打包速度的影响是否会随着工作时长而改变。因此该物流公司招募了 12 名被试者，其中 6 名被试者首先在有背景音乐时（Intervention）进行打包工作，并在开始时、1h 后、4h 后分别检测他们的打包速度；休息一段时间后，再在没有背景音乐时（Control）进行打包工作，也在开始时、1h 后、4h 后分别检测他们的打包速度。另外 6 名被试者则倒过来，先在没有背景音乐时进行打包工作，再在有背景音乐时进行打包工作。数据存放在 TwoWayRepeatedANOVA.sav 中。

分析过程：

Step 1：测试时间（开始时、1h 后、4h 后）以及工作条件（有背景音乐、没有背景音乐）为自变量，打包速度为因变量。这两个自变量将所有数据分为了 6 个配对样本组。

Step 2：对样本组进行正态性检验和异常值检验。可参照本章例 22 中 Step 2 的步骤进行检验设置，正态性检验的结果如图 3.92 所示。可见，本例中只有一个样本组不符合正态分布要求，且这个样本组的偏态并不严重，因此继续在这些数据上进行 Two-way repeated measures ANOVA 检验。

正态性检验

	柯尔莫戈洛夫-斯米诺夫[a]			夏皮洛-威尔克		
	统计	自由度	显著性	统计	自由度	显著性
Score at the beginning of the intervention trial	.342	12	.000	.831	12	.022
Score midway through the intervention trial	.195	12	.200[*]	.879	12	.085
Score at the end of the intervention trial	.186	12	.200[*]	.889	12	.116
Score at the beginning of the control trial	.232	12	.075	.928	12	.362
Score midway through the control trial	.185	12	.200[*]	.920	12	.285
Score at the end of the control trial	.236	12	.065	.876	12	.079

*. 这是真显著性的下限。
a. 里利氏显著性修正

图 3.92　正态性检验的结果

Step 3：在菜单中依次选择"分析"→"一般线性模型"→"重复测量"。

（1）如图 3.93 所示，设置两个主体内因子，也就是两个组内自变量，一个取名为 condition，"级别数"设为 2；另一个取名为 time，"级别数"设为 3。在"测量名称"处设置一个因变量，取名为 speed，之后单击"定义"按钮。

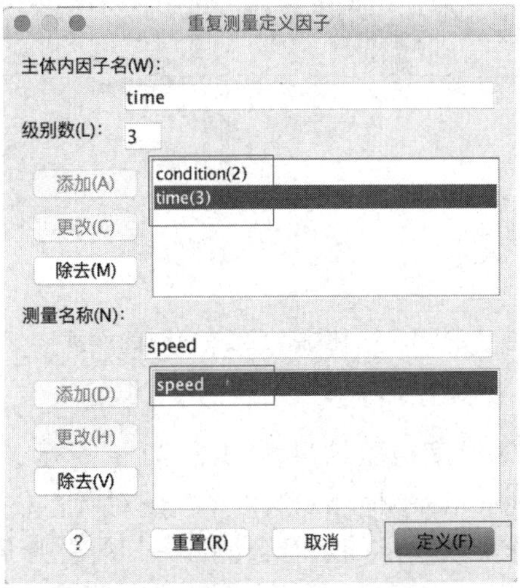

图 3.93　设置自变量与因变量

（2）如图 3.94 所示，将变量全部选入"受试者内变量"。

（3）单击"图"按钮（这里是通过画图观察两个自变量对因变量的交互作用），在弹出界面中将变量 condition 和 time 分别选入"单独的线条"和"水平轴"，再单击"添加"按钮，则在空格中会出现"time*condition"。一般将二分类型变量选入"单独的线条"，而将多分类型变量选入"水平轴"。

（4）单击"EM 均值"按钮，在弹出界面中将"因子与因子交互"下的"condition""time""condition*time"选入"显示下列各项的平均值"，并选中"比较主效应"，将"置信区间调整"设为"邦弗伦尼"。

（5）单击"选项"按钮，在弹出界面选中"描述统计"和"效应量估算"。

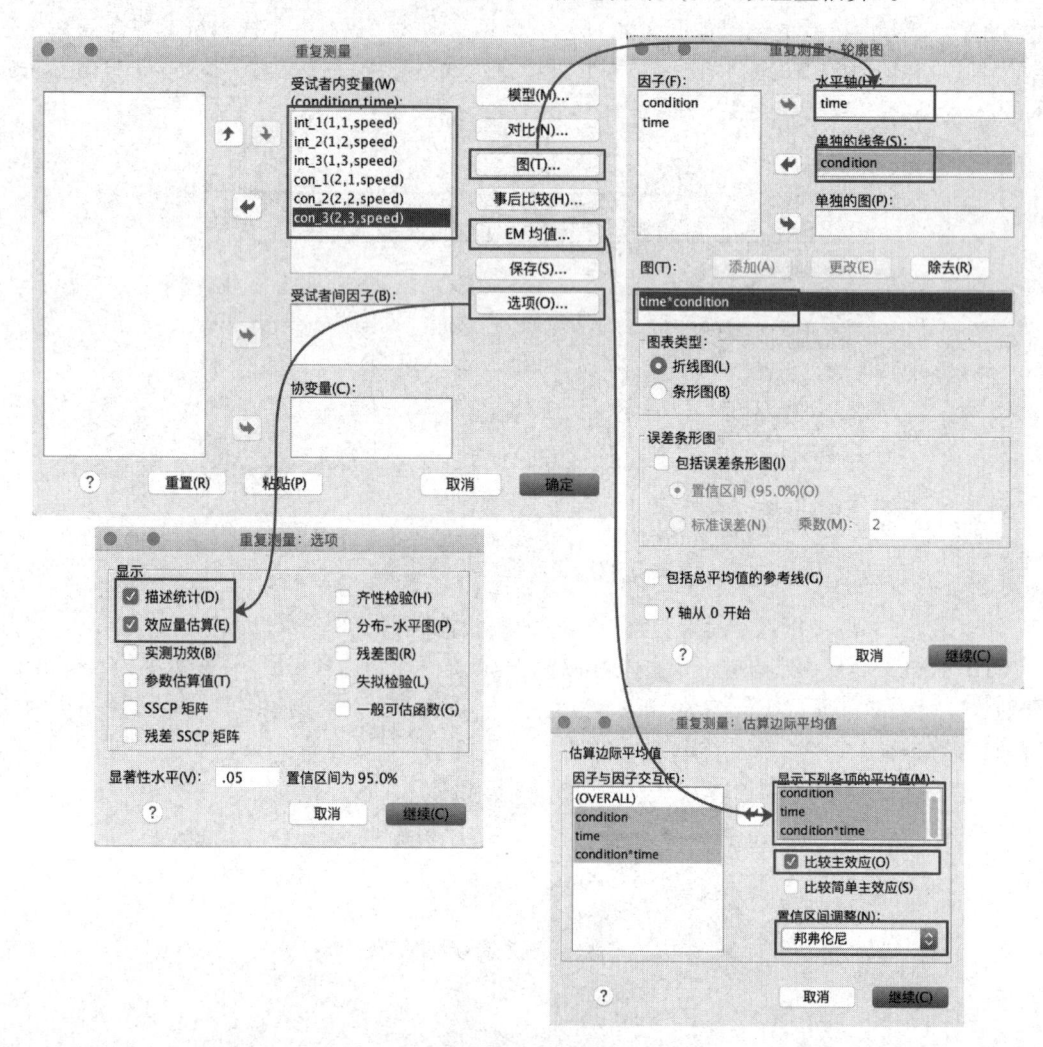

图 3.94　检测交互效应时的设置

Step 4：结果分析。

（1）查看协方差矩阵球形度检验结果。如图 3.95 所示，Mauchly 检验的结果表明 condition*time（表示根据 condition 和 time 这两个变量对所有数据进行分组后，这些组在因变量上是符合协方差矩阵球形度要求的）符合协方差矩阵球形度要求，$\chi^2(2) = 5.270$，$p = 0.072 > 0.05$。

莫奇来球形度检验[a]

测量：speed

主体内效应	莫奇来 W	近似卡方	自由度	显著性	格林豪斯-盖斯勒	辛-费德特	下限
condition	1.000	.000	0	.	1.000	1.000	1.000
time	.487	7.203	2	.027	.661	.716	.500
condition * time	.590	5.270	2	.072	.709	.784	.500

检验"正交化转换后因变量的误差协方差矩阵与恒等矩阵成比例"这一原假设。

a. 设计：截距
 主体内设计：condition + time + condition * time

b. 可用于调整平均显著性检验的自由度。修正检验将显示在"主体内效应检验"表中。

图 3.95 Mauchly 检验的结果

（2）因为 condition*time 符合协方差矩阵球形度要求，所以以图 3.96 中"假设球形度"这一行的检验结果为准，即根据图 3.96 中画实线方框的显著性值来判断这两个自变量（condition 和 time）对因变量是否存在交互效应。本例中，自变量 condition 与 time 对因变量 speed 有显著的交互效应，$F(2, 22) = 30.157$，$p < 0.001$，效应量 $\eta_p^2 = 0.733$。

注意：如果在（1）中发现 condition*time 不符合协方差矩阵球形度要求，则在（2）中应以 Greenhouse-Geisser 校准后的结果为准，即根据图 3.96 中"格林豪斯-盖斯勒"这一行中画虚线方框的显著性值来判断自变量对因变量是否存在交互效应。

主体内效应检验

测量：speed

源		III 类平方和	自由度	均方	F	显著性	偏 Eta 平方
condition	假设球形度	.292	1	.292	16.745	.002	.604
	格林豪斯-盖斯勒	.292	1.000	.292	16.745	.002	.604
	辛-费德特	.292	1.000	.292	16.745	.002	.604
	下限	.292	1.000	.292	16.745	.002	.604
误差 (condition)	假设球形度	.192	11	.017			
	格林豪斯-盖斯勒	.192	11.000	.017			
	辛-费德特	.192	11.000	.017			
	下限	.192	11.000	.017			
time	假设球形度	.251	2	.126	25.558	.000	.699
	格林豪斯-盖斯勒	.251	1.322	.190	25.558	.000	.699
	辛-费德特	.251	1.432	.176	25.558	.000	.699
	下限	.251	1.000	.251	25.558	.000	.699
误差 (time)	假设球形度	.108	22	.005			
	格林豪斯-盖斯勒	.108	14.537	.007			
	辛-费德特	.108	15.751	.007			
	下限	.108	11.000	.010			
condition * time	假设球形度	.244	2	.122	30.157	.000	.733
	格林豪斯-盖斯勒	.244	1.419	.172	30.157	.000	.733
	辛-费德特	.244	1.568	.155	30.157	.000	.733
	下限	.244	1.000	.244	30.157	.000	.733
误差 (condition*time)	假设球形度	.089	22	.004			
	格林豪斯-盖斯勒	.089	15.607	.006			
	辛-费德特	.089	17.251	.005			
	下限	.089	11.000	.008			

图 3.96 检验是否存在交互效应

（3）由图 3.97 可以看出，time 对于 speed 的影响效果，在有背景音乐与没有背景音乐时，是不同的。

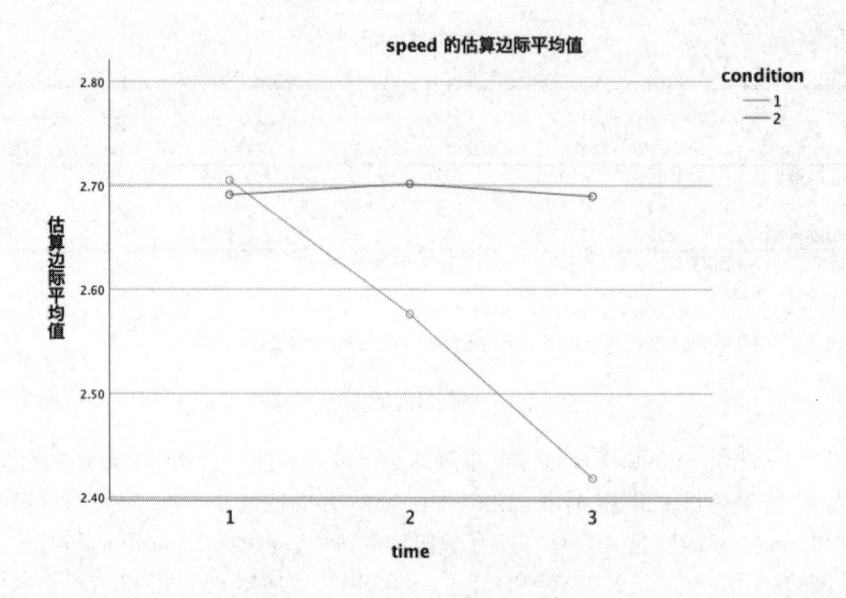

图 3.97　交互效应检验结果的图示

Step 5：在确定自变量对因变量有交互作用后，就可进一步分析每个自变量对因变量的影响究竟是什么样的，也就是分析简单主效应。在菜单中依次选择"分析"→"一般线性模型"→"重复测量"。其他设置都保持不变，只单击"EM 均值"按钮，在弹出界面取消选中"比较主效应"，选中"比较简单主效应"，如图 3.98 所示。

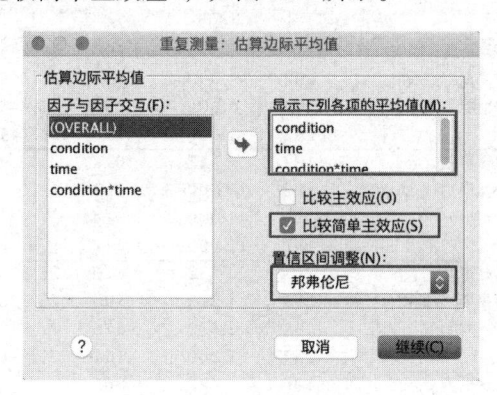

图 3.98　简单主效应的设置

Step 6：简单主效应结果分析。

（1）查看不同测试时间（time）里，工作条件（condition）对打包速度（speed）的影响。

如图 3.99 所示，当 time = 2（1h 后），工作时是否有背景音乐对打包速度有显著性影响，$F(1, 11)= 10.434$，$p = 0.008$，效应量 $\eta_p^2 = 0.487$。有背景音乐时（condition = 1）比没有背景音乐时（condition = 2）打包所需要的时间显著少了 0.125，也就是打包速度显著提高了 0.125。另外，当 time = 3（4h 后），工作时是否有背景音乐对打包速度也有显著性影响，$F(1, 11)= 32.069$，$p < 0.001$，效应量 $\eta_p^2 = 0.745$。有背景音乐时（condition = 1）比没有背景音乐时（condition = 2）打包所需要的时间显著少了 0.271，也就是打包速度显著提高了 0.271。

但是，当 time = 1（开始时），工作时是否有背景音乐对打包速度并没有显著性影响，$F(1, 11)= 0.402$，$p = 0.539$，效应量 $\eta_p^2 = 0.035$。

成对比较

测量：speed

time	(I) condition	(J) condition	平均值差值 (I-J)	标准误差	显著性[b]	差值的 95% 置信区间[b] 下限	上限
1	1	2	.014	.022	.539	−.034	.061
	2	1	−.014	.022	.539	−.061	.034
2	1	2	−.125*	.039	.008	−.210	−.040
	2	1	.125*	.039	.008	.040	.210
3	1	2	−.271*	.048	.000	−.377	−.166
	2	1	.271*	.048	.000	.166	.377

基于估算边际平均值
*. 平均值差值的显著性水平为 .05。
b. 多重比较调节：邦弗伦尼法。

多变量检验

time		值	F	假设自由度	误差自由度	显著性	偏 Eta 平方
1	比莱轨迹	.035	.402[a]	1.000	11.000	.539	.035
	威尔克 Lambda	.965	.402[a]	1.000	11.000	.539	.035
	霍特林轨迹	.037	.402[a]	1.000	11.000	.539	.035
	罗伊最大根	.037	.402[a]	1.000	11.000	.539	.035
2	比莱轨迹	.487	10.434[a]	1.000	11.000	.008	.487
	威尔克 Lambda	.513	10.434[a]	1.000	11.000	.008	.487
	霍特林轨迹	.949	10.434[a]	1.000	11.000	.008	.487
	罗伊最大根	.949	10.434[a]	1.000	11.000	.008	.487
3	比莱轨迹	.745	32.069[a]	1.000	11.000	.000	.745
	威尔克 Lambda	.255	32.069[a]	1.000	11.000	.000	.745
	霍特林轨迹	2.915	32.069[a]	1.000	11.000	.000	.745
	罗伊最大根	2.915	32.069[a]	1.000	11.000	.000	.745

每个 F 都将检验其他所示效应的每个级别组合中 condition 的多变量简单效应。这些检验基于估算边际平均值之间的线性无关成对比较。
a. 精确统计

图 3.99　简单主效应的检验结果一

（2）查看不同的工作条件（condition）下，测试时间（time）对打包速度（speed）的影响。

如图 3.100 所示，当 condition = 1（有背景音乐时），测试时间对打包速度有显著性影响，$F(2, 10)= 22.830$，$p < 0.001$，效应量 $\eta_p^2 = 0.820$。1h 后（time = 2）的打包速度比刚开工时（time = 1）的打包速度显著提高了 0.128，而 4h 后的打包速度又比 1h 后的打包速度显著提高了 0.158。

成对比较

测量：speed

condition	(I) time	(J) time	平均值差值 (I-J)	标准误差	显著性[b]	差值的 95% 置信区间[b] 下限	上限
1	1	2	.128*	.027	.002	.052	.205
		3	.286*	.041	.000	.170	.403
	2	1	−.128*	.027	.002	−.205	−.052
		3	.158*	.025	.000	.087	.230
	3	1	−.286*	.041	.000	−.403	−.170
		2	−.158*	.025	.000	−.230	−.087
2	1	2	−.010	.015	1.000	−.053	.032
		3	.002	.028	1.000	−.076	.079
	2	1	.010	.015	1.000	−.032	.053
		3	.012	.021	1.000	−.046	.070
	3	1	−.002	.028	1.000	−.079	.076
		2	−.012	.021	1.000	−.070	.046

基于估算边际平均值
*. 平均值差值的显著性水平为 .05。
b. 多重比较调节：邦弗伦尼法。

图 3.100　简单主效应的检验结果二

多变量检验

condition		值	F	假设自由度	误差自由度	显著性	偏 Eta 平方
1	比莱轨迹	.820	22.830[a]	2.000	10.000	.000	.820
	威尔克 Lambda	.180	22.830[a]	2.000	10.000	.000	.820
	霍特林轨迹	4.566	22.830[a]	2.000	10.000	.000	.820
	罗伊最大根	4.566	22.830[a]	2.000	10.000	.000	.820
2	比莱轨迹	.084	.460[a]	2.000	10.000	.644	.084
	威尔克 Lambda	.916	.460[a]	2.000	10.000	.644	.084
	霍特林轨迹	.092	.460[a]	2.000	10.000	.644	.084
	罗伊最大根	.092	.460[a]	2.000	10.000	.644	.084

每个 F 都将检验其他所示效应的每个级别组合中 time 的多变量简单效应。这些检验基于估算边际平均值之间的线性无关成对比较。

a. 精确统计

图 3.100　简单主效应的检验结果二（续）

但是，当 condition = 2（没有背景音乐时），测试时间对打包速度没有显著性影响，$F(2, 10) = 0.460$，$p = 0.644$，效应量 $\eta_p^2 = 0.084$。

例 26：Karjanto 等设计了一款周边视觉反馈系统，用来增强无人驾驶过程中乘客对周围环境的感知，从而改善晕车情况[8]。为了检测这款系统的有效性，研究者进行了一项 2×3 组内实验：每个被试者先后经历两次无人驾驶的体验，一次有该周边视觉反馈系统的辅助，另一次则没有；每次驾驶过程分为前中后三个阶段，分别测量这三个阶段中乘客的心率。使用 Two-way repeated measures ANOVA 检验来检测该周边视觉反馈系统与驾驶阶段对乘客心率是否存在交互效应（具体内容参见本章参考文献[8]）。

3.6.3　混合实验

3.6.1 节中的 N-way ANOVA 检验主要用来分析两个或多个分类型**组间自变量**是否对因变量有显著的交互影响，即适用于组间实验；而 3.6.2 节中的 N-way repeated measures ANOVA 检验则主要用来分析两个或多个分类型**组内自变量**是否对因变量有显著的交互影响，即适用于组内实验。也就是说，这两种检验中的自变量，要么全是组间自变量，要么全是组内自变量。

但有的问题既存在组内自变量，又存在组间自变量，对这类问题进行分析所做的实验就属于**混合实验**。典型的例如：需要研究喝水与喝咖啡对人记忆力的影响是否有差异，以及如果存在差异，这种差异是否与测试时间有关。可将所有被试者分为两部分，第一部分被试者在早上喝咖啡后进行记忆测试，在晚上喝咖啡后再进行记忆测试；第二部分被试者则在早上喝水后进行记忆测试，在晚上喝水后再进行记忆测试。在这个例子中，进行记忆测试的时间是**组内自变量**，因为每个样本组的被试者都会在两个不同的测试时间进行记忆测试；而饮料则是**组间自变量**，因为一个样本组的被试者全部喝水，而另一个样本组的被试者全部喝咖啡。读者可以将这个例子与本章例 25 进行对比。

对于上述混合实验，应该使用 **N-way mixed ANOVA 检验**（N-way mixed ANOVA test）进行分析。如果组间自变量与组内自变量有两个，则使用 Two-way mixed ANOVA 检验；如果有三个自变量，则使用 Three-way mixed ANOVA 检验。本节以 Two-way mixed ANOVA 检验为例进行讲解，其使用条件和零假设如表 3.12 所示。

表 3.12　Two-way mixed ANOVA 检验的使用条件和零假设

使用条件	（1）混合实验。 （2）只有一个组内自变量，为二分类型或多分类型。 （3）只有一个组间自变量，为二分类型或多分类型。 （4）只有一个因变量，为连续型或者由李克特量表测得的。同一个样本组内部，数据互相独立。 （5）如果样本量较小，这些数据最好符合正态分布，否则会影响检验的准确性；如果样本量较大，且每个样本组的样本量相似，则即使样本组不符合正态分布，也可以使用 Two-way mixed ANOVA 检验。 （6）组间自变量划分形成的样本组之间应符合方差齐性要求（不需要额外操作，Two-way mixed ANOVA 检验会自动使用莱文方差等同性检验进行这项检查）。 （7）各样本组符合协方差矩阵等同性要求（不需要额外操作，Two-way mixed ANOVA 检验会自动使用 Box 检验进行这项检查）。 （8）组内自变量划分形成的样本组之间符合协方差矩阵球形度要求（不需要额外操作，Two-way mixed ANOVA 检验会自动使用 Mauchly 检验进行这项检查）。 （9）各样本组无异常值
零假设	共有三个零假设： （1）第一个自变量 A，对因变量 C 没有显著性影响。 （2）第二个自变量 B，对因变量 C 没有显著性影响。 （3）自变量 A 与自变量 B 之间对因变量 C 不存在交互影响

例 27：研究者招募了 45 名被试者，分为三组。第一组按方案一治疗后背肌肉疼痛，在治疗前、治疗中、治疗后分别测试疼痛指数；第二组和第三组分别按方案二和方案三进行治疗，同时测试三次疼痛指数。数据存放在 MixedANOVA.sav 中。现在需要研究：不同的治疗方案，缓解疼痛的效果是否有差别？

分析过程：

Step 1：缓解疼痛的效果，一方面是想知道这些治疗方案能不能缓解疼痛，另一方面也想知道它们缓解疼痛的速度上是否有差异。所以在该实验设计中，疼痛指数的测试时间是组内自变量，治疗方案则为组间自变量，而疼痛指数是因变量。因此，本例研究的就是疼痛指数的测试时间与治疗方案，是否对疼痛指数有交互效应。

Step 2：进行正态性检验及异常值检验，可按本章例 22 中的 Step 2 进行。正态性检验的结果如图 3.101 所示。可见，每个样本组均符合正态分布要求，且无异常值，因此可以使用 Two-way mixed ANOVA 检验进行分析。

正态性检验

	Treatment groups	柯尔莫戈洛夫-斯米诺夫(V)[a]			夏皮洛-威尔克		
		统计	自由度	显著性	统计	自由度	显著性
Pre-treatment pain	Treatment1	.126	15	.200[*]	.962	15	.719
	Treatment2	.104	15	.200[*]	.979	15	.965
	Treatment3	.137	15	.200[*]	.955	15	.607
Mid-treatment pain	Treatment1	.120	15	.200[*]	.957	15	.648
	Treatment2	.204	15	.092	.934	15	.316
	Treatment3	.141	15	.200[*]	.953	15	.581
Post-treatment pain	Treatment1	.135	15	.200[*]	.950	15	.522
	Treatment2	.193	15	.139	.909	15	.132
	Treatment3	.189	15	.157	.925	15	.229

*. 这是真显著性的下限。
a. 里利氏显著性修正

图 3.101　正态性检验的结果

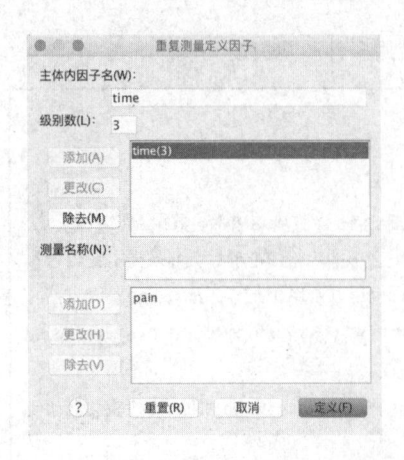

图 3.102 设置组内自变量与因变量

Step 3：在菜单中依次选择"分析"→"一般线性模型"→"重复测量"。

（1）如图 3.102 所示，设置一个"主体内因子名"，也就是组内自变量，取名为 time，"级别数"设为 3。在"测量名称"处设置一个因变量，取名为 pain。单击"定义"按钮，弹出界面如图 3.103 所示。需要注意的是，在图 3.102 所示界面中需要进行组间自变量的设置。

（2）在图 3.103 所示界面中，将变量 pre、mid、post 选入"受试者内变量"，并将变量 group 选入"受试者间因子"，也就是设置为组间自变量。

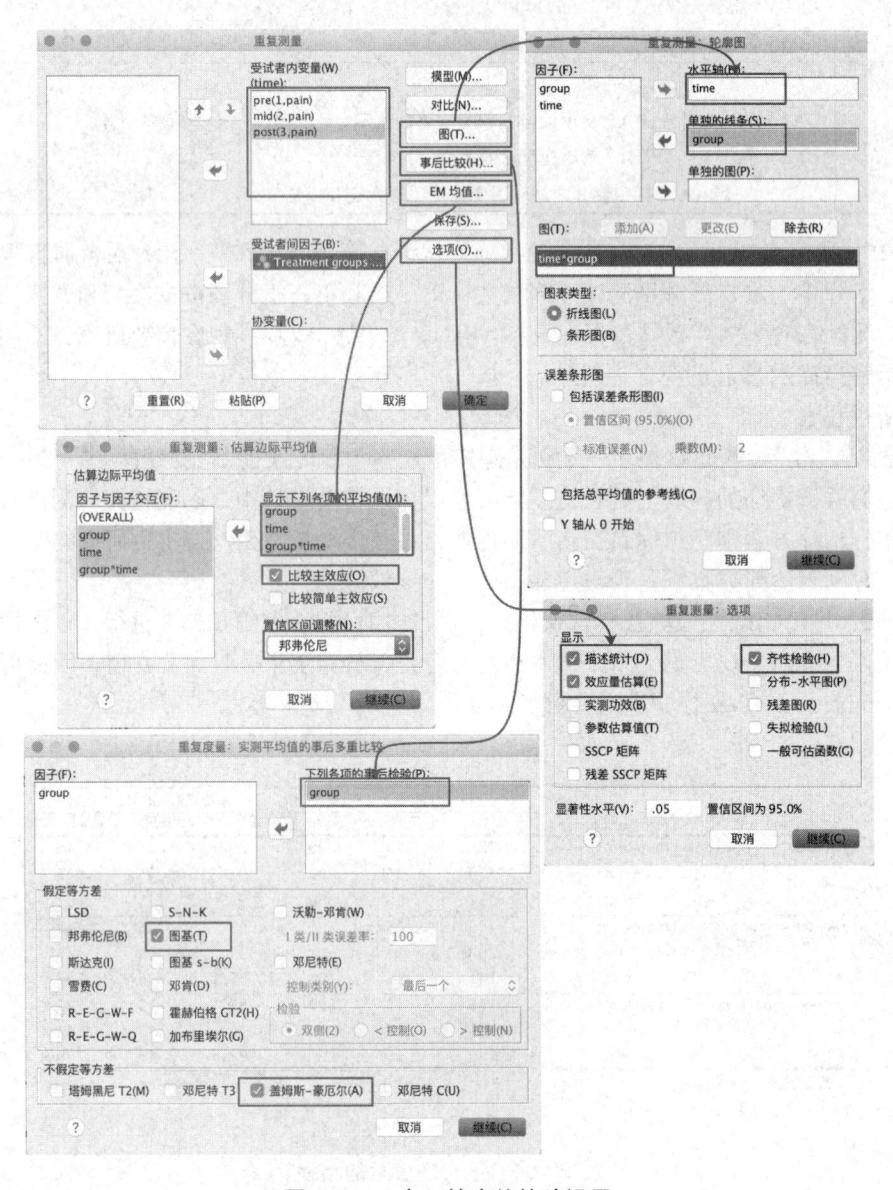

图 3.103 交互效应的检验设置

（3）单击"图"按钮（这里通过画图观察两个自变量对因变量的交互作用）在弹出界面中将变量 group 和 time 分别选入"单独的线条"和"水平轴"，并单击"添加"按钮，则在空格中会出现"time*group"。一般将二分类型变量选入"单独的线条"，而将多分类型变量选入"水平轴"。

（4）单击"EM 均值"按钮，在弹出界面中将"因子与因子交互"下的"group""time""group*time"选入"显示下列各项的平均值"，并选中"比较主效应"，将"置信区间调整"设为"邦弗伦尼"。

（5）单击"选项"按钮，在弹出界面选中"描述统计""效应量估算""齐性检验"。

（6）单击"事后比较"按钮，在弹出界面中将变量 group 选入"下列各项的事后检验"，并选中"图基"和"盖姆斯-豪厄尔"。

Step 4：结果分析。

（1）观察莱文方差等同性检验的结果，查看组间自变量 group 划分形成的样本组，在每一个组内自变量 time 的取值上，是否符合方差齐性要求，即检查样本组是否符合表 3.12 中的使用条件（6）。莱文方差等同性检验的结果如图 3.104 所示，可见，本例中各样本组符合方差齐性要求，$p > 0.05$。

误差方差的莱文等同性检验[a]

		莱文统计	自由度 1	自由度 2	显著性
Pre-treatment pain	基于平均值	.157	2	42	.855
	基于中位数	.171	2	42	.843
	基于中位数并具有调整后自由度	.171	2	40.581	.843
	基于剪除后平均值	.165	2	42	.849
Mid-treatment pain	基于平均值	.522	2	42	.597
	基于中位数	.266	2	42	.768
	基于中位数并具有调整后自由度	.266	2	40.925	.768
	基于剪除后平均值	.496	2	42	.613
Post-treatment pain	基于平均值	.743	2	42	.482
	基于中位数	.344	2	42	.711
	基于中位数并具有调整后自由度	.344	2	40.714	.711
	基于剪除后平均值	.711	2	42	.497

检验"各个组中的因变量误差方差相等"这一原假设。
a. 设计：截距 + group
主体内设计：time

图 3.104 莱文方差等同性检验的结果

（2）观察各样本组是否符合协方差矩阵等同性要求，即是否符合表 3.12 中的使用条件（7）。其检验的结果如图 3.105 所示，可见，本例中的样本组符合协方差矩阵等同性要求，$p = 0.898$。

注意，如果此处显示样本组不符合协方差矩阵等同性要求，有两种处理方法：第一种，将整个数据集按照组间自变量 group 划分成三部分，在每一部分数据上使用 One-way repeated measures ANOVA 检验进行分析；第二种，不做任何其他处理，继续使用 Two-way mixed ANOVA 检验进行分析，但应在报告中指出样本组不符合协方差矩阵等同性要求。

（3）观察组内自变量划分形成的样本组之间是否符合协方差矩阵球形度要求，即是否符合表 3.12 中的使用条件（8）。如图 3.106 所示，Mauchly 检验显示，组内自变量 time 划分形成的样本组符合协方差矩阵球形度要求，$\chi^2(2) = 4.878$，$p = 0.087$。

协方差矩阵的博克斯等同性检验[a]

博克斯 M	7.082
F	.528
自由度 1	12
自由度 2	8548.615
显著性	.898

检验"各个组的因变量实测协方差矩阵相等"这一原假设。
a. 设计：截距 + group
主体内设计：time

图 3.105 协方差矩阵等同性检验的结果

莫奇来球形度检验[a]

测量: pain

主体内效应	莫奇来 W	近似卡方	自由度	显著性	Epsilon[b] 格林豪斯-盖斯勒	辛-费德特	下限
time	.888	4.878	2	.087	.899	.982	.500

检验"正交化转换后因变量的误差协方差矩阵与恒等矩阵成比例"这一原假设。

a. 设计: 截距 + group
主体内设计: time

b. 可用于调整平均显著性检验的自由度。修正检验将显示在"主体内效应检验"表中。

图 3.106　Two-way mixed ANOVA 检验的结果

（4）检查两个自变量之间是否有交互效应。

因为样本组之间符合协方差矩阵球形度要求，所以这里以 Two-way mixed ANOVA 检验的结果为准，也就是以图 3.107 中画实线方框的显著性值来判断两个自变量之间是否有交互效应。可见，自变量 group 与自变量 time 对因变量 pain 有显著的交互效应，$F(4, 84)= 107.772$，$p < 0.001$，效应量 $\eta_p^2 = 0.837$。

主体内效应检验

测量: pain

源		III 类平方和	自由度	均方	F	显著性	偏 Eta 平方
time	假设球形度	8.338	2	4.169	390.458	.000	.903
	格林豪斯-盖斯勒	8.338	1.798	4.636	390.458	.000	.903
	辛-费德特	8.338	1.963	4.247	390.458	.000	.903
	下限	8.338	1.000	8.338	390.458	.000	.903
time * group	假设球形度	4.603	4	1.151	107.772	.000	.837
	格林豪斯-盖斯勒	4.603	3.597	1.280	107.772	.000	.837
	辛-费德特	4.603	3.926	1.172	107.772	.000	.837
	下限	4.603	2.000	2.301	107.772	.000	.837
误差 (time)	假设球形度	.897	84	.011			
	格林豪斯-盖斯勒	.897	75.528	.012			
	辛-费德特	.897	82.454	.011			
	下限	.897	42.000	.021			

图 3.107　检验是否存在交互效应

注意：如果样本组之间不符合协方差矩阵球形度要求，则应以 Greenhouse-Geisser 校准后的结果为准。

从图 3.108 可看出，自变量 time 对因变量 pain 的影响，在不同的治疗方案中是不同的；自变量 group 对因变量 pain 的影响，在不同的测试时间里也是不同的。

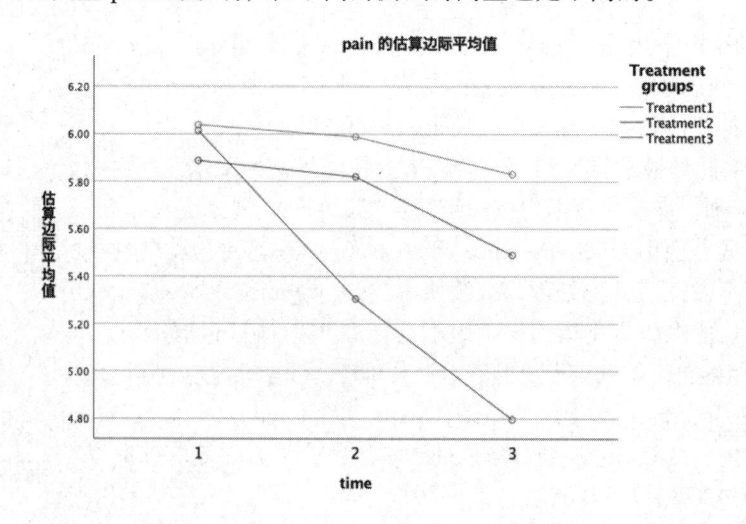

图 3.108　交互效应检验结果的图示

（5）确定了自变量对因变量有交互效应后，可以分析自变量 group 和 time 分别对因变量 pain 的简单主效应。也就是：

分析各个 group 中自变量 time 对因变量 pain 的影响。即，首先将所有样本按自变量 group 分为三个部分，其次使用 One-way repeated measures ANOVA 检验在使用方案一的人群（group = 1）中检验 time 对 pain 的影响。同样，在使用方案二（group = 2）和方案三（group = 3）的人群中也分别进行两次这样的检验。具体方法可参照 3.5.1 节中的 One-way repeated measures ANOVA 检验。

分析各个 time 中自变量 group 对因变量 pain 的影响。即，首先将所有样本按自变量 time 分为三个部分，其次使用 One-way ANOVA 检验在治疗前（time = 1）检测自变量 group 对因变量 pain 的影响。同样，在治疗中（time = 2）和治疗后（time = 3）也进行两次这样的检验。具体方法可参照 3.4.1 节中的 One-way ANOVA 检验。

（6）另外，如果自变量对因变量不存在交互作用，则跳过以上分析，直接按照以下步骤去了解自变量 time 和 group 对因变量 pain 的主效应：

① 对于组内自变量，如本例中的自变量 time，可以直接在图 3.107 中观察其对因变量 pain 的主效应，也就是图 3.109 中框出的部分，还可以在图 3.110 所示的结果中，了解究竟差异发生在哪两个样本组之间。

主体内效应检验

测量：pain

源		III 类平方和	自由度	均方	F	显著性	偏 Eta 平方
time	假设球形度	8.338	2	4.169	390.458	.000	.903
	格林豪斯–盖斯勒	8.338	1.798	4.636	390.458	.000	.903
	辛–费德特	8.338	1.963	4.247	390.458	.000	.903
	下限	8.338	1.000	8.338	390.458	.000	.903
time * group	假设球形度	4.603	4	1.151	107.772	.000	.837
	格林豪斯–盖斯勒	4.603	3.597	1.280	107.772	.000	.837
	辛–费德特	4.603	3.926	1.172	107.772	.000	.837
	下限	4.603	2.000	2.301	107.772	.000	.837
误差 (time)	假设球形度	.897	84	.011			
	格林豪斯–盖斯勒	.897	75.528	.012			
	辛–费德特	.897	82.454	.011			
	下限	.897	42.000	.021			

图 3.109 没有交互效应时观察组内自变量对因变量的主效应

成对比较

测量：pain

(I) time	(J) time	平均值差值 (I-J)	标准误差	显著性[b]	差值的 95% 置信区间[b] 下限	上限
1	2	.276*	.020	.000	.226	.325
	3	.608*	.025	.000	.545	.671
2	1	-.276*	.020	.000	-.325	-.226
	3	.332*	.020	.000	.282	.382
3	1	-.608*	.025	.000	-.671	-.545
	2	-.332*	.020	.000	-.382	-.282

基于估算边际平均值

*. 平均值差值的显著性水平为 .05。

b. 多重比较调节：邦弗伦尼法。

图 3.110 组内自变量事后检验的结果

② 对于组间自变量，如本例中的自变量 group，可以在图 3.111 中观察其对因变量 pain 的主效应，还可以在如图 3.112 所示的结果中，了解究竟差异发生在哪两个样本组之间。

主体间效应检验

测量： pain
转换后变量： 平均

源	III 类平方和	自由度	均方	F	显著性	偏 Eta 平方
截距	4364.590	1	4364.590	4878.433	.000	.991
group	7.733	2	3.866	4.322	.020	.171
误差	37.576	42	.895			

图 3.111　没有交互效应时观察组间自变量对因变量的主效应

成对比较

测量： pain

(I) Treatment groups	(J) Treatment groups	平均值差值 (I-J)	标准误差	显著性[b]	差值的 95% 置信区间[b] 下限	上限
Treatment1	Treatment2	.220	.199	.829	-.277	.717
	Treatment3	.581*	.199	.017	.083	1.078
Treatment2	Treatment1	-.220	.199	.829	-.717	.277
	Treatment3	.361	.199	.233	-.137	.858
Treatment3	Treatment1	-.581*	.199	.017	-1.078	-.083
	Treatment2	-.361	.199	.233	-.858	.137

基于估算边际平均值
*. 平均值差值的显著性水平为 .05。
b. 多重比较调节：邦弗伦尼法。

图 3.112　组间自变量事后检验的结果

例 28：Qiu 等为视障人士设计了一款社交眼镜，用于增加他们在与正常人面对面沟通时双方的体验[14]。为了检测该社交眼镜的效果，研究者进行了一项 4×2×2 的混合实验。这项实验中共有三个自变量，其中眼镜的注视方式（没有注视、固定方位注视、随机方位注视、交互式注视）为组内自变量，被试者所在的组别（盲人-正常人组、假扮盲人-正常人组）为组间自变量，被试者的角色（盲人/假扮盲人、正常人）也为组间自变量，采用 Three-way mixed ANOVA 进行分析（具体实验内容和结果参见本章参考文献[14]）。

3.7　有协变量的差异性分析

　　3.6 节讨论的是两个或更多自变量共同划分形成的样本组之间的差异性，其中的每个自变量是否对因变量有影响，都属于分析的范围。但在实际中，除自变量，可能还有一些次要因素也会影响因变量，但我们希望把这些因素排除在分析之外。也就是说，我们希望在排除掉某些次要变量对因变量的影响之后，再来讨论剩下的自变量对因变量的影响。典型应用场景例如：研究考前紧张程度对考试成绩的影响，但是已经明确知道考前复习时长对考试成绩是有显著性影响的。在这种情况下，排除考前复习时长对考试成绩的影响之后再研究考前紧张程度对考试成绩的单独影响。这里把那些希望被排除掉的次要变量称为**协变量**，此时所进行的分析就称为 **ANCOVA 检验**。根据自变量的个数，有 One-way ANCOVA 检验（只有一个自变量）、Two-way ANCOVA 检验（有两个自变量）等。

这里以 One-way ANCOVA 检验（One-way ANCOVA test）为例讲解 ANCOVA 检验的分析方法。One-way ANCOVA 检验的使用条件和零假设如表 3.13 所示。

表 3.13 One-way ANCOVA 检验的使用条件和零假设

使用条件	（1）组间实验。 （2）只有一个自变量，为二分类型或多分类型。 （3）只有一个因变量，为连续型或者由李克特量表测得的。同一个样本组内部，数据互相独立。 （4）只有一个协变量，为连续型。 （5）如果样本组是小样本数据集，这些数据最好符合正态分布，否则会影响检验的准确性；如果样本组是大样本数据集，则正态分布的条件可以适当放宽。 （6）样本组之间符合方差齐性要求（不需要另外检测，在 One-way ANCOVA 检验的过程中，可以自动完成对样本组方差齐性的检测）。 （7）样本组无异常值。 （8）在每个由自变量划分形成的样本组中，协变量与因变量之间有线性相关性。 （9）协变量与自变量对因变量没有交互作用
零假设	H_0：$\mu_1 = \mu_2 = \mu_3 = \cdots$，即所有样本组的均值 μ_1、μ_2、$\mu_3 \cdots$ 之间没有显著性差异

例 29：为了研究一款新型降压药的效果，招募 120 名高血压患者，分为四组。所有人在参加实验前都测量了血压，且第一组服用这款新型降压药，第二组服用一款旧的降压药，第三组服用安慰剂，第四组什么都不服用。一段时间之后再次测量每位患者的血压，数据存放在 ANCOVA1.sav 中。现在需要研究：这款新型降压药，是否比旧的降压药和安慰剂更有效？

分析过程：

Step 1：患者参加实验后的血压一定与其参加实验前的血压紧密相关。因此如果想知道服用新型降压药后的血压是否比其他组更低，必须排除实验前的血压对实验后的血压的影响。本例中，实验后的血压（postdias）为因变量，实验中的组别（treatment）为自变量，而实验前的血压（predias）就是协变量。

Step 2：关于样本组正态性、异常值、方差齐性等要求，可参照本章例 22 进行检验，此处不再详述。

Step 3：检查各样本组中，协变量是否与因变量有线性相关性，也就是检查样本组中各变量是否符合表 3.13 中的使用条件（8）。可以按图 3.113 所示，通过绘制散点图的方式观察变量间的相关性。

（1）在菜单中依次选择"图形"→"图表构建器"。

（2）在"选择范围"中选择"散点图/点图"。进一步选择"散点图"，并将散点图直接拖入图 3.113 上方的绘图区域。

（3）按照图 3.113 所示，将因变量 postdias 拖入 Y 轴，将协变量 predias 拖入 X 轴，将自变量 treatment 拖入"设置颜色"，并单击"确定"按钮。

（4）输出界面中会出现散点图。双击该散点图，在打开的图标编辑器中单击"添加子组拟合线"按钮，在散点图上会出现拟合直线，其上还有拟合公式。可以看到，拟合公式中 x 前的系数都在 0.6 左右，表明这 4 个样本组中，协变量 predias 和因变量 postdias 之间都有线性相关性。

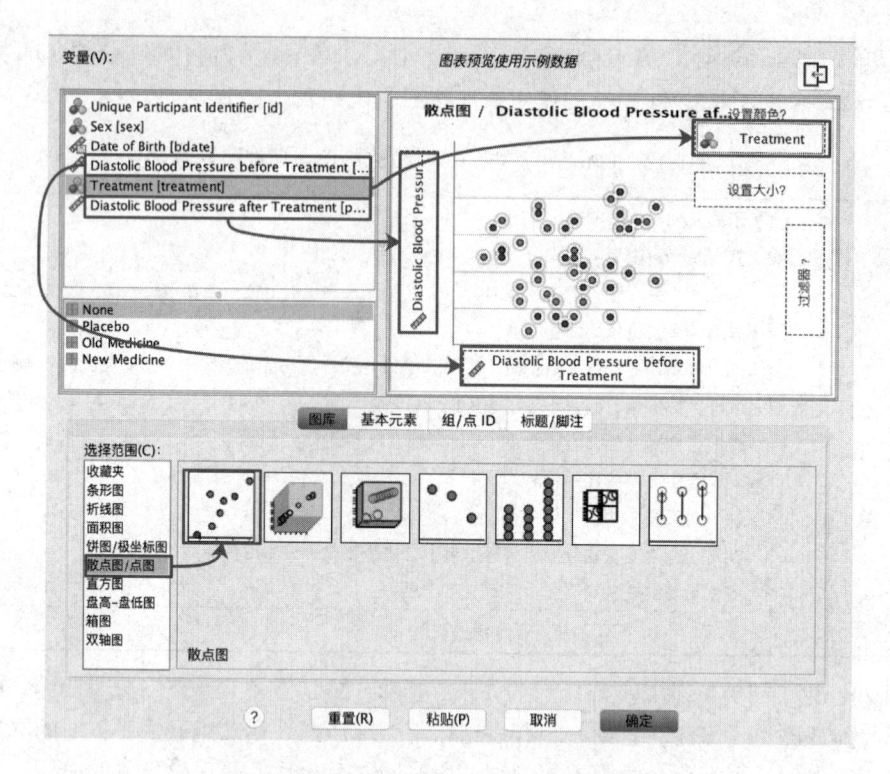

图 3.113 检查协变量与因变量的相关性

Step 4：检查每个样本组中自变量与协变量是否对因变量有交互效应，也就是检查样本组中变量是否符合表 3.13 中的使用条件（9）。

（1）在菜单中依次选择"分析"→"一般线性模型"→"单变量"。

（2）如图 3.114 所示，将因变量 postdias 选入"因变量"，将自变量 treatment 选入"固定因子"，将协变量 predias 选入"协变量"。

（3）单击"模型"按钮，在弹出界面选中"构建项"，同时选中"因子与协变量"下的 treatment 和 predias，在"类型"中选择"交互"后，再将 predias*treatment 放入右侧的"模型"框中。另外，单独选中 treatment 放入右侧的"模型"框中，并单独选中 predias 放入右侧的"模型"框中。单击"确定"按钮，观察输出结果。

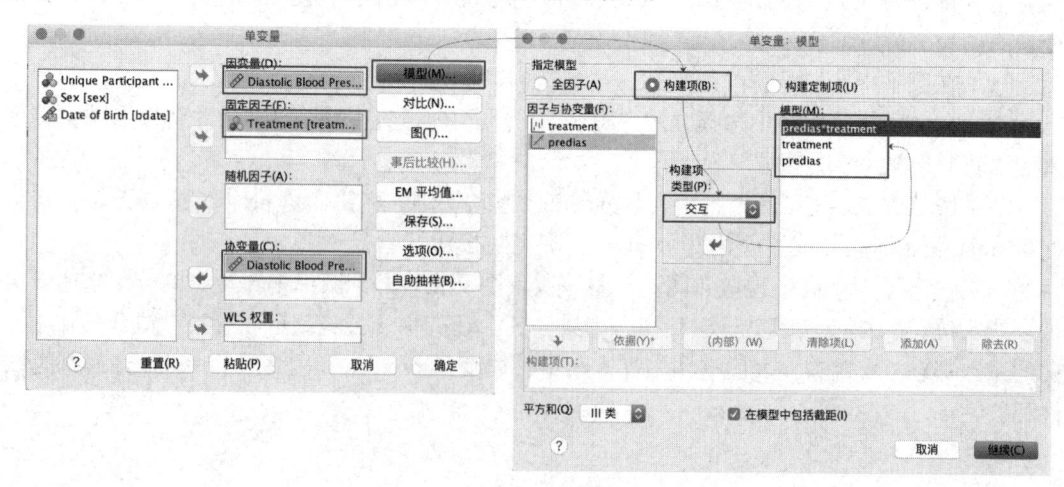

图 3.114 检查是否有交互效应

- 098 -

（4）主体间效应检验的结果如图 3.115 所示，可见，自变量 treatment 与协变量 predias 对因变量 postdias 没有显著的交互效应，$F(3, 112)= 0.106$，$p = 0.956$。也就是说，自变量 treatment 对因变量 postdias 的影响，并不会因为 predias 的不同而不同，也就是符合表 3.13 中的使用条件（9）。

主体间效应检验

因变量： Diastolic Blood Pressure after Treatment

源	III 类平方和	自由度	均方	F	显著性
修正模型	1207.375a	7	172.482	18.445	.000
截距	181.997	1	181.997	19.462	.000
treatment * predias	2.986	3	.995	.106	.956
treatment	4.238	3	1.413	.151	.929
predias	597.726	1	597.726	63.918	.000
误差	1047.356	112	9.351		
总计	1071334.75	120			
修正后总计	2254.731	119			

a. R 方 = .535（调整后 R 方 = .506）

图 3.115　主体间效应检验的结果

Step 5：通过之前步骤的检验，确定可以使用 One-way ANCOVA 检验进行分析：
（1）在菜单中再次选择"分析"→"一般线性模型"→"单变量"。
（2）如图 3.116 所示，单击"模型"按钮，在弹出界面选中"全因子"。

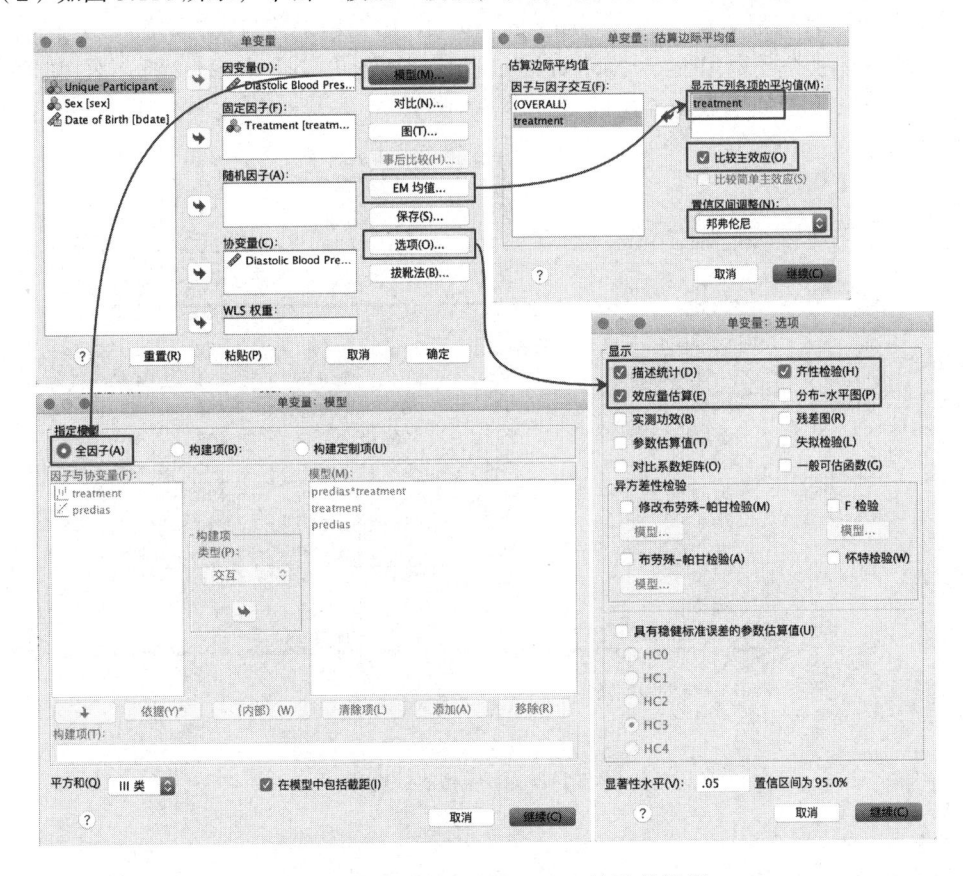

图 3.116　One-way ANCOVA 检验的设置

（3）单击"EM 均值"按钮，在弹出界面中将"因子与因子交互"下的 treatment 选入"显示下列各项的平均值"，选中"比较主效应"，并在"置信区间调整"中选择"邦弗伦尼"。

（4）单击"选项"按钮，在弹出界面选中"描述统计""效应量估算""齐性检验"。

Step 6：结果分析。

（1）如图 3.117 所示，不同的 treatment 样本组的实验后血压 postdias 有显著性差异，即 treatment 对 postdias 有显著性影响，$F(3, 115) = 8.194$，$p < 0.001$，效应量 $\eta_p^2 = 0.176$。

主体间效应检验

因变量：Diastolic Blood Pressure after Treatment

源	III 类平方和	自由度	均方	F	显著性	偏 Eta 平方
修正模型	1204.389a	4	301.097	32.967	.000	.534
截距	309.560	1	309.560	33.893	.000	.228
predias	1113.779	1	1113.779	121.946	.000	.515
treatment	224.518	3	74.839	8.194	.000	.176
误差	1050.342	115	9.133			
总计	1071334.75	120				
修正后总计	2254.731	119				

a. R 方 = .534（调整后 R 方 = .518）

图 3.117　主体间效应检验的结果

（2）如图 3.118 所示，从事后检验的结果可以看出，安慰剂组（Placebo）实验后的血压显著低于什么都不服用组（None）的，$p = 0.033$。旧的降压药组（Old Medicine）实验后的血压也显著低于什么都不服用组（None）的，$p < 0.001$，但是其与安慰剂组的没有显著性差异，$p = 1.000$。新型降压药组（New Medicine）实验后的血压也显著低于什么都不服用组（None）的，$p = 0.013$，但是其与安慰剂组的没有显著性差异，$p = 1.000$，与旧的降压药组的也没有显著性差异，$p = 1.000$。

成对比较

因变量：Diastolic Blood Pressure after Treatment

(I) Treatment	(J) Treatment	平均值差值 (I-J)	标准误差	显著性b	差值的 95% 置信区间b 下限	上限
None	Placebo	2.215*	.784	.033	.110	4.320
	Old Medicine	3.379*	.786	.000	1.268	5.490
	New Medicine	2.483*	.794	.013	.351	4.616
Placebo	None	-2.215*	.784	.033	-4.320	-.110
	Old Medicine	1.163	.956	1.000	-1.403	3.730
	New Medicine	.268	.958	1.000	-2.305	2.841
Old Medicine	None	-3.379*	.786	.000	-5.490	-1.268
	Placebo	-1.163	.956	1.000	-3.730	1.403
	New Medicine	-.896	.957	1.000	-3.465	1.674
New Medicine	None	-2.483*	.794	.013	-4.616	-.351
	Placebo	-.268	.958	1.000	-2.841	2.305
	Old Medicine	.896	.957	1.000	-1.674	3.465

基于估算边际平均值

*. 平均值差值的显著性水平为 .05。

b. 多重比较调节：邦弗伦尼法。

图 3.118　事后检验的结果

Step 7：书写报告。

One-way ANCOVA 检验显示，不同样本组实验后的血压有显著性差异，$F(3, 115) = 8.194$，$p < 0.001$，效应量 $\eta_p^2 = 0.176$。Bonferroni 调整后的事后检验显示，与什么都不服用的患者相比，服用新型降压药能让患者的血压显著性下降 2.483，$p = 0.013$；服用旧的降压药能让患者的血压显著性下降 3.379，$p < 0.001$；服用安慰剂也能让患者的血压显著性下降 2.215，$p =$

0.033。但是新型降压药、旧的降压药与安慰剂这三者在药效上并没有显著性差异，$p = 1.00$。

例 30：Ghazali 等研究了机器人的面部表情会如何影响用户对机器人的信任感[15]。在这项研究中，被试者被分成两组，分别在呈现愉悦表情或者生气表情的机器人的指导下完成一个游戏，分析他们对机器人的信任感是否有差别。因为被试者对机器人的信任感存在个体差异，所以将被试者对展露自然表情时的机器人的信任感作为协变量。研究表明，与生气表情相比，机器人展现愉悦表情时能使用户产生更强的信任感，$F(1, 69) = 16.61$，$p < 0.001$，效应量 $\eta_p^2 = 0.19$（具体内容参见本章参考文献[15]）。

参考文献

[1] Daniël Lakens. Calculating and reporting effect sizes to facilitate cumulative science: a practical primer for t-tests and ANOVAs [J]. Frontiers in Psychology, 2013, 4: 1-12.

[2] Gail M Sullivan, Richard Feinn. Using effect size—or why the P value is not enough [J]. Journal of Graduate Medical Education, 2012, 4(3): 279-282.

[3] Tudor Văcăreţu, Nikolaos Batalas, Begum Erten-Uyumaz, et al. Subjective sleep quality monitoring with the hypnos digital sleep diary: Evaluation of usability and user experience [C]. Proc. 12th International Conference on Health Informatics, HEALTHINF 2019-Part of 12th International Joint Conference on Biomedical Engineering Systems and Technologies, BIOSTEC, 2019: 113-122.

[4] Qinyue Chen, Yuchun Yan, Hyeon-Jeong Suk. Bubble Coloring to Visualize the Speech Emotion [C]. Proc. Extended Abstracts of the 2021 CHI Conference on Human Factors in Computing Systems: 2021, 1-6.

[5] Joost FC de Winter, Dimitra Dodou. Five-point likert items: t test versus Mann-Whitney-Wilcoxon (Addendum added October 2012) [J]. Practical Assessment, Research, and Evaluation, 2010, 15(1): 11.

[6] Sugoro Bhakti Sutono. Exploring the relationship between consumers' emotional perception and product forms: a case study on car design [J]. Simetris : Jurnal Teknik Mesin, Elektro dan Ilmu Komputer, 2018, 9(1): 395-402.

[7] Chao Wang, Jacques Terken, Jun Hu, et al. Enhancing social closeness between drivers by digital augmentation [J]. International Journal of Human–Computer Interaction, 2020, 36(5): 477-494.

[8] Juffrizal Karjanto, Nidzamuddin Md Yusof, Chao Wang, et al. The effect of peripheral visual feedforward system in enhancing situation awareness and mitigating motion sickness in fully automated driving [J]. Transportation Research Part F: Traffic Psychology and Behaviour, 2018, 58: 678-692.

[9] Enkelaar L, Oosterom-Calo R, Zhou D, et al. The LEDs move pilot study: the Light Curtain and physical activity and well‐being among people with visual and intellectual disabilities [J]. Journal of Intellectual Disability Research, 2021.

[10] Tahir Abbas, Vassilis-Javed Khan, Ujwal Gadiraju, et al. Crowd of oz: a crowd-powered

social robotics system for stress management [J]. Sensors, 2020, 20(2): 569.
[11] Juffrizal Karjanto, Hielke Wils, Nidzamuddin Md Yusof, et al. Measuring the perception of comfort in acceleration variation using Eletro-Cardiogram and self-rating measurement for the passengers of the automated vehicle [J]. Journal of Engineering Science and Technology, 2022, 17: 0180-0196.
[12] Aimi Shazwani Ghazali, Jaap Ham, Emilia Barakova, et al. Assessing the effect of persuasive robots interactive social cues on users' psychological reactance, liking, trusting beliefs and compliance [J]. Advanced Robotics, 2019, 33(7-8): 325-337.
[13] Aimi Shazwani Ghazali, Jaap Ham, Emilia Barakova, et al. The influence of social cues in persuasive social robots on psychological reactance and compliance [J]. Computers in Human Behavior, 2018, 87: 58-65.
[14] Shi Qiu, Jun Hu, Ting Han, et al. Social glasses: simulating interactive gaze for visually impaired people in face-to-face communication [J]. International Journal of Human-Computer Interaction, 2020, 36(9): 839-855.
[15] Aimi S Ghazali, Jaap Ham, Emilia I Barakova, et al. Effects of robot facial characteristics and gender in persuasive human-robot interaction [J]. Frontiers in Robotics and AI, 2018, 5: 73.

第 4 章
差异性分析 Ⅱ——在一个分类型指标上

第 3 章主要讨论了不同样本组在某个连续型指标上是否存在差异。但在实际操作中，经常会需要分析不同的样本组在一个**分类型**指标上是否存在差异。例如，不同性别的用户，在是否购买某种产品上是否存在显著性差异。这里，"是否购买"就是典型的分类型指标，因为它只有"购买"和"不购买"两种选项。所以这里就是分析男性用户和女性用户，在"是否购买"这个分类型指标上是否存在差异。

本章主要讨论由一个分类型自变量划分形成的不同样本组，在一个分类型指标上的差异性（如果存在多个分类型指标，可参见第 5 章内容）。若进行细分，这个分类型指标可分为三种情况：

（1）二分类型。例如，"是否购买"这个指标只有"购买""不购买"两种选项；"存活"这个指标也只有"是"和"否"两种选项。

（2）无序多分类型。例如，"专业"这个指标可能有"设计学""心理学""金融"等多个选项。

（3）有序多分类型。例如，"血压"这个指标可能有"高""中""低"等有等级顺序的选项。

其中，对于因变量为有序多分类型的问题，其分析方法如下：

（1）两个独立样本组在一个有序多分类型指标上的差异性分析：Mann-Whitney U 检验（参见 3.2.2 节）。

（2）两个配对样本组在一个有序多分类型指标上的差异性分析：Wilcoxon 检验（参见 3.3.2 节）。

（3）三个或更多独立样本组在一个有序多分类型指标上的差异性分析：Kruskal-Wallis H 检验（参见 3.4.2 节）。

（4）三个或更多配对样本组在一个有序多分类型指标上的差异性分析：Friedman 检验

(参见 3.5.2 节)。

本章仅对因变量是一个二分类型或者是一个无序多分类型的问题进行介绍。

4.1 在二分类型指标上的差异

4.1.1 两个独立样本组

如果要分析组间实验中产生的两个独立样本组，在一个二分类型指标上是否有差异（如图 4.1 所示），首先可以按照样本组的分组依据和二分类型指标，列二维频数表，也称为交叉表或列联表；其次，考虑使用 **2×2 卡方检验**（2×2 Chi-square test）进行差异性分析。其中，第一个 2 指的是每个样本组中的数据都属于二分类型，第二个 2 指的是有两个独立的样本组。例如，在典型应用场景"男性用户与女性用户，在买或者不买这款产品的决定上，是否存在显著性差异？"中，"男性用户"与"女性用户"就形成了两个互相独立的样本组，而比较的就是他们"买这款产品"和"不买这款产品"的非 0 即 1 的值。

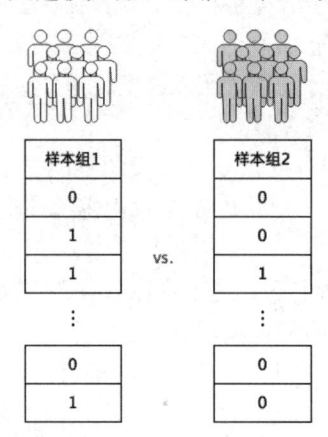

图 4.1 两个独立样本组在一个二分类型指标上的差异性分析

事实上，卡方检验是一系列检验的统称，包括**皮尔逊卡方检验**（Pearson's chi-square test）、连续校正卡方检验等。其中，皮尔逊卡方检验是最常见的一种。通常，如果提到卡方检验但又没有明确指明类型时，指的就是皮尔逊卡方检验。但需要注意的是，皮尔逊卡方检验对样本量有一定的要求。当采用期望计数来衡量样本量时，如果交叉表中每个单元格的期望计数都不小于 5，则说明样本量足够大，可以正常使用皮尔逊卡方检验进行分析。但是如果期望计数存在小于 5 的情况，就不再适合使用皮尔逊卡方检验，此时可使用**费希尔精确检验**（Fisher's exact test）。SPSS 中可以非常方便地检测数据的期望计数，本章例 1 中会详细地介绍。因此，2×2 卡方检验的使用条件和零假设如表 4.1 所示，其分析流程如图 4.2 所示。

表 4.1 2×2 卡方检验的使用条件和零假设

使用条件	（1）组间实验。 （2）只有一个自变量，为二分类型，即只有两个独立样本组。 （3）只有一个因变量，为二分类型，即每个样本组中都是二分类型数据。 （4）样本量足够大：若不存在期望计数小于 5 的情况（不需要另外检测，在 SPSS 中进行交叉表分析时，会自动进行期望计数的检测），则以皮尔逊卡方检验结果为准；否则，以费希尔精确检验（Fisher's exact test）结果为准。
零假设	H_0: $P_1 = P_2$。其中，P_n 为第 n 个样本组的构成比

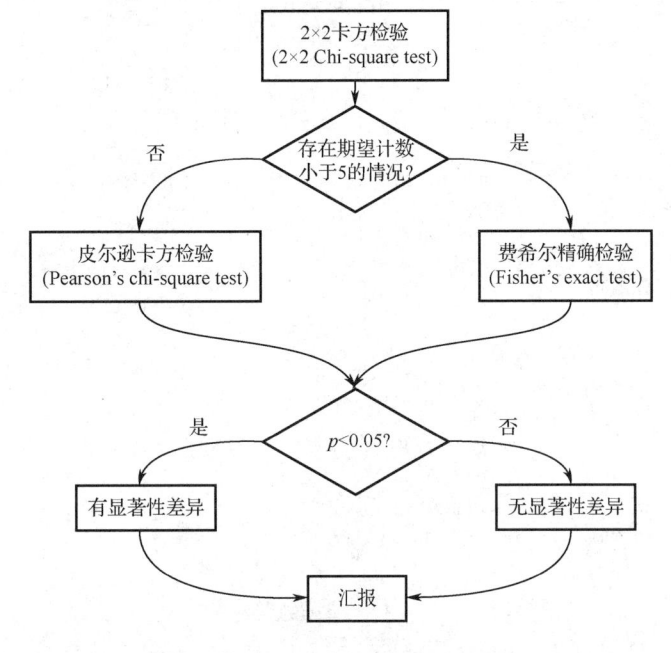

图 4.2 2×2 卡方检验的分析流程

例 1：（不存在期望计数小于 5 的情况）研究者统计了泰坦尼克号上 1313 名乘客的性别及幸存情况，数据存放在 ChiSquare1.sav 中。现在要研究：不同性别的乘客，其幸存比例是否有显著性差异？

分析过程：

Step 1：乘客的性别为自变量，只有两个取值：男性或者女性；生还情况为因变量，也只有两个取值：幸存或者死亡。

Step 2：在菜单中依次选择"分析"→"描述统计"→"交叉表"。按图 4.3 所示进行设置。

（1）将变量 survived 选入"行"，将变量 sex 选入"列"。

（2）单击"精确"按钮，在弹出界面选中"精确"。因为 SPSS 26 及其后续版本中，不会自动进行费希尔精确检验，所以需要在此处手动选中。

（3）单击"统计"按钮，在弹出界面选中"卡方"。

（4）单击"单元格"按钮，在弹出界面选中"实测"和"期望"。这样，在最后输出的交叉表中，不仅会出现每类的实际样本数，还会出现期望计数，便于帮助判断样本量是否足够大。

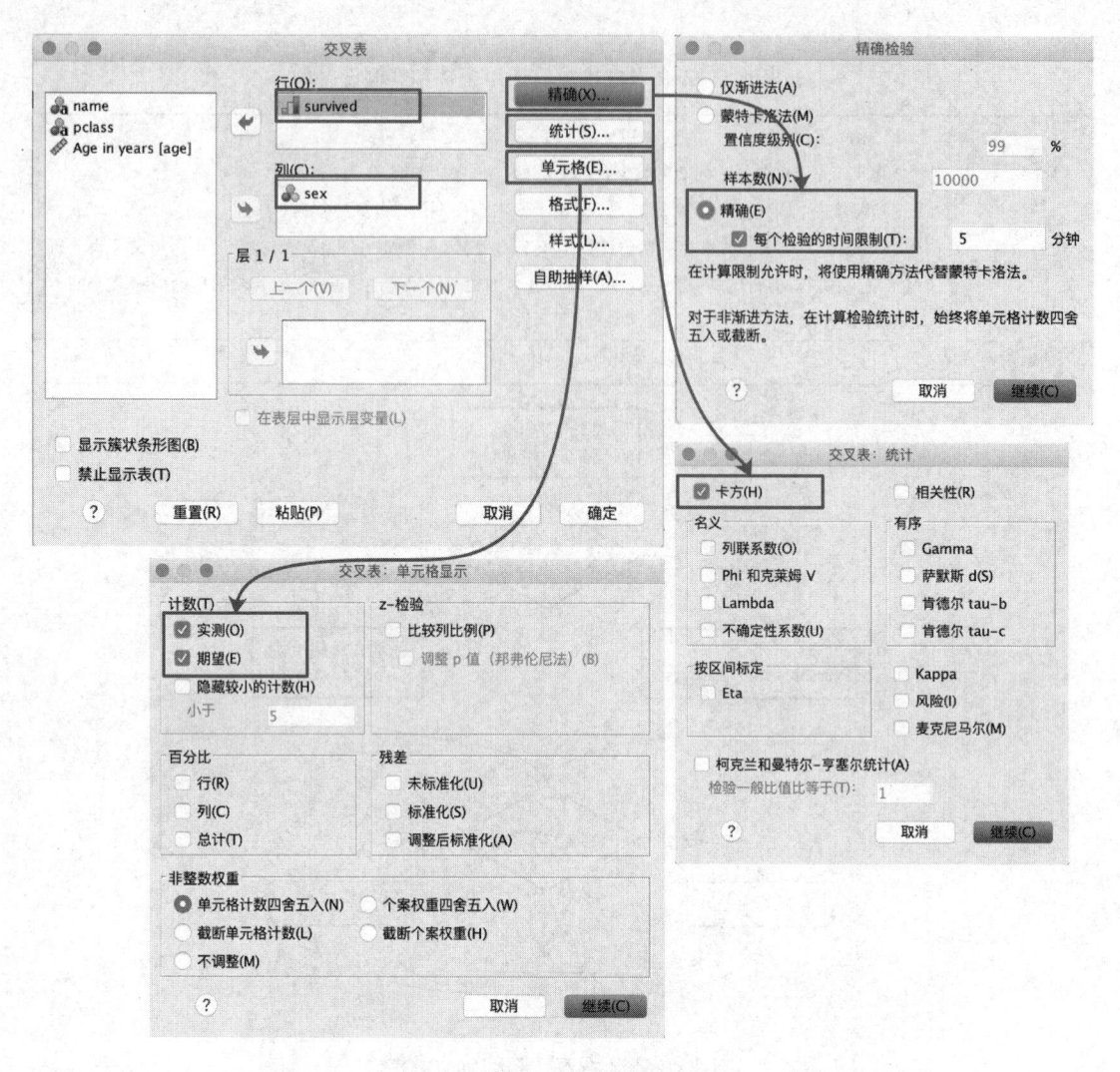

图 4.3 2×2 卡方检验的设置

Step 3：结果分析。

（1）以交叉表形式输出每个分类的样本数以及期望计数，如图 4.4 所示。此处可以检测样本组是否满足皮尔逊卡方检验使用条件中对期望计数的要求。本例中，最小的期望计数为 158.3 > 5，因此不需要使用费希尔精确检验，可以直接使用皮尔逊卡方检验进行分析。

survived * sex 交叉表

			sex female	sex male	总计
survived	No	计数	154	709	863
		期望计数	303.7	559.3	863.0
	Yes	计数	308	142	450
		期望计数	158.3	291.7	450.0
总计		计数	462	851	1313
		期望计数	462.0	851.0	1313.0

图 4.4 交叉表

（2）如最小期望计数大于 5，则可以直接以皮尔逊卡方检验的结果为准，如图 4.5 所示。本例中，不同性别的乘客，其幸存比例存在显著性差异，$p < 0.001$。另外，在"卡方检验"表的下方，可以看到有多少个单元格的期望计数小于 5，本例中为 0 个。

卡方检验

	值	自由度	渐进显著性（双侧）	精确显著性（双侧）	精确显著性（单侧）	点概率
皮尔逊卡方	332.057[a]	1	.000	.000	.000	
连续性修正[b]	329.842	1	.000			
似然比	332.534	1	.000	.000	.000	
费希尔精确检验				.000	.000	
线性关联	331.804[c]	1	.000	.000	.000	.000
有效个案数	1313					

a. 0 个单元格 (0.0%) 期望计数小于 5。最小期望计数为 158.34。
b. 仅针对 2×2 表进行计算
c. 标准化统计为 −18.215。

图 4.5　卡方检验的结果

Step 4：书写报告。

1313 名乘客中，男性乘客和女性乘客分别为 851 名和 462 名。有 142 名男性（16.69%）和 308 名（66.67%）女性乘客幸存。通过皮尔逊卡方检验结果可知，不同性别的乘客，其幸存比例存在显著性差异，$p < 0.001$。

例 2：（存在期望计数小于 5 的情况）将 21 名被试者分为两组，第一组每天服用某种减肥药，第二组每天按照指定食谱进餐，不服用减肥药。一个月后统计这两组被试者体重的变化情况（体重下降、体重没下降），数据存放在 ChiSquare2.sav 中。现在要研究：减肥药与指定食谱，在使被试者减重的效果上是否相同？

分析过程：

Step 1：参加的实验组别为自变量，只有两个取值：减肥药组，食谱组；减重情况为因变量，也只有两个取值：体重下降，体重没下降。

Step 2：在菜单中依次选择"分析"→"描述统计"→"交叉表"。按图 4.6 所示进行设置。

（1）将变量 lose_weight 选入"行"，将变量 intervention 选入"列"。
（2）单击"精确"按钮，在弹出界面选中"精确"。
（3）单击"统计"按钮，在弹出界面选中"卡方"。
（4）单击"单元格"按钮，在弹出界面选中"实测"和"期望"。

Step 3：结果分析。

从图 4.7 和图 4.8 可以看到，有两个单元格的期望计数小于 5。因此，应以费希尔精确检验的结果为准。本例中，减肥药组和食谱组在减重效果上没有差异，$p = 0.198 > 0.05$。

Step 4：书写报告。

21 名被试者参与减肥药与指定食谱的对比研究。减肥药组有 12 人，其中有 4 人（33.33%）在一个月后体重降低；指定食谱组有 9 人，其中有 6 人（66.67%）在一个月后体重降低。因为样本组存在期望计数小于 5 的情况，所以以费希尔精确检验结果为准，且其结果显示：减肥药和指定食谱在减重效果上没有显著性差异，$p = 0.198$。

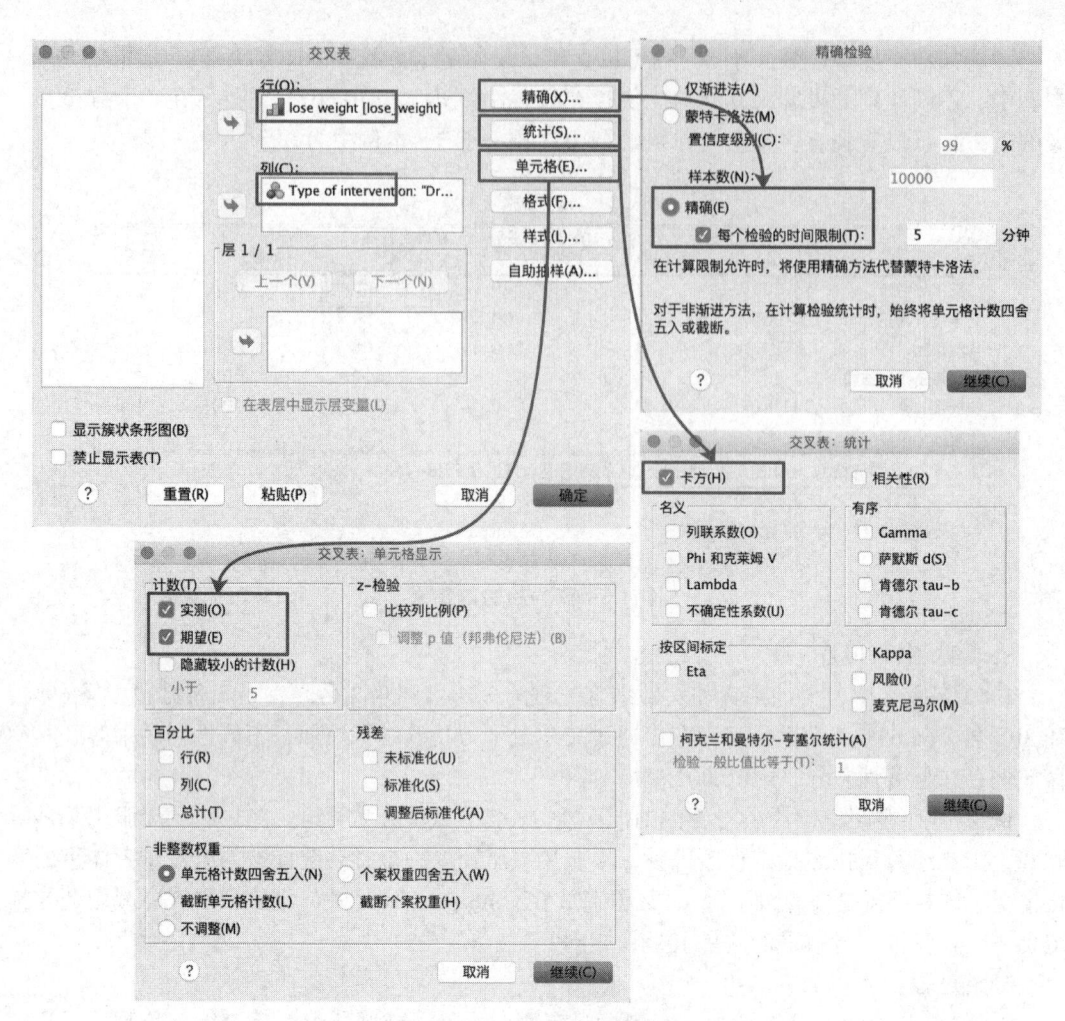

图 4.6　2×2 卡方检验的设置

lose weight * Type of intervention: "Drug" or "Diet" 交叉表

			Type of intervention: "Drug" or "Diet"		总计
			Drug	Diet	
lose weight	yes	计数	4	6	10
		期望计数	5.7	4.3	10.0
	no	计数	8	3	11
		期望计数	6.3	4.7	11.0
总计		计数	12	9	21
		期望计数	12.0	9.0	21.0

图 4.7　交叉表

卡方检验

	值	自由度	渐进显著性（双侧）	精确显著性（双侧）	精确显著性（单侧）	点概率
皮尔逊卡方	2.291[a]	1	.130	.198	.142	
连续性修正[b]	1.149	1	.284			
似然比	2.331	1	.127	.198	.142	
费希尔精确检验				.198	.142	
线性关联	2.182[c]	1	.140	.198	.142	.118
有效个案数	21					

a. 2 个单元格 (50.0%) 的期望计数小于 5。最小期望计数为 4.29。
b. 仅针对 2×2 表进行计算
c. 标准化统计为 −1.477。

图 4.8　卡方检验的结果

4.1.2 两个配对样本组

如果要分析组内实验中产生的两个配对样本组在一个二分类型指标上是否有差异，如图 4.9 所示，则可以考虑使用 **McNemar 检验**（McNemar's test），有的文献也将其翻译成**配对卡方检验**。典型应用场景例如：测量用户日常的睡眠质量（好、不好），用户试用某种辅助睡眠产品一个月后，再次测量用户的睡眠质量，比较在使用这种辅助睡眠产品前后，用户的睡眠质量是否出现了改变？在这个例子中，每个被测用户会经历两种不同的实验条件：一种是在没有任何干预的情况下，另一种是在使用辅助睡眠产品之后。这两种不同实验条件下采集到的数据形成了两个配对样本组，且每次采集到的数据都由"好""不好"两个值组成。

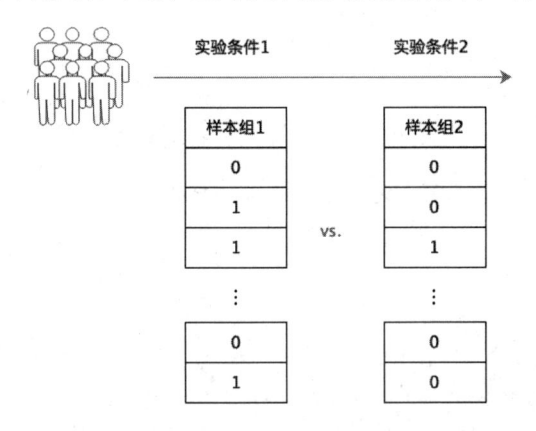

图 4.9　两个配对样本组在一个二分类型指标上的差异性分析

McNemar 检验的使用条件和零假设如表 4.2 所示。

表 4.2　McNemar 检验的使用条件和零假设

使用条件	（1）组内实验。 （2）只有一个自变量，为二分类型，即只有两个配对样本组。 （3）只有一个因变量，为二分类型，即每个样本组中都是二分类型数据
零假设	H_0: $P_1 = P_2$。其中，P_n 为第 n 个样本组的构成比

例 3：研究者设计了两款吸尘器，想要知道用户更愿意购买哪一款。招募 20 名被试者，在其试用这两款吸尘器后，询问他们是否考虑购买这两款产品（买或不买），数据存放在 McNemar.sav 中。

分析过程：

Step 1：用户被询问的时间为自变量，只有两个取值：试用吸尘器 A 之后，试用吸尘器 B 之后；是否愿意购买为因变量，也只有两个取值：买，不买。

Step 2：在菜单中依次选择"分析"→"非参数检验"→"相关样本"。

（1）如图 4.10 所示，在"字段"页面中，将变量 product_a 和 product_b 选入"检验字段"。

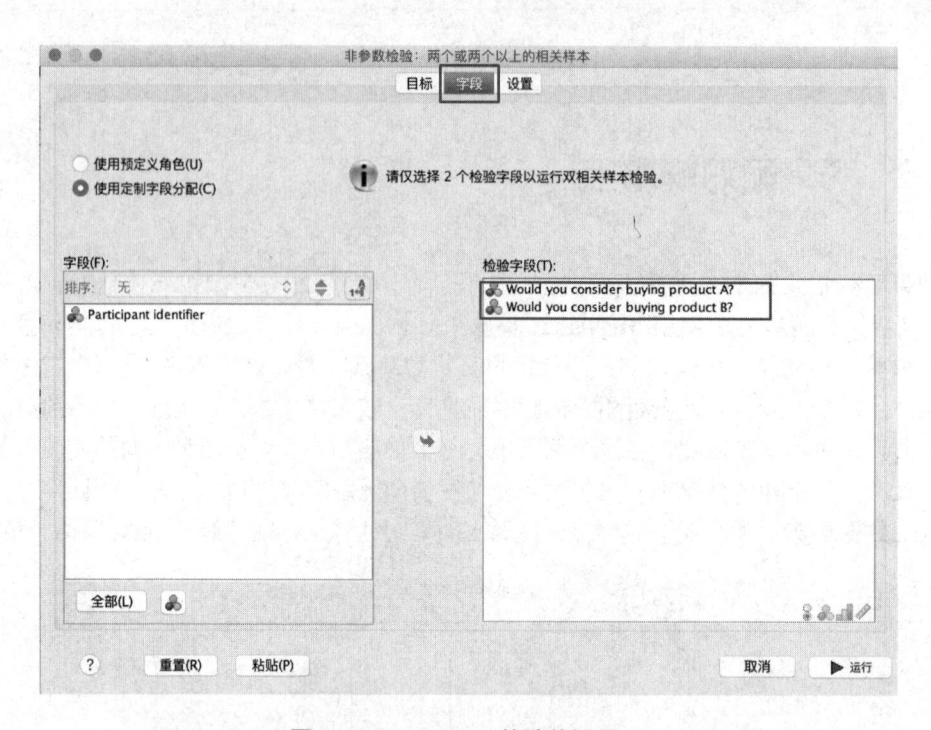

图 4.10　McNemar 检验的设置一

（2）如图 4.11 所示，在"设置"页面中，选中"定制检验"，并且选中"麦克尼马尔检验（2 个样本）"。

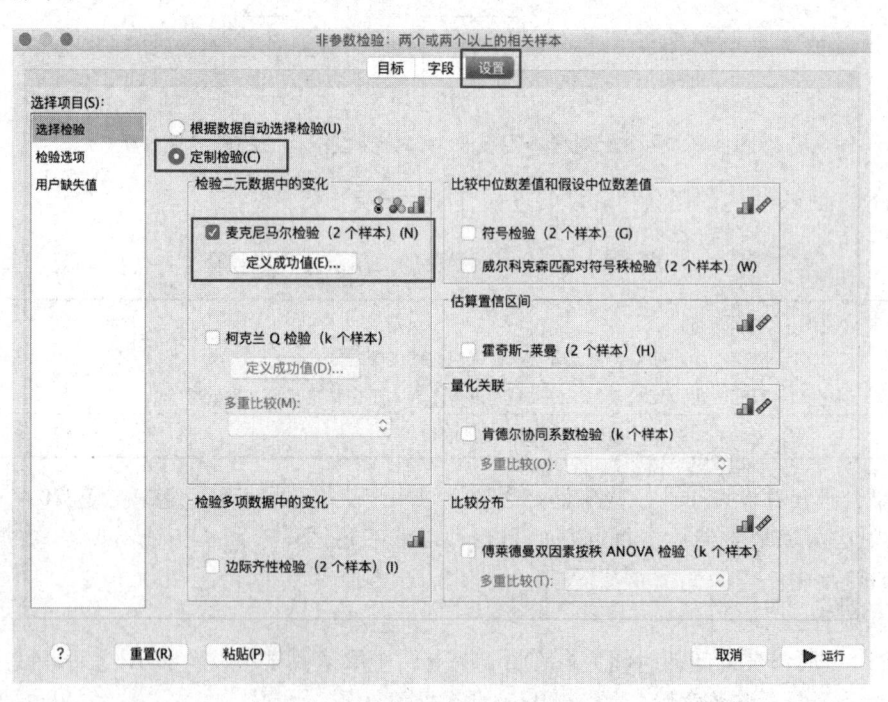

图 4.11　McNemar 检验的设置二

Step 3：结果分析。

（1）如图 4.12 所示，因为 $p = 0.031$，所以拒绝接受零假设，即用户对这两款吸尘器的购买意愿存在显著性差异。

－ 110 －

	原假设	检验	显著性	决策
1	不同值在 Would you consider buying product A? 和 Would you consider buying product B? 中的分布可能相同。	相关样本麦克尼马尔变化量检验	.031[a]	拒绝原假设。

显示了渐进显著性。显著性水平为 .050。
a. 对于此检验，显示了精确显著性。

图 4.12　假设检验摘要

（2）从图 4.13 所示的直方图中可以看出，对于吸尘器 A，有 7 人愿意购买，有 13 人不愿意购买；而对于吸尘器 B，有 13 人愿意购买，有 7 人不愿意购买。因此，用户购买吸尘器 B 的意愿显著高于购买吸尘器 A 的。

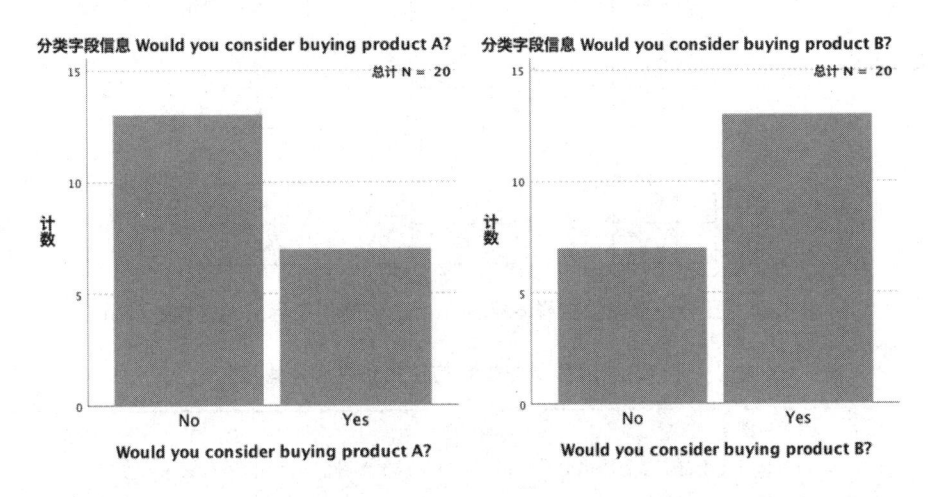

图 4.13　直方图

Step 4：书写报告。

20 名被试者中，有 7 人（35%）愿意购买吸尘器 A，有 13 人（65%）愿意购买吸尘器 B。用户对这两款吸尘器的购买意愿存在显著性差异，$p = 0.031$。

例 4：Velentza 等研究了在机器人与人的交互过程中，机器人的个性（严肃型、活泼型）给用户带来的体验以及有效传递的信息量上是否有差别[1]。为了研究用户对机器人的喜好是否受到其原有经验的影响，他们设计了一个实验：所有被试者在听完严肃型机器人和活泼型机器人的一段对话后，要选择更愿意与哪种机器人合作完成后续任务。但在这之前，这些被试者已经提前熟悉过严肃型机器人或活泼型机器人。所以这里使用 McNemar 检验，分析提前熟悉严肃型机器人或活泼型机器人的被试者比例，与后续选择愿意与严肃型机器人或活泼型机器人合作的被试者比例，是否有显著性差异。结果显示，两者之间存在显著性差异，$p \leq 0.001$，被试者更愿意选择与活泼型机器人合作（详细内容参见本章参考文献[1]）。

4.1.3　三个或更多独立样本组

对于有些组间实验，其自变量将整个样本集划分为三个或更多的独立样本组（自变量为多分类型），每个样本组中的数据都属于二分类型（因变量为二分类型），如图 4.14 所示。若要分析这些样本组的构成比是否存在差异，可以考虑使用 **2×C 卡方检验**（2×C Chi-square test）。典型应用例如：有 4 个专业（心理学专业、设计学专业、计算机专业和机械专业）的毕业生参加应聘，分析每个专业毕业生的录用情况是否有显著性差异。在这个例子中，"专业"为自变量，有 4 个不同的取值，将所有毕业生分为了 4 个相互独立的样本组；"录用与否"是因变量，有"录用""不录用"两个取值。需要分析的是每个样本组中"录用""不录用"的构成比是否有差异。2×C 卡方检验的使用条件和零假设如表 4.3 所示。

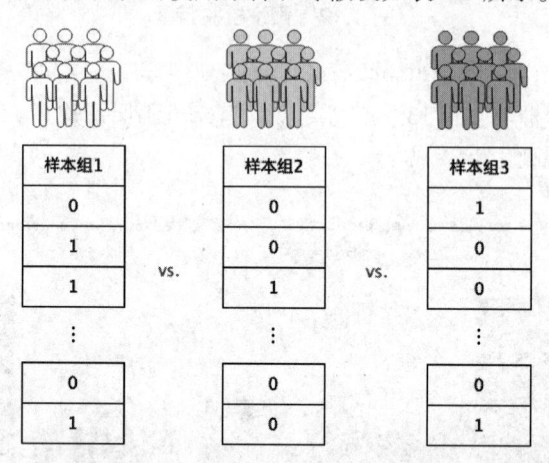

图 4.14　三个或更多独立样本组在一个二分类型指标上的差异性分析

表 4.3　2×C 卡方检验的使用条件和零假设

使用条件	（1）组间实验。 （2）只有一个自变量，为多分类型，即有三个或更多独立样本组。 （3）只有一个因变量，为二分类型，即每个样本组中都是二分类型数据。 （4）样本量足够大：若不存在期望计数小于 5 的情况（不需要另外检测，在 SPSS 中进行交叉表分析时，会自动进行期望计数的检测），则以皮尔逊卡方检验结果为准；否则，以费希尔精确检验（Fisher's exact test）结果为准
零假设	H_0：$P_1 = P_2 = P_3 = \cdots$，其中，P_n 为第 n 个样本组的构成比

2×C 卡方检验判断的是这 C 个样本组在某个二分类型因变量上是否存在构成比的差异，因此与 2×2 卡方检验相比，其在确定了 C 个样本组之间存在显著性差异后，还需要进行事后检验，用来明确究竟是哪两个样本组之间存在显著性差异。因此，2×C 卡方检验的分析流程如图 4.15 所示。

例 5：（不存在期望计数小于 5 的情况）研究者统计了泰坦尼克号上 1313 名乘客的船舱等级、幸存情况等信息，数据存放在 2CChiSquare1.sav 中。现在要研究不同船舱等级的乘客，其幸存比例是否有差异？

分析过程：

Step 1：船舱等级为自变量，有三个取值：一等舱、二等舱、三等舱；幸存情况为因变量，有两个取值：幸存、死亡。

Step 2：在菜单中依次选择"分析"→"描述统计"→"交叉表"。按图 4.16 所示进行设置。

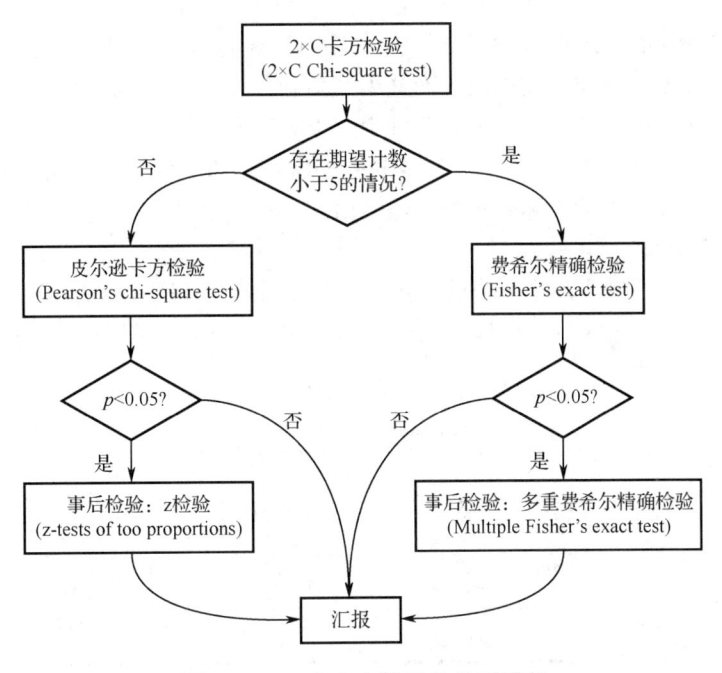

图 4.15　2×C 卡方检验的分析流程

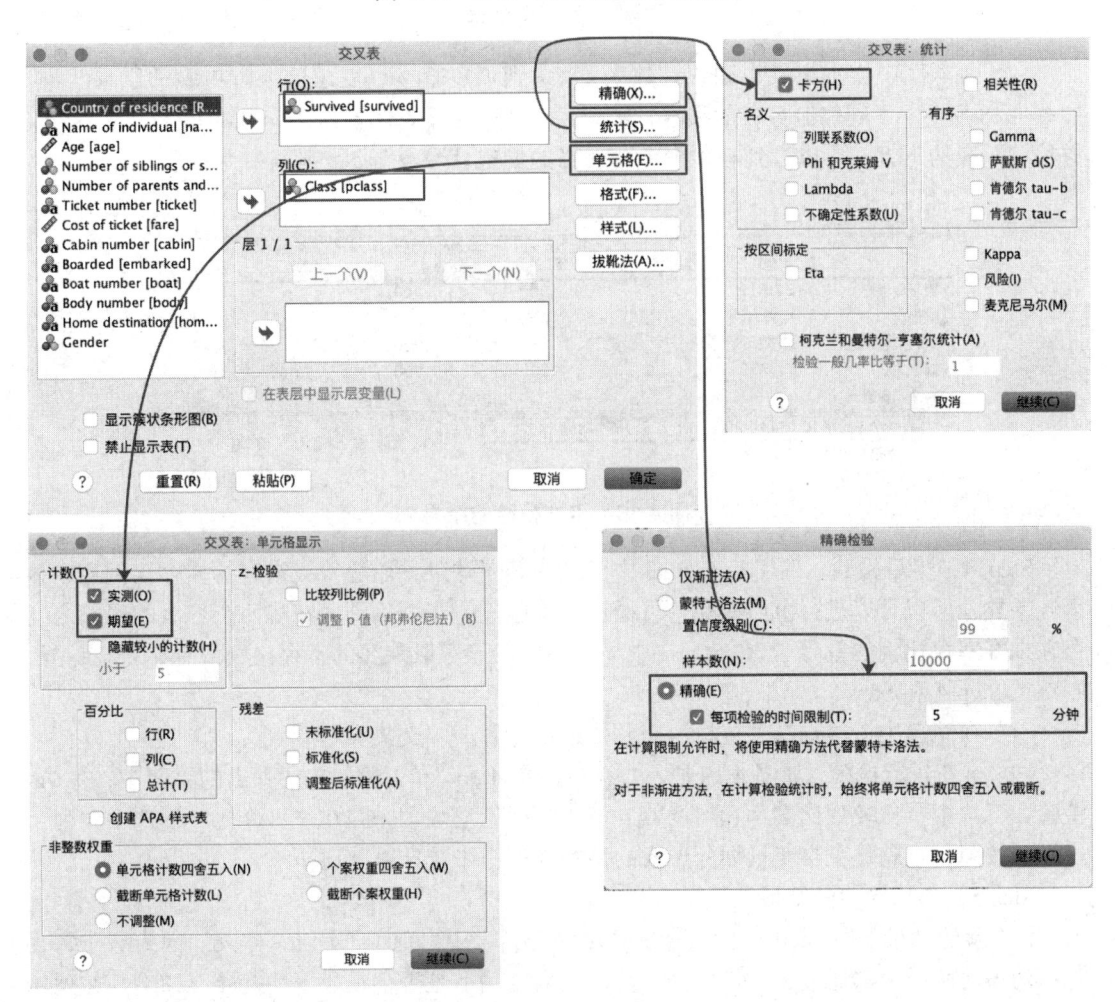

图 4.16　2×C 卡方检验的设置

− 113 −

（1）将因变量 survived 选入"行"，将自变量 pclass 选入"列"。

（2）单击"精确"按钮，在弹出界面选中"精确"。

（3）单击"统计"按钮，在弹出界面选中"卡方"。

（4）单击"单元格"按钮，在弹出界面选中"实测"和"期望"。这样，在最后输出的交叉表中，不仅会出现每类的实际样本数，还会出现期望计数。

Step 3：结果分析。

（1）以交叉表形式输出每个分类的样本数及期望计数，如图 4.17 所示。在这里可以检测样本组是否满足 2×C 卡方检验使用条件中对期望计数的要求。在本例中，最小的期望计数为 105.8 > 5。

Survived * Class 交叉表

			Class 1st	Class 2nd	Class 3rd	总计
Survived	Died	计数	123	158	528	809
		期望计数	199.6	171.2	438.2	809.0
	Survived	计数	200	119	181	500
		期望计数	123.4	105.8	270.8	500.0
总计		计数	323	277	709	1309
		期望计数	323.0	277.0	709.0	1309.0

图 4.17 交叉表

（2）因本例中样本组最小期望计数大于 5，则可以直接以皮尔逊卡方检验的结果为准。如图 4.18 所示，不同船舱等级的乘客，其幸存比例存在显著性差异，$p < 0.001$。此外，在"卡方检验"表的下方，可以看到有多少个单元格的期望计数小于 5，本例中为 0 个。

卡方检验

	值	自由度	渐进显著性（双侧）	精确显著性（双侧）	精确显著性（单侧）	点概率
皮尔逊卡方	127.859[a]	2	.000	.000		
似然比	127.765	2	.000	.000		
费希尔精确检验	127.589			.000		
线性关联	127.709[b]	1	.000	.000	.000	.000
有效个案数	1309					

a. 0 个单元格 (0.0%) 的期望计数小于 5。最小期望计数为 105.81。
b. 标准化统计为 -11.301。

图 4.18 卡方检验的结果

Step 4：事后检验。鉴于在 Step 3 中已经明确了这三种船舱等级乘客的幸存比例存在显著性差异，所以可以进行事后检验，可通过 z 检验进一步明确到底在哪两个等级的船舱之间存在乘客幸存比例的差异。若在 Step 3 中显示不同船舱等级乘客的幸存比例没有显著性差异，则跳过 Step 4 和 Step 5。

（1）在菜单中依次选择"分析"→"描述统计"→"交叉表"。

（2）重新进行检验。如图 4.19 所示，在单击图 4.16"单元格"按钮弹出的界面中，在"z-检验"下选中"比较列比例"和"调整 p 值（邦弗伦尼法）"，并在"百分比"下选中"列"，这样会按列，也就是在自变量划分形成的每个样本组中统计百分比。

Step 5：事后检验的结果分析。

z 检验的结果如图 4.20 所示，这次显示的交叉表中出现了下标 a、b、c。因为对于每一行中的任何两类，都通过 z 检验检查了它们在列比例上是否存在显著性差异。如果其在列比例上没有显著性差异，则标为相同的下标；如果在列比例上有显著性差异，则标为不同的下标。本例中，三类船舱的死亡比例相互之间都有显著性差异，则 Died 这一行为用不同的下标（a、b、c）。同样，幸存比例之间也有显著性差异，Survived 这行的下标也各不相同。

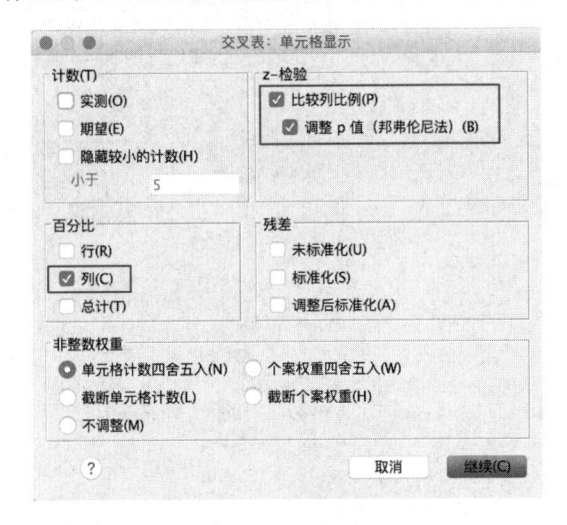

图 4.19　z 检验的设置

Survived * Class 交叉表

占 Class 的百分比

		Class 1st	2nd	3rd	总计
Survived	Died	38.1%a	57.0%b	74.5%c	61.8%
	Survived	61.9%a	43.0%b	25.5%c	38.2%
总计		100.0%	100.0%	100.0%	100.0%

每个下标字母都指示 Class 类别的子集，在 .05 级别，这些类别的列比例相互之间无显著差异。

图 4.20　z 检验的结果

Step 6：书写报告。

通过 2×C 卡方检验显示，不同船舱等级的乘客，其幸存比例存在显著性差异，$p < 0.001$。进一步事后检验显示，一等舱乘客与二等舱乘客的幸存比例之间有显著性差异，$p < 0.05$；一等舱乘客与三等舱乘客的幸存比例之间有显著性差异，$p < 0.05$；二等舱乘客与三等舱乘客的幸存比例之间也有显著性差异，$p < 0.05$。

例 6：（存在期望计数小于 5 的情况）研究者邀请了 32 名被试者，分为三组，每组分配一款产品，询问每位被试者对这款产品是否喜欢。数据存放在 2CChiSquare2.sav 中。现在要研究：这三款产品的用户喜爱度是否相同？

分析过程：

Step 1：产品为自变量，有三个取值：产品一、产品二、产品三；喜爱与否为因变量，有两个取值：喜欢、不喜欢。

Step 2：在菜单中依次选择"分析"→"描述统计"→"交叉表"。按图 4.21 所示进行设置：

（1）将变量 favor 选入"行"，将变量 product 选入"列"。

（2）单击"精确"按钮，在弹出界面选中"精确"。

（3）单击"统计"按钮，在弹出界面选中"卡方"。

（4）单击"单元格"按钮，在弹出界面选中"实测"和"期望"。

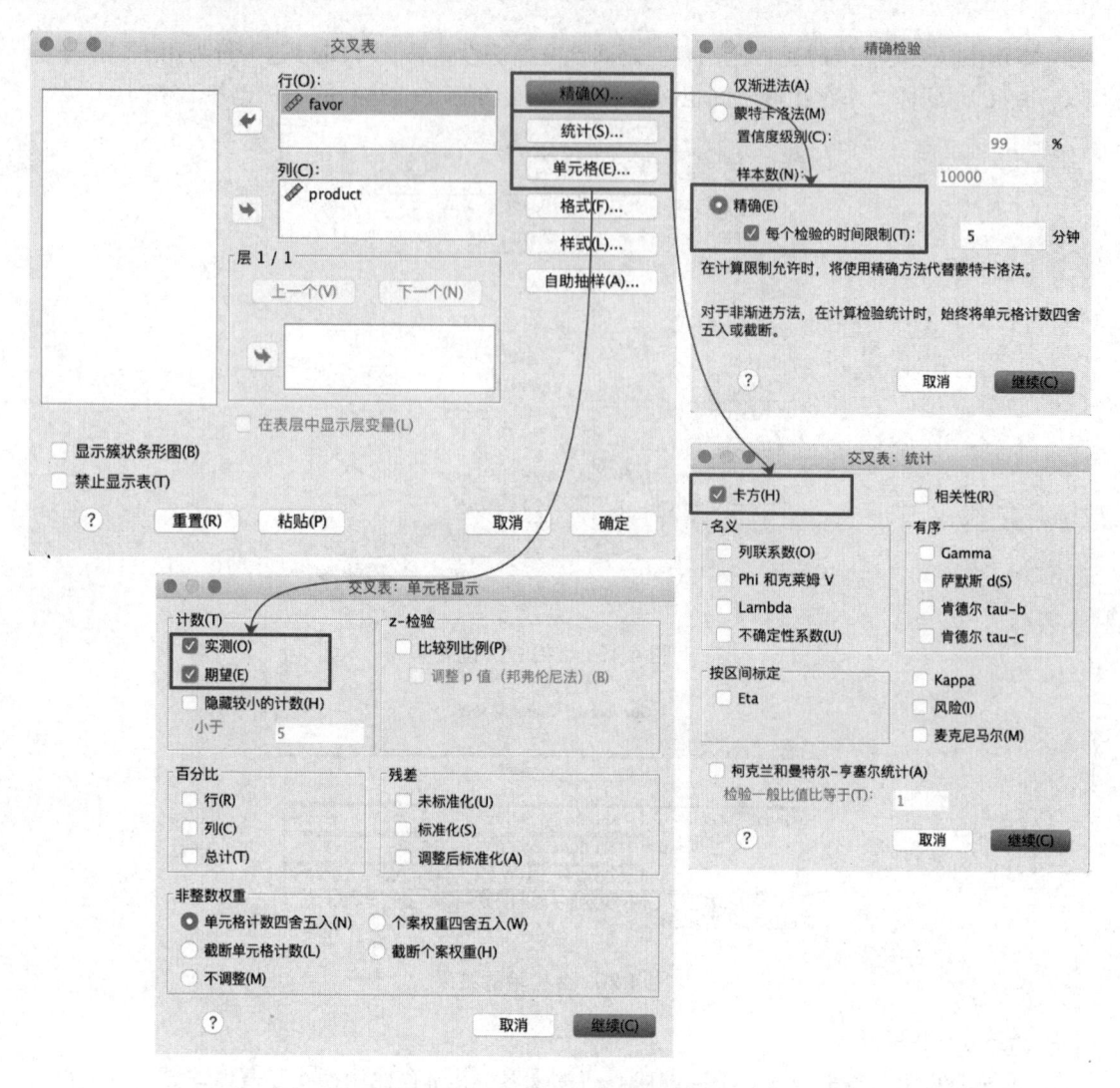

图 4.21 2×C 卡方检验的设置

Step 3：结果分析。

由图 4.22 可知，有两个单元格的期望计数小于 5。因此，以费希尔精确检验的结果为准。本例中，被试者对于这三款产品的喜爱度有显著性差异，$p = 0.008$。

卡方检验

	值	自由度	渐进显著性（双侧）	精确显著性（双侧）	精确显著性（单侧）	点概率
皮尔逊卡方	9.805[a]	2	.007	.009		
似然比	11.098	2	.004	.008		
费希尔精确检验	10.027			.008		
线性关联	7.571[b]	1	.006	.007	.005	.004
有效个案数	32					

a. 2 个单元格 (33.3%) 的期望计数小于 5。最小期望计数为 3.94。
b. 标准化统计为 2.752。

图 4.22 卡方检验的结果

Step 4：事后检验。

因为被试者对这三款产品的喜爱度有显著性差异，则可以进行事后检验，以了解被试者在哪两款产品的喜爱度上存在显著性差异。即对产品一与产品二进行一次费希尔精确检验，

– 116 –

对产品二与产品三进行一次费希尔精确检验，对产品一与产品三进行一次费希尔精确检验，但这样做会增大 I 类（Type I）错误的出现概率。因此，此处需要调整显著性的标准。本章例 5 中的 z 检验可以通过邦弗伦尼法自动调整 p 值，但 SPSS 28 中需要手动进行显著性标准的调整：因为需要进行三次费希尔精确检验，所以调整后的显著性标准为 $0.05 / 3 = 0.0167$。也就是说，如果检测出的 p 值小于 0.0167，表明被试者对这两款产品的喜爱度存在显著性差异；否则，被试者对这两款产品的喜爱度不存在显著性差异。

以产品一与产品二之间的费希尔精确检验为例：

（1）将原数据表中的 product = 3 的个案全部过滤掉，即只对产品一和产品二的个案进行分析。在菜单中依次选择"数据"→"选择个案"。

（2）如图 4.23 所示，选中"如果条件满足"，单击"如果"按钮，在弹出界面中输入选择个案的规则：product = 2 | product =1，即选择 product 为 1 或 2 的个案。

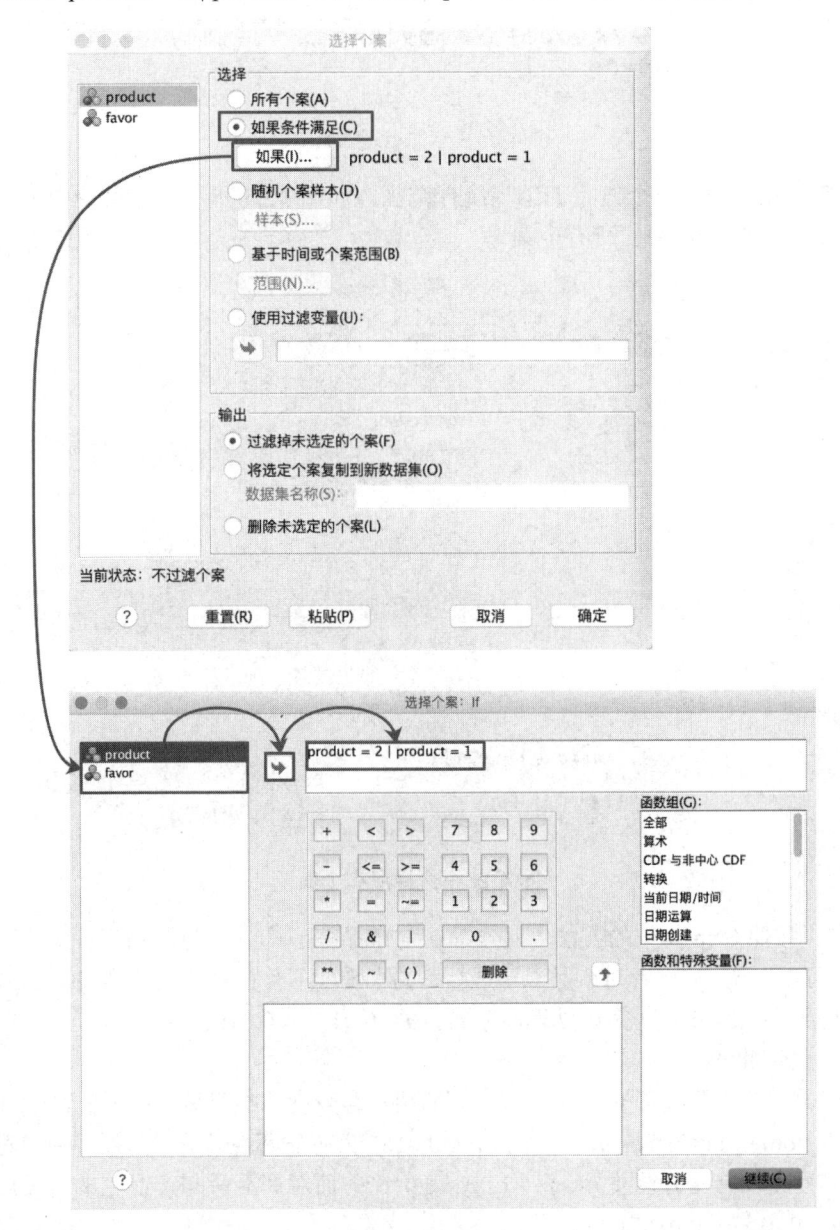

图 4.23　过滤数据

（3）操作完毕后，可以发现所有 product = 3 的个案都暂时消失了，它们不会参与后续的统计。

（4）重新进行一次费希尔精确检验：在菜单中依次选择"分析"→"描述统计"→"交叉表"，设置步骤及内容与 Step 2 相同。

（5）由图 4.24 可知，被试者对产品一和产品二的喜爱度有显著性差异，$p = 0.009 < 0.0167$。

卡方检验

	值	自由度	渐进显著性（双侧）	精确显著性（双侧）	精确显著性（单侧）	点概率
皮尔逊卡方	7.738[a]	1	.005	.009	.008	
连续性修正[b]	5.492	1	.019			
似然比	8.416	1	.004	.009	.008	
费希尔精确检验				.009	.008	
线性关联	7.401[c]	1	.007	.009	.008	.008
有效个案数	23					

a. 2 个单元格 (50.0%) 的期望计数小于 5。最小期望计数为 3.83。
b. 仅针对 2x2 表进行计算。
c. 标准化统计为 2.721。

图 4.24 卡方检验的结果

（6）将 product = 3 的个案重新纳入统计范围。如图 4.25 所示，在菜单中依次选择"数据"→"选择个案"，选中"所有个案"。

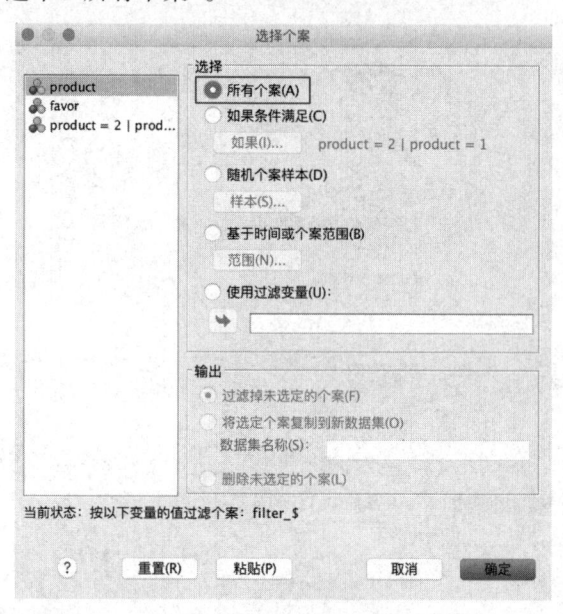

图 4.25 选择所有个案

Step 5：按照 Step 4 中的方法，对产品二与产品三、产品一与产品三各进行一次费希尔精确检验。可以发现，被试者对产品二与产品三的喜爱度不存在显著性差异，$p = 1.00 > 0.0167$；对产品一与产品三的喜爱度存在显著性差异，$p = 0.0157 < 0.0167$。

Step 6：书写报告。

通过费希尔精确检验可知，这三款产品的用户喜爱度存在显著性差异，$p = 0.032$。经事后检验，即 Bonferroni-Fisher 精确检验（$p < 0.0167$ 为有显著性差异）显示，用户对产品二与产品三的喜爱度没有显著性差异，$p = 1.00 > 0.0167$；而对产品一与产品三的喜爱度存在显著性差异，$p = 0.0157 < 0.0167$。

4.1.4 三个或更多配对样本组

如果组内实验产生了三个或更多配对样本组，需要分析这些配对样本组在一个二分类型指标上是否存在差异，如图 4.26 所示，则可以考虑使用 **Cochran's Q 检验**（Cochran's Q test）。典型应用场景例如：测量患者的抑郁水平（高、低），随后让患者进行某种抗抑郁治疗，并在进行治疗三个月及六个月后分别测量患者的抑郁水平，分析这种抗抑郁治疗方法是否能改变患者的抑郁水平。在这个例子中，每个患者先后经历了三次测量：治疗之前、治疗三个月后、治疗六个月后。每次测量的结果不是"高抑郁水平"，就是"低抑郁水平"，因此可以用 1 或者 0 来表示。Cochran's Q 检验的使用条件和零假设如表 4.4 所示。

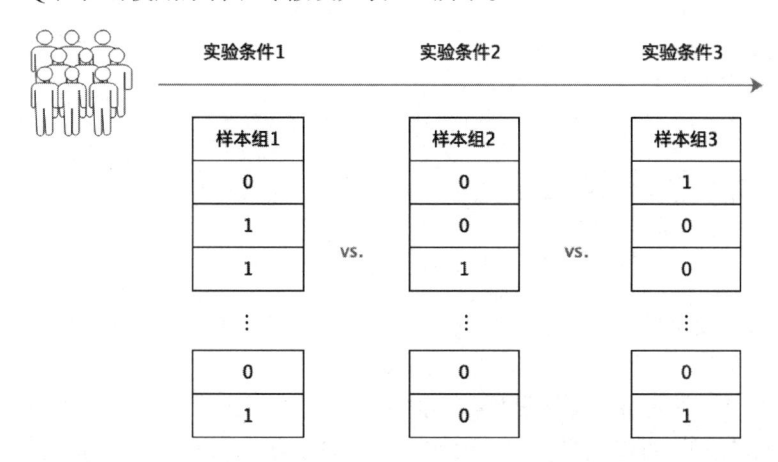

图 4.26 三个配对样本组在一个二分类型指标上的差异性分析

表 4.4 Cochran's Q 检验的使用条件和零假设

使用条件	（1）组内实验。 （2）只有一个自变量，为多分类型，即有三个或更多配对样本组。 （3）只有一个因变量，为二分类型，即每个样本组中都是二分类型数据。 （4）样本量应足够大。 　　假设有 N 个被试者，每个被试者先后经历了 k 个实验条件，即形成了 k 个配对样本组。其中有一些被试者在 k 个实验条件下因变量的值是相等的，假设其个数为 n。则对于 Cochran's Q 检验而言，样本量应足够大是指满足以下两个条件：① $N-n \geq 4$；② $(N-n) \times k \geq 24$
零假设	H_0: $P_1 = P_2 = P_3 = \cdots$。其中，P_n 为第 n 个样本组的构成比

例 7：（样本量足够大）研究者招募了 63 名被试者参加一个体能训练项目，在体能训练初始时、训练三个月后、训练六个月后，对每位被试者进行体能测试，通过记为 1，没通过记为 0，数据存放在 CochranQ1.sav 中。现在要研究：经过该项体能训练后，被试者的体能情况是否发生了改变。

分析过程：

Step 1：本例属于典型的组内实验。参加体能测试的时间为自变量，有三个取值：训练初始时、训练三个月后、训练六个月后；体能测试的结果为因变量，有两个取值：通过、没通过。

Step 2：检测样本量是否足够大。

（1）在菜单中依次选择"数据"→"选择个案"。如图 4.27 所示，选择"如果条件满足"，并单击"如果"按钮，在弹出界面中设置选择个案的条件：initial_fitness_test = month3_fitness_test & month3_fitness_test = final_fitness_test，这样就将三个样本组中数值相等的个案挑选了出来。

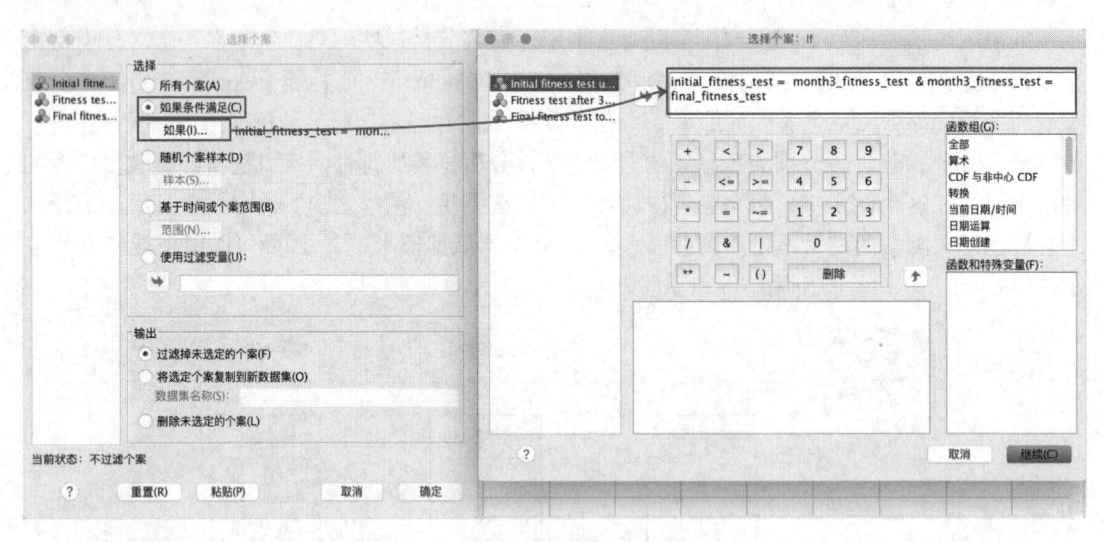

图 4.27　选择个案

（2）保留符合要求的个案，不符合要求的个案不予以显示。经过统计可以发现，共筛选出 27 个个案，即有 27 个个案在三个样本组中数值都相等。

（3）对照表 4.4 中列出的样本量足够大的两个条件：$N-n \geq 4$ 以及 $(N-n) \times k \geq 24$。本例中，$N = 63$，$n = 27$，$k = 3$，可以发现，$63-27 \geq 4$，并且 $(63-27) \times 3 \geq 24$。所以本例的样本量足够大。

（4）在菜单中依次选择"数据"→"选择个案"。如图 4.28 所示，选择"所有个案"，即将所有个案都纳入后续的分析。从数据视图中可以看到，所有个案全部显示出来了。

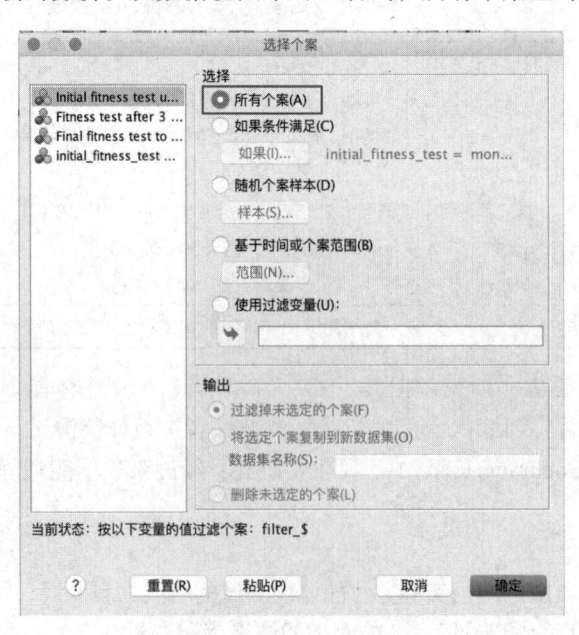

图 4.28　选择所有个案

Step 3：在菜单中依次选择"分析"→"非参数检验"→"相关样本"。

（1）如图 4.29 所示，在"字段"页面中，将变量 initial_fitness_test、month3_fitness_test 和 final_fitness_test 选入"检验字段"。

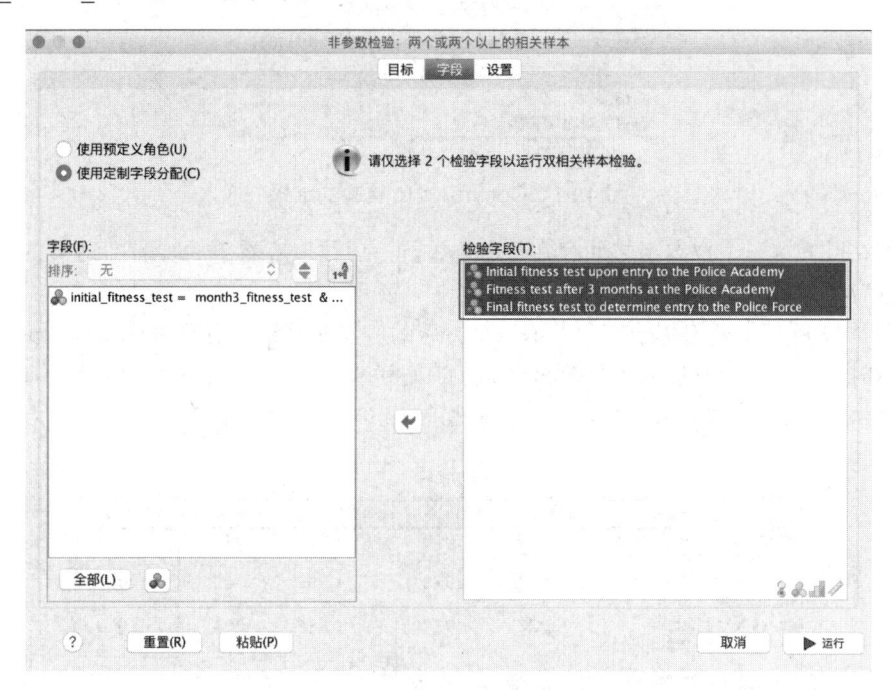

图 4.29　Cochran's Q 检验的设置一

（2）如图 4.30 所示，在"设置"页面中，选择"柯克兰 Q 检验（k 个样本）"，并在"多重比较"中选择"全部成对"，也就是同时进行全部成对的事后检验。

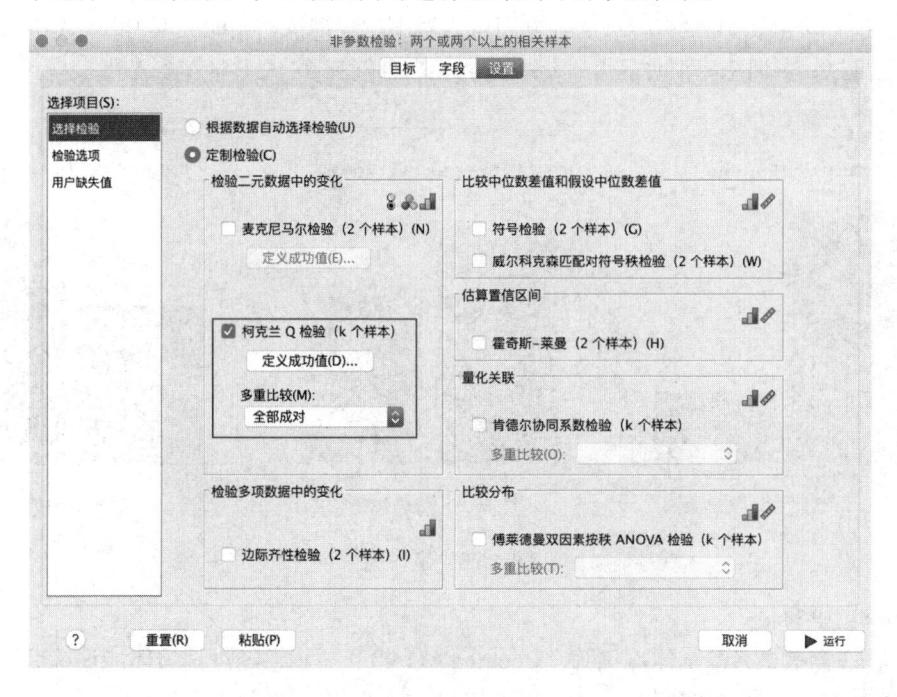

图 4.30　Cochran's Q 检验的设置二

Step 4：结果分析。

（1）由图 4.31 可知，这三个样本组之间存在显著性差异，$\chi^2(2) = 24.222$，$p < 0.001$。

相关样本柯克兰 Q 检验摘要

总计 N	63
检验统计	24.222
自由度	2
渐进显著性（双侧检验）	.000

图 4.31　Cochran's Q 检验的结果

（2）在已知这三个样本组之间存在显著性差异后，可以查看事后检验的结果；反之，则不需要查看事后检验的结果。

如图 4.32 所示，训练初始时和训练三个月后的体能测试结果有显著性差异，$p = 0.013$；训练初始时和训练六个月后的体能测试结果也有显著性差异，$p < 0.001$；但是，训练三个月后与训练六个月后的体能测试结果没有显著性差异，$p = 0.124 > 0.05$。

成对比较

Sample 1-Sample 2	检验统计	标准误差	标准检验统计	显著性	Adj.显著性[a]
Final fitness test-Fitness test after 3 months	.159	.078	2.041	.041	.124
Final fitness test-Initial fitness test	.381	.078	4.899	.000	.000
Fitness test after 3 months-Initial fitness test	.222	.078	2.858	.004	.013

每行都检验"样本 1 与样本 2 的分布相同"这一原假设。
显示了渐进显著性（双侧检验）。显著性水平为 .05。

a. 已针对多项检验通过 Bonferroni 校正法调整显著性值。

图 4.32　成对比较结果

（3）进一步由如图 4.33 所示的直方图可以看出，在训练初始时，只有 14 人（22.22%）通过体能测试；在训练三个月后及训练六个月后，分别有 28 人（44.44%）和 38 人（60.32%）通过体能测试。

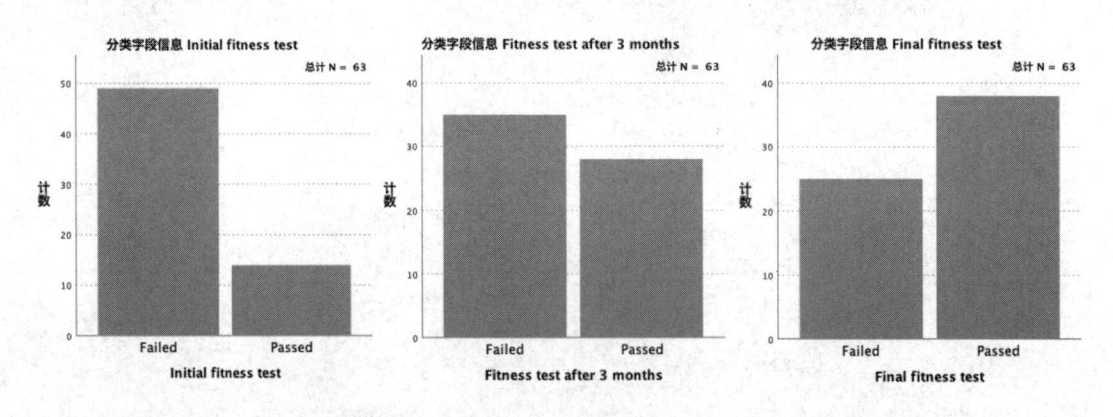

图 4.33　直方图

Step 5：书写报告。

共有 63 名被试者参加体能训练。Cochran's Q 检验显示，经过该项体能训练后，被试者的体能情况发生了显著的变化，$\chi^2(2) = 24.222$，$p < 0.001$。经过 Bonferroni 调整后的事后检验进一步发现，训练初始时只有 14 人（22.22%）通过体能测试，训练三个月后有 28 人（44.44%）

通过体能测试，两者之间有显著性差异，$p = 0.013$；训练六个月后有 38 人（60.32%）通过体能测试，这个结果与训练初始时有显著性差异，$p < 0.001$；但是，训练六个月后与训练三个月后的结果没有显著性差异，$p = 0.124 > 0.05$。

例 8：（样本量不够大）为了演示样本量不够大时的分析过程，将本章例 7 中的 CochranQ1.sav 通过随机采样生成只有 16 个样本的数据，存放在 CochranQ2.sav 中。依旧分析：经过该项体能训练后，被试者的体能情况是否发生了改变？

分析过程：

Step 1：自变量与因变量与本章例 7 中的一样。

Step 2：检测样本量是否足够大，操作步骤同本章例 7 中的一样。

对照表 4.4 中列出的样本量足够大的两个条件：$N-n \geq 4$ 以及 $(N-n) \times k \geq 24$。本例中，$N = 16$，$n = 9$，$k = 3$，可以发现，$16-9 \geq 4$，但是 $(16-9) \times 3 < 24$。所以本例不符合样本量足够大的条件。参照图 4.28，将所有个案重新纳入后续的分析。

Step 3：在菜单中依次选择"分析"→"非参数检验"→"旧对话框"→"K 个相关样本"。按图 4.34 所示进行设置：

（1）将变量 initial_fitness_test、month3_fitness_test 和 final_fitness_test 选入"检验变量"。

（2）单击"精确"按钮，在弹出界面选中"精确"。

（3）选中"柯克兰 Q"，即 Cochran's Q 检验。

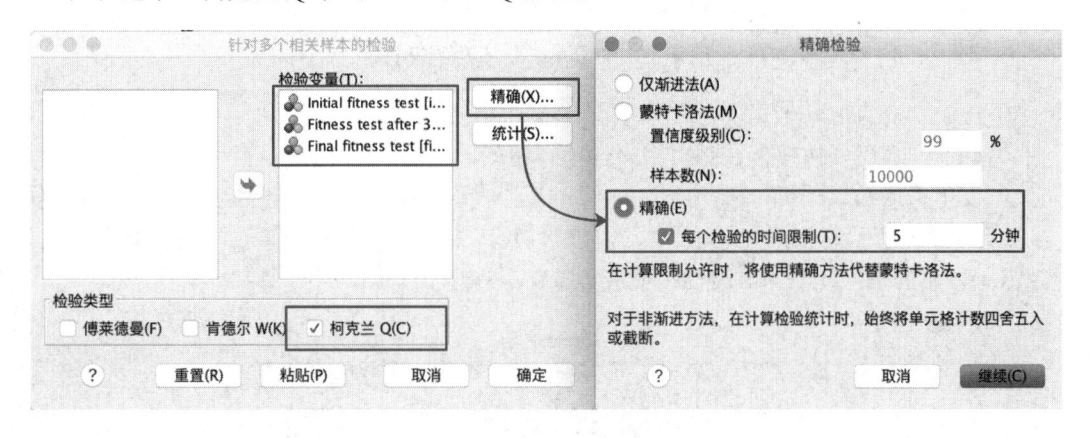

图 4.34　精确检验的设置

Step 4：结果分析。

（1）本例的样本量不够大，所以以精确显著性为准。如图 4.35 所示，这三个样本组之间没有显著性差异，$\chi^2(2) = 3.429$，$p = 0.230$。

图 4.35　精确检验的结果

（2）本例中的三个样本组之间无显著性差异，所以不需要进行事后检验。若三个样本组之间有显著性差异，则可以对两两样本组之间进行共三次 McNemar 检验以确定哪两个样本组之间有显著性差异。与本章例 6 中的情况相似，这样做会增大 I 类（Type I）错误的出现概率，所以使用 Bonferroni 进行校正。带 Bonferroni 校正的 McNemar 检验可以按以下步骤进行：

① 在菜单中依次选择"分析"→"非参数检验"→"旧对话框"→"2 个相关样本"。

② 如图 4.36 所示，将变量 initial_fitness_test 和 month3_fitness_test 选入配对 1，变量 initial_fitness_test 和 final_fitness_test 选入配对 2，变量 final_fitness_test 和 month3_fitness_test 选入配对 3。

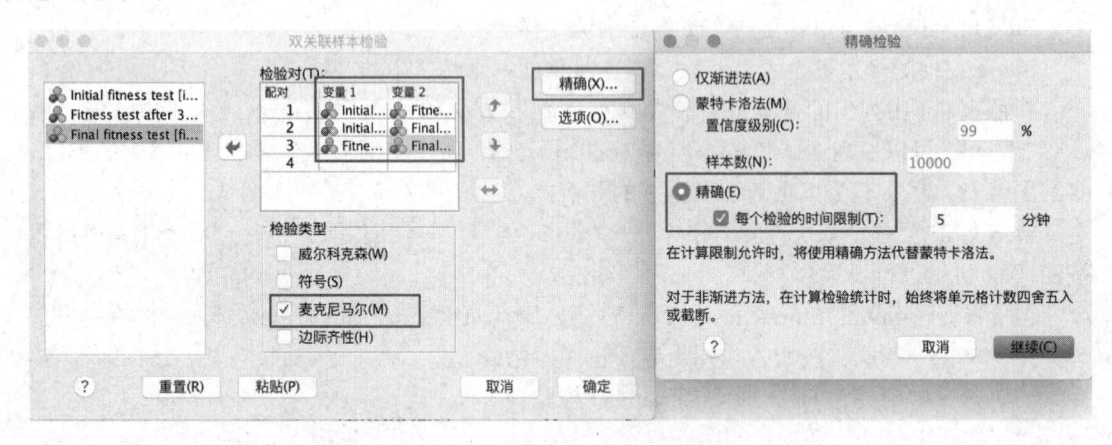

图 4.36 McNemar 检验的设置

③ 选中"麦克尼马尔"。
④ 单击"精确"按钮，在弹出界面选中"精确"。
⑤ 校正后的结果分析。

如图 4.37 所示，根据方框中的精确显著性可以知道每两个样本组之间是否有显著性差异。需要注意的是，此时的显著性标准应是 $0.05/3 \approx 0.0167$。

检验统计[a]

	Initial fitness test & Fitness test after 3 months	Initial fitness test & Final fitness test	Fitness test after 3 months & Final fitness test
个案数	16	16	16
精确显著性（双尾）	.625[b]	.219[b]	.625[b]
精确显著性（单尾）	.313	.109	.313
点概率	.250	.094	.250

a. 麦克尼马尔检验
b. 使用了二项分布。

图 4.37 McNemar 检验的结果

例 9：Komatsu 等研究了在相同的交互过程中，用户对智能体情绪的判断是否受其外观的影响[2]。在这项研究中，每个用户先后与三种不同外形的智能体进行互动。每个智能体先后使用 8 种语音（自变量）与用户说话，用户则需要判断 8 次该智能体的情绪（判断的对错为因变量）。因此，对每一个智能体，就形成了一个典型的具有 8 个样本组、因变量为二分类型数据的组内实验。因而采用 Cochran's Q 检验进行分析，具体细节参见本章参考文献[2]。

4.2 在无序多分类型指标上的差异

4.2.1 两个独立样本组

如果组间实验中有一个自变量，它将整个样本集划分为两个独立样本组（自变量为二分类型），每个样本组中的数据属于无序多分类型（因变量为多分类型），如图 4.38 所示。若要分析这些样本组的构成比是否存在差异，可以考虑使用 **R×2 卡方检验**（R×2 Chi-square test）。与其他卡方检验一样，R×2 卡方检验检测的也是各样本组中不同因变量取值的比例是否有显著性差异。R×2 卡方检验的使用条件和零假设如表 4.5 所示。

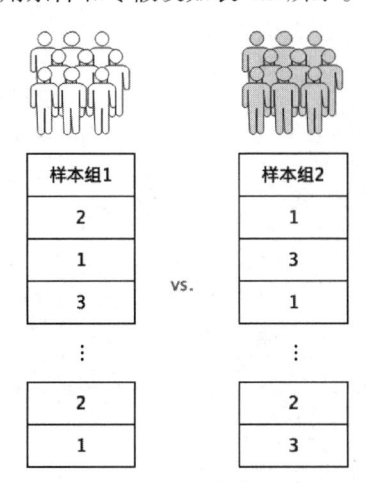

图 4.38　两个独立样本组在一个无序多分类型指标上的差异性分析

表 4.5　R×2 卡方检验的使用条件和零假设

使用条件	（1）组间实验。 （2）只有一个自变量，为二分类型，即有两个独立样本组。 （3）只有一个因变量，为多分类型，即每个样本组中都是无序多分类型数据。 （4）样本量足够大：若不存在期望计数小于 5 的情况（不需要另外检测，在 SPSS 中进行交叉表分析时，会自动进行期望计数的检测），则以皮尔逊卡方检验结果为准；否则，以费希尔精确检验（Fisher's exact test）结果为准
零假设	H_0: $P_1 = P_2$。其中，P_n 为第 n 个样本组的构成比

例 10：研究者统计了 167 名学生的性别（sex）与所在专业（major），数据存放在 R2ChiSquare.sav 中。现在要研究：不同性别的学生在选择专业时是否存在显著性差异，即性别对所选专业是否有影响？

分析过程：

Step 1：自变量为性别（sex），是二分类型；因变量为所在专业（major），是多分类型。

Step 2：在菜单中依次选择"分析"→"描述统计"→"交叉表"。按图 4.39 所示进行设置。

（1）将自变量 sex 选入"列"，将因变量 major 选入"行"。

（2）单击"精确"按钮，在弹出界面选中"精确"。

（3）单击"统计"按钮，在弹出界面选中"卡方"。

（4）单击"单元格"按钮，在弹出界面选中"实测"和"期望"。

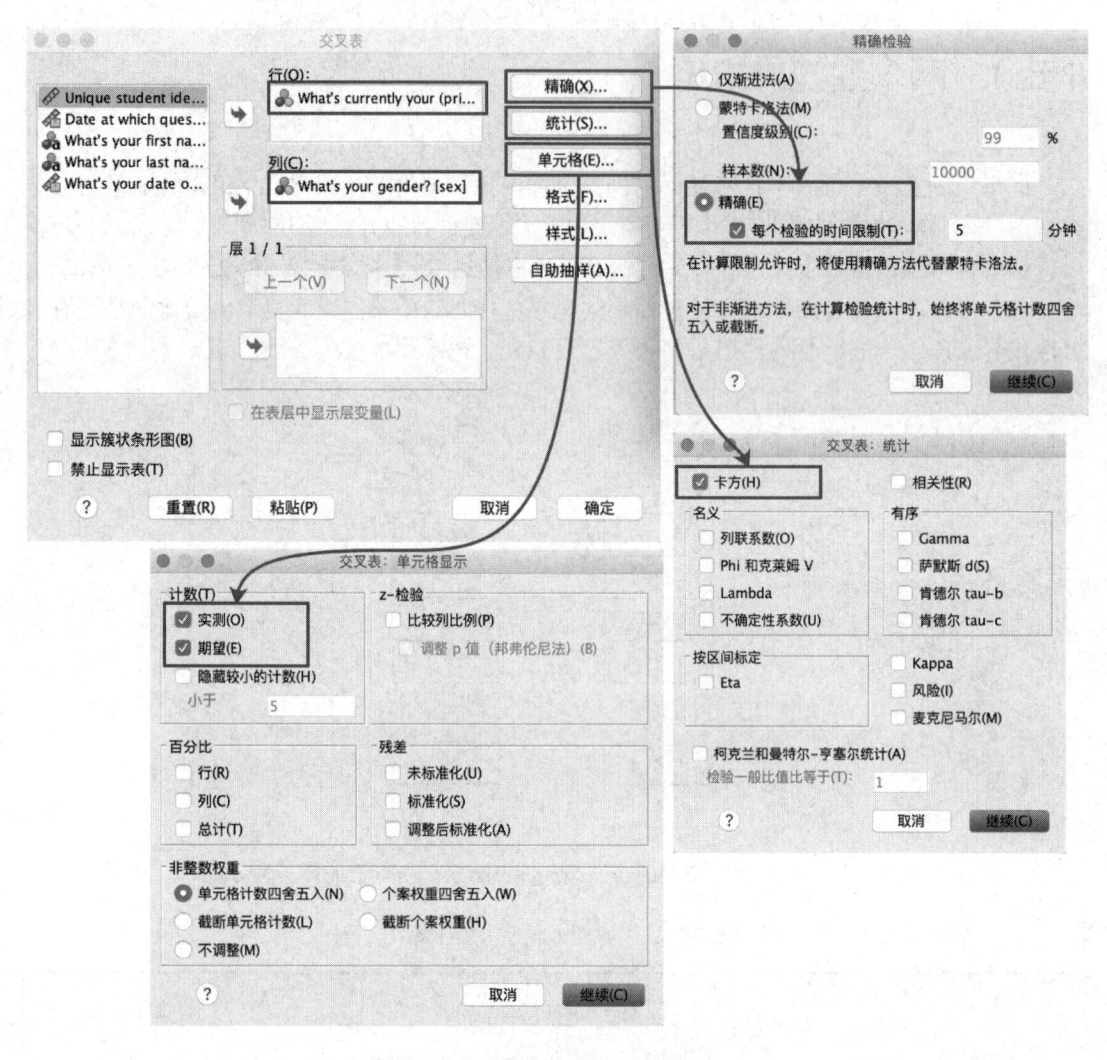

图 4.39　R×2 卡方检验的设置

Step 3：结果分析。

（1）以交叉表形式输出每个分类的样本数以及期望计数。如图 4.40 所示，本例中没有期望计数小于 5 的样本组。

（2）鉴于样本组的最小期望计数大于 5，因此可以直接以皮尔逊卡方检验的结果为准。如图 4.41 所示，本例中性别与所选专业存在显著相关性，即不同性别的学生在所选专业的比例上存在显著性差异，$\chi^2(3) = 50.169$，$p < 0.001$。

What's currently your (primary) major? * What's your gender? 交叉表

			What's your gender? female	male	总计
What's currently your (primary) major?	Psychology	计数	54	8	62
		期望计数	32.7	29.3	62.0
	Economy	计数	7	28	35
		期望计数	18.4	16.6	35.0
	Sociology	计数	12	21	33
		期望计数	17.4	15.6	33.0
	Anthropology	计数	15	22	37
		期望计数	19.5	17.5	37.0
总计		计数	88	79	167
		期望计数	88.0	79.0	167.0

图 4.40　交叉表

卡方检验

	值	自由度	渐进显著性（双侧）	精确显著性（双侧）	精确显著性（单侧）	点概率
皮尔逊卡方	50.169[a]	3	.000	.000		
似然比	55.092	3	.000	.000		
费希尔精确检验	53.818			.000		
线性关联	22.028[b]	1	.000	.000	.000	.000
有效个案数	167					

a. 0 个单元格 (0.0%) 的期望计数小于 5。最小期望计数为 15.61。
b. 标准化统计为 4.693。

图 4.41　卡方检验的结果

Step 4：在确定了不同性别的学生在所选专业上存在显著性差异后，可以进行事后检验，分析显著性差异出现在哪里。若性别与所选专业间不存在显著相关性，则不需要进行 Step 4 的事后检验。

（1）在菜单中依次选择"分析"→"描述统计"→"交叉表"。

（2）重新进行一次检验，在单击"单元格"按钮所弹出的设置页面中，选中"比较列比例"和"调整 p 值（邦弗伦尼法）"（可参考图 4.19）。

Step 5：事后检验的结果。

如图 4.42 所示，对于男性与女性这两个样本组，如果他们在某个专业的人数比例右下角标号相同（如在 Anthropology（人类学）专业上，标号都为 a），说明男性与女性在这个专业上的选择人数比例没有显著性差异；如果在某个专业的人数比例右下角标号不同（如在 Psychology（心理学）专业上，女性标号为 a，男性标号为 b），则说明男性与女性在这个专业的选择人数比例有显著性差异。

因此，本例中男性选择 Psychology、Economy（经济学）、Sociology（社会学）专业的比例，与女性选择这些专业的比例有显著性差异，但他们在 Anthropology 专业的选择上没有显著性差异。

Step 6：书写报告。

不同性别的学生在专业的选择上存在显著性差异，$\chi^2(3) = 50.169$，$p < 0.001$。具体的，女性选择 Psychology 专业的人数最多，占 61.4%，选择 Economy 专业的最少，只有 8.0%。男性的情况正好相反，选择 Economy 专业的人数最多，占 35.4%，选择 Psychology 专业的人数最少，只有 10.1%。男性与女性在 Anthropology 专业的选择比例上没有显著性差异。

What's currently your (primary) major? * What's your gender? 交叉表

占 What's your gender? 的百分比

		What's your gender? female	What's your gender? male	总计
What's currently your (primary) major?	Psychology	61.4%a	10.1%b	37.1%
	Economy	8.0%a	35.4%b	21.0%
	Sociology	13.6%a	26.6%b	19.8%
	Anthropology	17.0%a	27.8%a	22.2%
总计		100.0%	100.0%	100.0%

每个下标字母都指示 What's your gender? 类别的子集，在 .05 级别，这些类别的列比例相互之间无显著差异。

图 4.42　事后检验的结果

4.2.2　三个或更多独立样本组

如果组间实验中有一个自变量，它将整个样本集划分为三个或更多独立样本组（自变量为多分类型），每个样本组中的数据也属于无序多分类型（因变量也为无序多分类型），如图 4.43 所示。若要分析这些样本组的构成比是否存在差异，可以考虑使用 **R×C 卡方检验**（R×C Chi-square test）。与其他卡方检验一样，R×C 卡方检验检测的也是各样本组中不同因变量取值的比例是否有显著性差异。R×C 卡方检验的使用条件和零假设如表 4.6 所示。

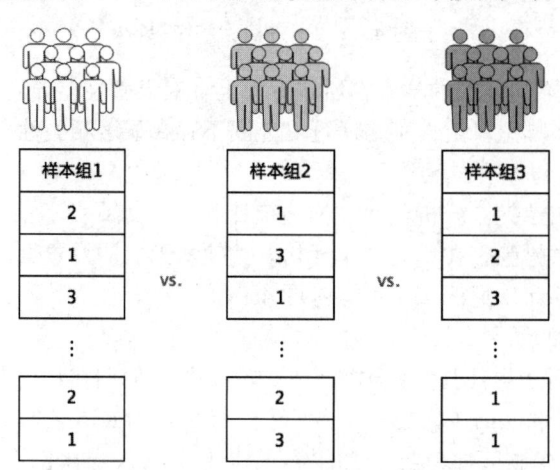

图 4.43　三个独立样本组在一个无序多分类型指标上的差异性分析

表 4.6　R×C 卡方检验的使用条件和零假设

使用条件	（1）组间实验。 （2）只有一个自变量，为多分类型，即有三个或更多独立样本组。 （3）只有一个因变量，为多分类型，即每个样本组中都是无序多分类型数据。 （4）样本量足够大：若不存在期望计数小于 5 的情况（不需要另外检测，在 SPSS 中进行交叉表分析时，会自动进行期望计数的检测），以皮尔逊卡方检验结果为准；否则，以费希尔精确检验（Fisher's exact test）结果为准。
零假设	$H_0: P_1 = P_2 = P_3 = \cdots$。其中，$P_n$ 为第 n 个样本组的构成比

例 11：研究者统计了 333 名客人的类型（单身男性、单身女性、已婚未育、已婚已育）与所购香水的类型（Type I、Type II、Type III、Type IV），数据存放在 RCChiSquare.sav 中。现在要研究：不同类型的客户在选择购买的香水上，是否存在显著性差异？

分析过程：

Step 1：自变量为客户的类型（buyer_type），是多分类型；因变量为所购香水的类型（perfume_type），也是多分类型。

Step 2：在菜单中依次选择"分析"→"描述统计"→"交叉表"，如图 4.44 所示。

（1）将自变量 buyer_type 选入"列"，将因变量 perfume_type 选入"行"。

（2）单击"精确"按钮，在弹出界面选中"精确"。

（3）单击"统计"按钮，在弹出界面选中"卡方"。

（4）单击"单元格"按钮，在弹出界面选中"实测"和"期望"。

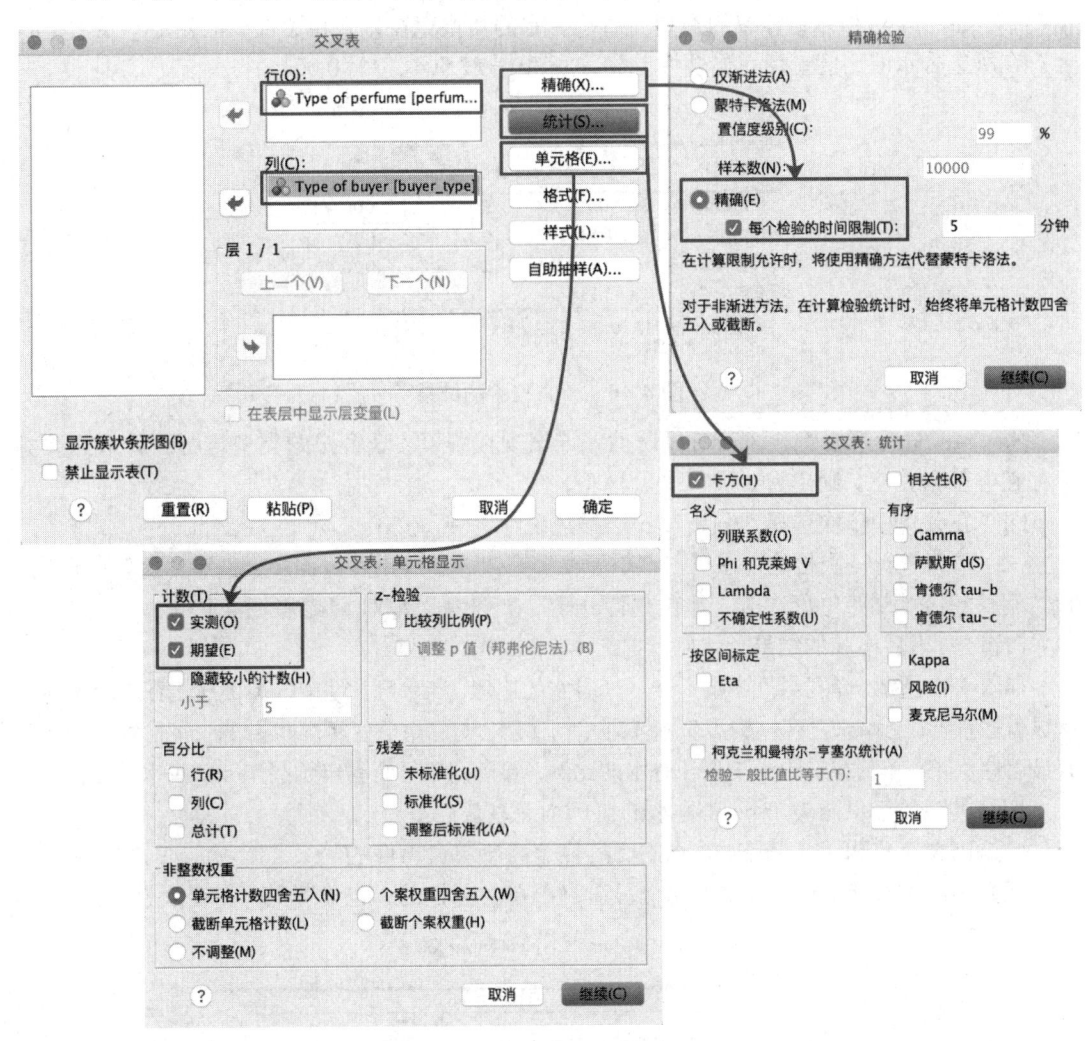

图 4.44　R×C 卡方检验的设置

Step 3：结果分析。

（1）以交叉表形式输出每个分类的样本数以及期望计数。如图 4.45 所示，在本例中没有期望计数小于 5 的样本组，满足 R×C 卡方检验使用条件中对期望计数的要求。

- 129 -

Type of perfume * Type of buyer 交叉表

			Type of buyer				总计
			Single male	Single female	Married couple	Family	
Type of perfume	Type I	计数	40	30	16	10	96
		期望计数	19.6	16.4	29.1	30.8	96.0
	Type II	计数	4	4	14	16	38
		期望计数	7.8	6.5	11.5	12.2	38.0
	Type III	计数	8	16	26	42	92
		期望计数	18.8	15.7	27.9	29.6	92.0
	Type IV	计数	16	7	45	39	107
		期望计数	21.8	18.3	32.5	34.4	107.0
总计		计数	68	57	101	107	333
		期望计数	68.0	57.0	101.0	107.0	333.0

图 4.45 交叉表

（2）鉴于样本组的最小期望计数都大于 5，所以可以直接以皮尔逊卡方检验的结果为准。本例中，如图 4.46 所示，客户的类型与所购香水的类型存在显著相关性，也就是不同类型的客户在所选香水的比例上存在显著性差异，$\chi^2(9) = 82.504$，$p < 0.001$。

卡方检验

	值	自由度	渐进显著性（双侧）
皮尔逊卡方	82.504[a]	9	.000
似然比	84.873	9	.000
线性关联	44.754	1	.000
有效个案数	333		

a. 0 个单元格 (0.0%) 的期望计数小于 5。最小期望计数为 6.50。

图 4.46 卡方检验的结果

Step 4：进行事后检验，分析显著性差异出现在哪里。若客户的类型与所购香水的类型不存在显著相关性，则不需要进行事后检验。

（1）在菜单中依次选择"分析"→"描述统计"→"交叉表"。

（2）重新进行一次检验，在单击"单元格"按钮弹出的设置页面中，选中"比较列比例"和"调整 p 值（邦弗伦尼法）"，并在"百分比"中选中"列"（可参考图 4.19）。

Step 5：事后检验的结果。

如图 4.47 所示，单身男性中购买 Type I 香水的比例，与单身女性中购买 Type I 香水的比例没有显著性差异；已婚未育客户购买 Type I 香水的比例，与已婚已育客户购买 Type I 香水的比例没有显著性差异；单身客户购买 Type I 香水的比例，显著高于已婚客户购买 Type I 香水的比例。

四种类型的客户购买 Type II 香水的比例均无显著性差异。

已婚已育客户购买 Type III 香水的比例显著高于单身男性的。

已婚客户购买 Type IV 香水的比例显著高于单身男性的，也显著高于单身女性的。

Type of perfume * Type of buyer 交叉表

占 Type of buyer 的百分比

		Type of buyer				总计
		Single male	Single female	Married couple	Family	
Type of perfume	Type I	58.8%a	52.6%a	15.8%b	9.3%b	28.8%
	Type II	5.9%a	7.0%a	13.9%a	15.0%a	11.4%
	Type III	11.8%a	28.1%a, b	25.7%a, b	39.3%b	27.6%
	Type IV	23.5%a, b	12.3%b	44.6%c	36.4%a, c	32.1%
总计		100.0%	100.0%	100.0%	100.0%	100.0%

每个下标字母都指示 Type of buyer 类别的子集，在 .05 级别，这些类别的列比例相互之间无显著差异。

图 4.47 事后检验的结果

例 12：Tan 等在一项关于飞机座椅的研究中，研究了乘客在飞行过程中的姿态与所选座位之间是否存在关联[3]。他们将飞机上的座位分为三种：靠近窗、靠近走廊、在中间，并根据乘客头部和躯干部位的朝向，将乘客在飞行过程中的姿态分为七种。他们将座位与姿态进行了交叉表分析，通过 R×C 卡方检验得到结论：乘客所选的座位会显著影响其飞行过程中的姿态，$\chi^2(10) = 43.332$，$p < 0.001$（详细内容参见本章参考文献[3]）。

参考文献

[1] Anna-Maria Velentza, Nikolaos Fachantidis, Sofia Pliasa. Which One? Choosing Favorite Robot After Different Styles of Storytelling and Robots' Conversation [J]. Frontiers in Robotics and AI, 2021: 244.

[2] Takanori Komatsu, Seiji Yamada. How does the agents' appearance affect users' interpretation of the agents' attitudes: Experimental investigation on expressing the same artificial sounds from agents with different appearances [J]. Intl. Journal of Human-Computer Interaction, 2011, 27(3): 260-279.

[3] Chee Fai Tan, Wei Chen, Matthias Rauterberg. Evaluation for smart air travel support system [M]. London: Institution of Engineering and Technology (IET), 2019.

第5章
差异性分析Ⅲ——在多个连续型指标上

前两章讨论的都是不同的样本组在一个指标上是否存在差异性,即只有一个因变量的情况。但在实际中,经常需要分析不同样本组在**多个指标构成的总体**上是否存在差异性。例如,研究使用了某种辅助设备的用户,与没有使用这种辅助设备的用户相比,其生活质量是否得到了提高。但"生活质量"仅靠一个指标是无法描述清楚的,通常需要从健康状况、社交质量、个人发展等多个角度去进行测量。将这些测量结果综合起来,才能反应某个用户的生活质量。如本章参考文献[1]中QOLS量表共用了15个题项,从5个不同的角度去测量一个人的生活质量。每个题项都是反映人生活质量的一个指标。因此,这个问题就可归纳为:分析使用了某种辅助设备的用户,与没有使用这种辅助设备的用户,在 15 个 QOLS 题项的**总体**上是否存在显著性差异。

这种分析不同样本组在多个指标形成的总体上是否有差异的问题,在设计学、心理学等的研究中尤为常见,可采用 MANOVA 检验(Multivariate analysis of variance test)进行分析。MANOVA 检验可以看成是 ANOVA 检验的扩展,即将一个因变量扩展成一组因变量。根据自变量的个数,MANOVA 检验可以分为 One-way MANOVA 检验、Two-way MANOVA 检验等。如果还存在协变量,则 MANOVA 检验可进一步扩展为 MANCOVA 检验(Multivariate analysis of covariance)。MANCOVA 检验融合了 MANOVA 检验和 ANCOVA 检验的特点,在掌握 MANOVA 检验方法后,结合 3.7 节中的 ANCOVA 检验方法就可进行分析。本章不再举例讲解 MANCOVA 检验的具体步骤,MANCOVA 检验的实际应用案例可参考本章参考文献[2]。

5.1 只有一个自变量

当需要对由一个自变量划分形成的两个或多个独立样本组，在多个因变量形成的总体上进行差异性分析时，首先应该考虑使用 One-way MANOVA 检验，其使用条件和零假设如表 5.1 所示。

表 5.1 One-way MANOVA 检验的使用条件和零假设

使用条件	（1）组间实验。 （2）只有一个自变量，为二分类型或多分类型。 （3）有两个或多个因变量，为连续型或者由李克特量表测得。同一个样本组内部，数据互相独立。 （4）由自变量划分形成的每个样本组中，在每个因变量上都符合正态分布（实际应用中，因为 One-way MANOVA 检验的鲁棒性很强，所以即使样本组不符合正态分布要求，一般也并不影响检验的效果，但在报告中应指出这一情况）。 （5）各样本组符合协方差矩阵等同性要求［不需要额外操作，在 One-way MANOVA 检验中会自动使用 Box 检验（Box's M test）进行这项检查。而且如果各样本组的样本量近似，即使不满足协方差矩阵等同性要求，一般对检验结果影响也不大］。 （6）由自变量划分形成的每个样本组中，所有因变量之间有中等程度的相关性，且无多重共线性。 （7）由自变量划分形成的每个样本组中，其样本量不能小于因变量的个数。 （8）由自变量划分形成的每个样本组中，没有极端异常值。 （9）由自变量划分形成的每个样本组中，不存在所有因变量组合上的异常值
零假设	（1）该自变量对因变量总体没有显著性影响。 （2）该自变量对每个因变量都没有显著性影响

在这些使用条件中，条件（6）要求所有因变量之间无多重共线性。事实上，之所以能将多个因变量放在一起作为一个整体，来分析自变量对这个整体是否有显著性影响，是因为这些因变量之间互相是有一定的相关性的。如果这些因变量之间完全没有相关性，则使用 One-way ANOVA 检验对每个因变量进行分析更合适；但是如果这些因变量之间有太强的相关性（如相关系数大于 0.9，参见第 6 章），那么它们几乎可以看作一个因变量，也就是有共线性，此时使用 MANOVA 检验也是不合适的。

此外，条件（9）"不存在所有因变量组合上的异常值"，指的是在所有因变量组成的整体上，不能有异常值。可以使用马氏距离（Mahalanobis distance）来判断是否存在异常值，具体操作参见本章例 1。马氏距离测量的是每个样本与样本中心的距离。针对不同数量的因变量，其异常值的判定阈值如表 5.2 所示[3]。例如，对于含有三个因变量的问题，如果每个个案的马氏距离均小于 16.27，表明不存在所有因变量组合上的异常值；如果有某个个案的马氏距离大于 16.27，它就是异常值，需要删除后再进行分析。

表 5.2　马氏距离异常值的判定阈值

因变量的个数	2	3	4	5	6	7	8	9
阈值	13.82	16.27	18.47	20.52	22.46	24.32	26.13	27.88

以有一个自变量 A、两个因变量 B 和 C 的差异性分析为例，One-way MANOVA 检验的分析过程如图 5.1 所示。即，当满足所有 One-way MANOVA 检验的使用条件后，应判断自变量 A 对因变量 B 和 C 的整体是否有显著性影响，也就是判断由自变量 A 划分形成的样本组之间，在因变量 B 和 C 的整体上是否有显著性差异。如果自变量 A 对因变量 B 和 C 的整体有显著性影响，可进一步分别判断自变量 A 是否对因变量 B 有显著性影响，以及自变量 A 是否对因变量 C 有显著性影响。如果结果显示自变量 A 对因变量 B 或 C 有显著性影响，而自变量 A 又有三个或三个以上取值，也就是说自变量 A 有三个或更多样本组，则可进行事后检验，以了解这种显著性影响究竟发生在哪两个样本组之间。

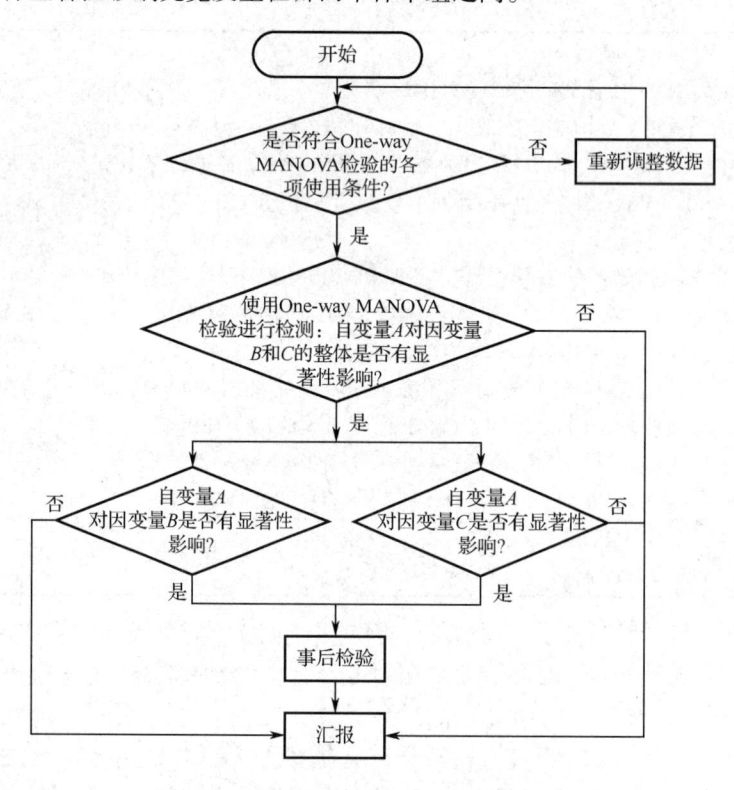

图 5.1　One-way MANOVA 检验的分析过程

例 1：从三个学校中分别选出 20 名学生，对他们进行数学以及英语考试，数据存放在 MANOVA1.sav 中。现在要求分析：不同学校学生的成绩是否有差异？

分析过程：

Step 1：学生所在的学校为自变量，有三个取值，即三个学校；数学成绩和英语成绩分别为两个连续型的因变量。现在需要分析的是：三个学校的学生在数学与英语总体成绩上是否存在显著性差异？

Step 2：检查样本组是否符合 One-way MANOVA 检验的使用条件。

（1）每个样本组的样本量不能小于因变量的个数。

由图 5.2 所示的频率分析的结果可知，本例中每个样本组的样本量均为 20，而因变量的个数为 2，因此符合要求。

School

		频率	百分比	有效百分比	累积百分比
有效	School A	20	33.3	33.3	33.3
	School B	20	33.3	33.3	66.7
	School C	20	33.3	33.3	100.0
	总计	60	100.0	100.0	

图 5.2　频率分析的结果

（2）各样本组是否符合正态分布，且没有极端异常值。

首先，按自变量将数据集划分成三个样本组，即在菜单中依次选择"数据"→"拆分文件"。按图 5.3 所示，选中"比较组"，并将自变量 School 选入"分组依据"，单击"确定"按钮。

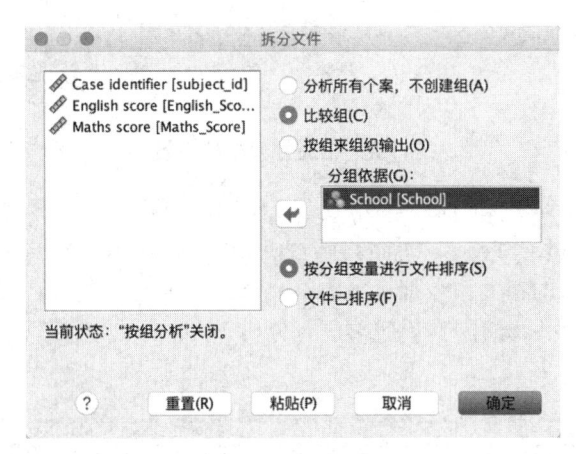

图 5.3　拆分文件

其次，按第 2 章例 4 中的步骤进行正态性和异常值检验。在菜单中依次选择"分析"→"描述统计"→"探索"，将因变量 English_Score 和 Maths_Score 选入"因变量列表"。正态性检验的结果如图 5.4 所示（异常值检验的箱图，此处省略）。可以看到，所有样本组均符合正态性要求，也没有极端异常值。

正态性检验

		柯尔莫戈洛夫-斯米诺夫[a]			夏皮洛-威尔克		
School		统计	自由度	显著性	统计	自由度	显著性
School A	English score	.118	20	.200*	.951	20	.386
	Maths score	.136	20	.200*	.951	20	.390
School B	English score	.136	20	.200*	.921	20	.105
	Maths score	.099	20	.200*	.961	20	.558
School C	English score	.148	20	.200*	.958	20	.502
	Maths score	.140	20	.200*	.970	20	.762

*. 这是真显著性的下限。
a. 里利氏显著性修正

图 5.4　正态性检验的结果

（3）每个样本组中，因变量之间有相关性，但无多重共线性（后面简称为共线性）。

通过对因变量 English_Score 和 Maths_Score 进行相关性分析，可以知道它们之间的相关程度。在菜单中依次选择"分析"→"相关"→"双变量"。如图5.5所示，将因变量English_Score 和Maths_Score选入"变量"，并选中"皮尔逊"。

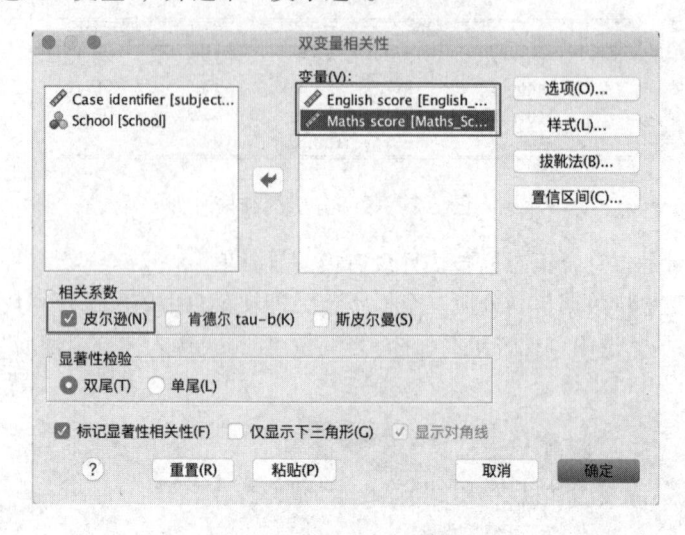

图 5.5　相关性分析的设置

相关性分析的结果如图5.6所示。可见，在School A 和School B 这两个样本组中，因变量 English_Score 和 Maths_Score 之间都有显著相关性；在 School C 这个样本组中，相关性略弱。但是这三个样本组的相关系数都远没有达到 0.9，即无共线性（如果此处发现因变量之间有共线性，删除一个共线的因变量后再进行分析）。

相关性

School			English score	Maths score
School A	English score	皮尔逊相关性	1	.568**
		显著性（双尾）		.009
		个案数	20	20
	Maths score	皮尔逊相关性	.568**	1
		显著性（双尾）	.009	
		个案数	20	20
School B	English score	皮尔逊相关性	1	-.568**
		显著性（双尾）		.009
		个案数	20	20
	Maths score	皮尔逊相关性	-.568**	1
		显著性（双尾）	.009	
		个案数	20	20
School C	English score	皮尔逊相关性	1	.114
		显著性（双尾）		.633
		个案数	20	20
	Maths score	皮尔逊相关性	.114	1
		显著性（双尾）	.633	
		个案数	20	20

**. 在 0.01 级别（双尾），相关性显著。

图 5.6　相关性分析的结果

（4）不存在所有因变量组合上的异常值。

在菜单中依次选择"分析"→"回归"→"线性"。按图5.7所示，将因变量English_Score 和Maths_Score选入"自变量"，将subject_id选入"因变量"。单击"保存"按钮，在弹出界面选中"马氏距离"。

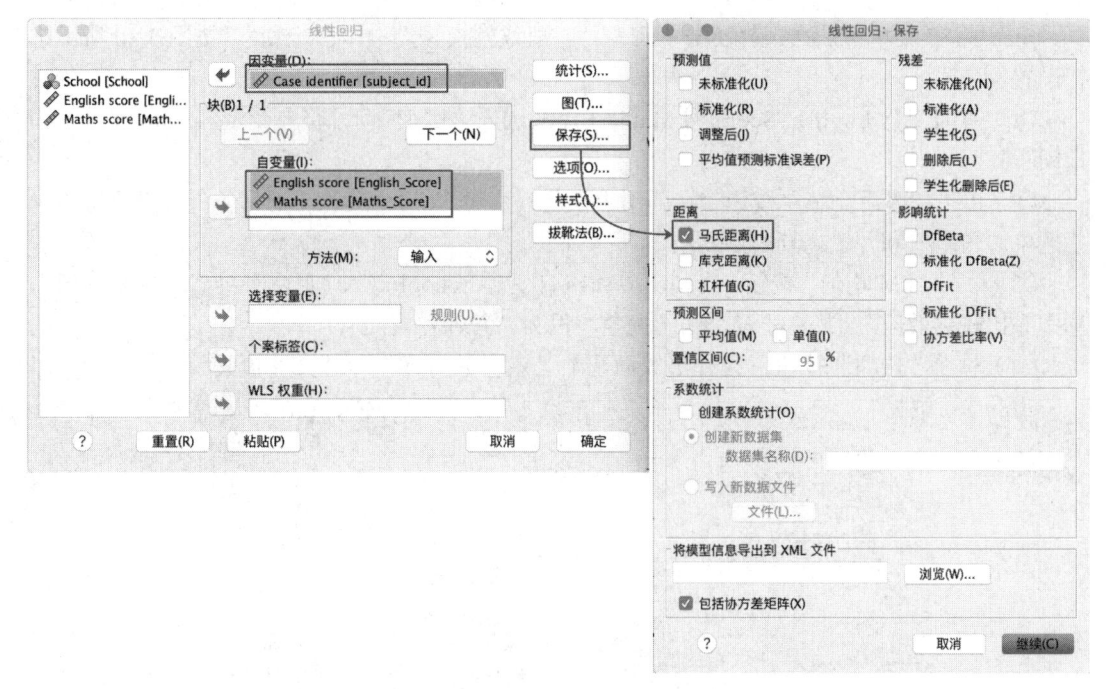

图 5.7 计算马氏距离

运行之后，在原数据表中会出现新的一列，名为 MAH_1，其中存放的是每个个案的马氏距离。对此列进行描述性统计分析，如图 5.8 所示，可以发现每个样本组中马氏距离的最大值都小于表 5.2 中的阈值 13.82，即每个样本组中都不存在所有因变量组合上的异常值（如果此处发现存在异常值，删除异常值后再继续后续操作）。

描述统计

School		N	最小值	最大值
School A	Mahalanobis Distance	20	.25084	5.96799
	有效个案数（成列）	20		
School B	Mahalanobis Distance	20	.11254	6.27052
	有效个案数（成列）	20		
School C	Mahalanobis Distance	20	.08544	6.67463
	有效个案数（成列）	20		

图 5.8 马氏距离的结果

（5）至此可以确定，样本组满足 One-way MANOVA 检验的使用条件。为了进行后续分析，在菜单中依次选择"数据"→"拆分文件"，按图 5.9 所示，取消分组。

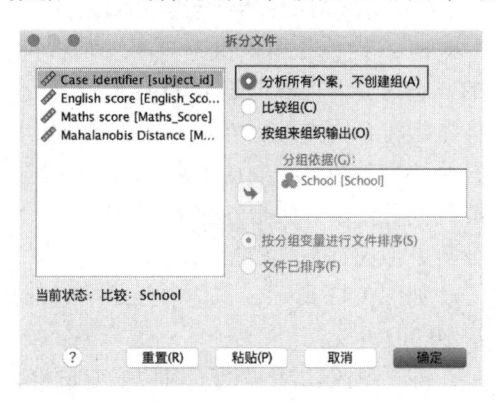

图 5.9 取消分组

— 137 —

Step 3：在菜单中依次选择"分析"→"一般线性模型"→"多变量"，按图 5.10 所示进行设置。

（1）将因变量 English_Score 和 Maths_Score 选入"因变量"，将自变量 School 选入"固定因子"。

（2）单击"事后比较"按钮，在弹出界面将自变量 School 选入"下列各项的事后检验"，并选中"图基"和"盖姆斯-豪厄尔"。

（3）单击"EM 均值"按钮，在弹出界面将自变量 School 选入"显示下列各项的平均值"，选中"比较主效应"，并将"置信区间调整"设为"邦弗伦尼"。

（4）单击"选项"按钮，在弹出界面选中"效应量估算"和"齐性检验"。

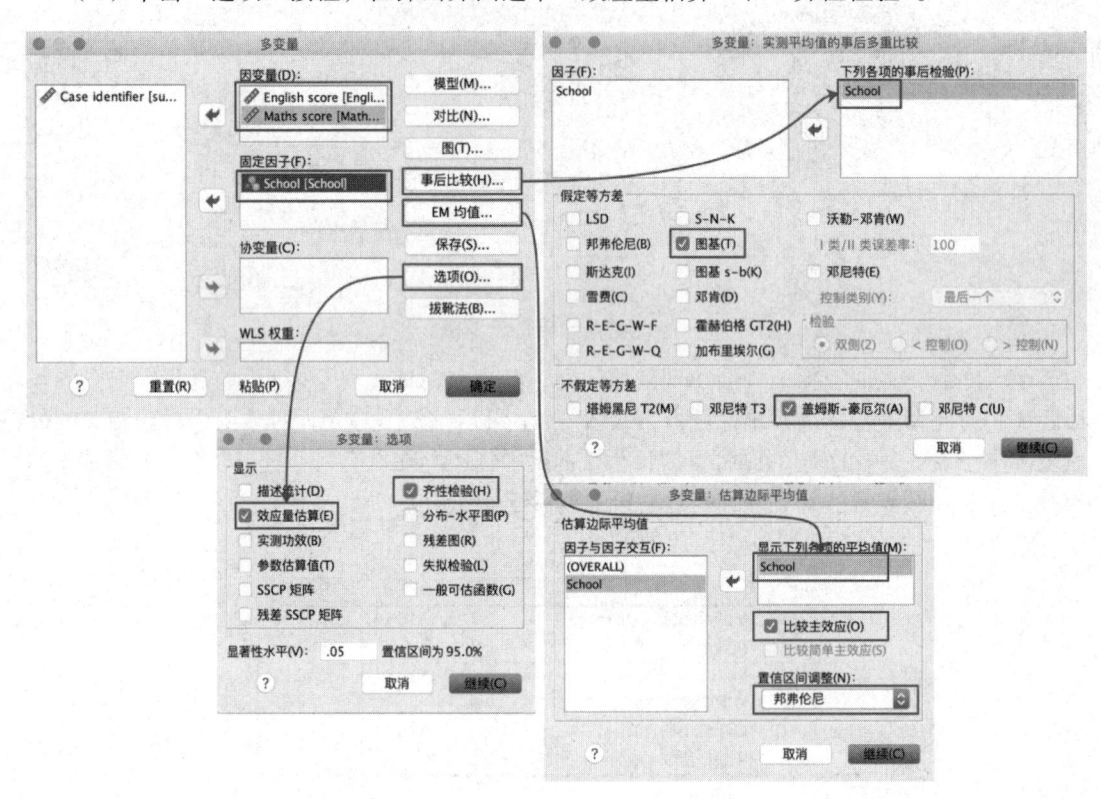

图 5.10 One-way MANOVA 检验的设置

Step 4：结果分析。

（1）查看样本组是否符合 One-way MANOVA 检验使用条件中的协方差矩阵等同性要求。Box 检验是用来检查样本组是否符合协方差矩阵等同性要求的，它的显著性标准是 0.001。即，如果结果显示 $p > 0.001$，说明样本组符合协方差矩阵等同性要求；如果 $p < 0.001$，表示样本组不符合协方差矩阵等同性要求（如果此处显示样本组不符合协方差矩阵等同性要求，但是各样本组的样本量非常接近，那么不影响继续分析，但应在报告中指出）。

如图 5.11 所示，本例中各样本组符合协方差矩阵等同性要求，$p = 0.003$。

（2）图 5.12 中提供了四种多变量检验方法的结果。其中，比莱轨迹（Pillai's Trace）和威尔克 Lambda（Wilks' Lambda）最为常用。

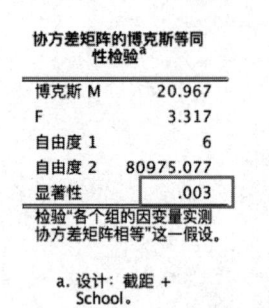

图 5.11 Box 检验的结果

当各样本组中的样本量不一样时，比莱轨迹比威尔克 Lambda 的鲁棒性更强。其余情况下，推荐使用威尔克 Lambda。

本例中，自变量 School 对因变量 English_Score 和 Maths_Score 形成的整体有显著性影响，$F(4, 112) = 17.675$，$p < 0.001$，Wilks' Λ = 0.376，效应量 $\eta_p^2 = 0.387$。

多变量检验^a

效应		值	F	假设自由度	误差自由度	显著性	偏 Eta 平方
截距	比莱轨迹	.992	3389.409^b	2.000	56.000	.000	.992
	威尔克 Lambda	.008	3389.409^b	2.000	56.000	.000	.992
	霍特林轨迹	121.050	3389.409^b	2.000	56.000	.000	.992
	罗伊最大根	121.050	3389.409^b	2.000	56.000	.000	.992
School	比莱轨迹	.686	14.881	4.000	114.000	.000	.343
	威尔克 Lambda	.376	17.675^b	4.000	112.000	.000	.387
	霍特林轨迹	1.496	20.575	4.000	110.000	.000	.428
	罗伊最大根	1.377	39.239^c	2.000	57.000	.000	.579

a. 设计：截距 + School
b. 精确统计
c. 此统计是生成显著性水平下限的 F 的上限。

图 5.12　多变量检验的结果

（3）确定了自变量 School 对因变量 English_Score 和 Maths_Score 形成的整体有显著性影响后，可进一步分析自变量对每个因变量分别有什么样的影响。

如图 5.13 所示，自变量 School 对因变量 English_Score 有显著性影响，$F(2, 57) = 30.875$，$p < 0.001$，效应量 $\eta_p^2 = 0.520$；自变量 School 对因变量 Maths_Score 也有显著性影响，$F(2, 57) = 14.295$，$p < 0.001$，效应量 $\eta_p^2 = 0.334$。

主体间效应检验

源	因变量	III 类平方和	自由度	均方	F	显著性	偏 Eta 平方
修正模型	English score	2733.633^a	2	1366.817	30.875	.000	.520
	Maths score	1885.633^b	2	942.817	14.295	.000	.334
截距	English score	263874.017	1	263874.017	5960.655	.000	.991
	Maths score	88781.067	1	88781.067	1346.134	.000	.959
School	English score	2733.633	2	1366.817	30.875	.000	.520
	Maths score	1885.633	2	942.817	14.295	.000	.334
误差	English score	2523.350	57	44.269			
	Maths score	3759.300	57	65.953			
总计	English score	269131.000	60				
	Maths score	94426.000	60				
修正后总计	English score	5256.983	59				
	Maths score	5644.933	59				

a. R 方 = .520（调整后 R 方 = .503）
b. R 方 = .334（调整后 R 方 = .311）

图 5.13　主体间效应检验的结果

（4）自变量对每个因变量都有显著性影响，而自变量 School 是一个多分类型的自变量，所以需要进行事后检验，其结果如图 5.14 所示。本例中，School A 与 School B、School A 与 School C，它们在因变量 English_Score 上都有显著性差异，$p < 0.001$；School B 与 School C 之间，在因变量 English_Score 上没有显著性差异，$p = 0.169$；School A 与 School C（$p < 0.001$）、School B 与 School C 之间（$p = 0.001$），在因变量 Maths_Score 上都有显著性差异；而 School A 与 School B 之间，在因变量 Maths_Score 上没有显著性差异，$p = 0.443$。

多重比较

因变量		(I) School	(J) School	平均值差值 (I-J)	标准误差	显著性	95% 置信区间 下限	上限
English score	图基 HSD	School A	School B	12.00*	2.104	.000	6.94	17.06
			School C	15.85*	2.104	.000	10.79	20.91
		School B	School A	-12.00*	2.104	.000	-17.06	-6.94
			School C	3.85	2.104	.169	-1.21	8.91
		School C	School A	-15.85*	2.104	.000	-20.91	-10.79
			School B	-3.85	2.104	.169	-8.91	1.21
	盖姆斯-豪厄尔	School A	School B	12.00*	2.363	.000	6.23	17.77
			School C	15.85*	2.108	.000	10.65	21.05
		School B	School A	-12.00*	2.363	.000	-17.77	-6.23
			School C	3.85	1.804	.098	-.57	8.27
		School C	School A	-15.85*	2.108	.000	-21.05	-10.65
			School B	-3.85	1.804	.098	-8.27	.57
Maths score	图基 HSD	School A	School B	3.15	2.568	.443	-3.03	9.33
			School C	13.15*	2.568	.000	6.97	19.33
		School B	School A	-3.15	2.568	.443	-9.33	3.03
			School C	10.00*	2.568	.001	3.82	16.18
		School C	School A	-13.15*	2.568	.000	-19.33	-6.97
			School B	-10.00*	2.568	.001	-16.18	-3.82
	盖姆斯-豪厄尔	School A	School B	3.15	2.630	.462	-3.26	9.56
			School C	13.15*	2.562	.000	6.90	19.40
		School B	School A	-3.15	2.630	.462	-9.56	3.26
			School C	10.00*	2.512	.001	3.87	16.13
		School C	School A	-13.15*	2.562	.000	-19.40	-6.90
			School B	-10.00*	2.512	.001	-16.13	-3.87

基于实测平均值。
误差项是均方（误差） = 65.953。
*. 平均值差值的显著性水平为 0.05。

图 5.14 事后检验的结果

Step 5：书写报告。

不同学校的学生在数学和英语整体成绩上有显著性差异，$F(4, 112) = 17.675$，$p < 0.001$，Wilks' $\Lambda = 0.376$，效应量 $\eta_p^2 = 0.387$。

单独来看，不同学校的学生在英语成绩上有显著性差异，$F(2, 57) = 30.875$，$p < 0.001$，效应量 $\eta_p^2 = 0.520$。具体的，School A 的学生的英语成绩显著高于 School B 的学生的，$p < 0.001$；School A 的学生的英语成绩也显著高于 School C 的学生的，$p < 0.001$；School B 与 School C 的学生的英语成绩并没有显著性差异，$p = 0.169$。

不同学校的学生在数学成绩上也有显著性差异，$F(2, 57) = 14.295$，$p < 0.001$，效应量 $\eta_p^2 = 0.334$。具体的，School A 的学生的数学成绩显著高于 School C 的学生的，$p < 0.001$；School B 的学生的数学成绩也显著高于 School C 的学生的，$p = 0.001$；School A 与 School B 的学生的数学成绩并没有显著性差异，$p = 0.443$。

例 2：Karjanto 等研究了驾驶员的性别（Gender）、年龄（Age）、驾驶经验（Experience）对驾驶风格的影响[4]。在该项研究中，研究者首先通过主成分分析等方法形成了一个描述驾驶风格的量表 MDSI，其次分别用性别、年龄、驾驶经验作为自变量，对 MDSI 进行三次 MANOVA 检验，结果如图 5.15 所示。该结果表明，这三个自变量都会对 MDSI 整体产生显著性影响（详细内容参见本章参考文献[4]）。

	Gender	Age	Experience
Malaysian MDSI factors	$F(4,333) = 4.089$, $p < 0.05$ ($p = 0.003$)	$F(8,664) = 2.855$, $p < 0.05$ ($p = 0.004$)	$F(8,664) = 2.480$, $p < 0.05$ ($p = 0.012$)

图 5.15 本章参考文献[4]中的 MANOVA 检验的结果

5.2 有两个或多个自变量

当需要对由两个或多个自变量划分形成的多个独立样本组，在多个因变量形成的总体上进行差异性分析时，可以考虑使用 *N*-way MANOVA 检验，*N* 表示自变量的个数。以 Two-way MANOVA 检验为例，其使用条件和零假设如表 5.3 所示。

表 5.3 Two-way MANOVA 检验的使用条件和零假设

使用条件	（1）组间实验。 （2）有两个自变量，为二分类型或多分类型。 （3）有两个或更多因变量，为连续型或者由李克特量表测得。同一个样本组内部，数据互相独立。 （4）由自变量划分形成的每个样本组中，在每个因变量上都符合正态分布（实际应用中，因为 Two-way MANOVA 检验的鲁棒性很强，所以即使样本组不符合正态分布要求，一般并不影响检验的效果，但在报中应指出这一情况）。 （5）各样本组符合协方差矩阵等同性要求［不需要额外操作，在 Two-way MANOVA 检验中会自动使用 Box 检验（Box's M test）进行这项检查。而且如果各样本组的样本量近似，即使不满足协方差矩阵等同性要求，一般对检验的结果影响也不大］。 （6）由自变量划分形成的每个样本组中，所有因变量之间有中等程度的相关性，但无多重共线性。 （7）由自变量划分形成的每个样本组中，其样本量不能小于因变量的个数。 （8）由自变量划分形成的每个样本组中，没有极端异常值。 （9）由自变量划分形成的每个样本组中，不存在所有因变量组合上的异常值
零假设	（1）这两个自变量对因变量的组合没有交互影响。 （2）每个自变量对因变量的组合都没有显著性影响

同 One-way MANOVA 检验一样，Two-way MANOVA 检验也适用于组间实验[5]，也就是说不同组的被试者不能有交集。Two-way MANOVA 检验的分析过程与 Two-way ANOVA 检验的分析过程有相似之处，也需要首先判断自变量对因变量是否存在交互作用。但与 Two-way ANOVA 检验不同的是，Two-way MANOVA 检验判断的是两个自变量对因变量的组合是否存在交互影响。

例 3：使用三种训练方式（Intervention1、Intervention2、Intervention3）分别对三组运动员进行训练。每组运动员有 20 位，10 位是男性，10 位是女性。第一组运动员使用第一种训练方式，第二组和第三组运动员分别使用第二种和第三种训练方式。每组运动员在训练结束后都进行一场力量测试（Score1）和一场速度测试（Score2），数据存放在 MANOVA2.sav 中。现在要求分析：不同训练方式是否会对不同性别运动员的成绩产生显著性影响？

分析过程：

Step 1：训练方式为自变量（Intervention），共有三个取值：Intervention1、Intervention2、Intervention3。性别也是自变量（Gender），共有两个取值：男性、女性。运动员的成绩由两部分组成，力量测试的成绩（Score1）以及速度测试的成绩（Score2）。所以使用 Two-way

MANOVA 检验进行分析。

Step 2：检测样本组是否符合 Two-way MANOVA 检验的使用条件。

（1）每个样本组的样本量不能小于因变量的个数：

在菜单中依次选择"分析"→"描述统计"→"交叉表"，将变量 Intervention 和 Gender 分别选入"行"和"列"，则会得到如图 5.16 所示的交叉表。可以看到，由自变量 Gender 和 Intervention 划分形成的每个样本组的样本量均为 10，而因变量个数为 2，因此符合要求。

Type of intervention * Gender 交叉表

计数

		Gender Females	Gender Males	总计
Type of intervention	Intervention1	10	10	20
	Intervention2	10	10	20
	Intervention3	10	10	20
总计		30	30	60

图 5.16　交叉表

（2）各样本组是否符合正态分布，且没有极端异常值。

首先，根据自变量将数据集划分成各个样本组。在菜单中依次选择"数据"→"拆分文件"，如图 5.17 所示，选中"比较组"，并将所有自变量选入"分组依据"后，单击"确定"按钮。

其次，对划分后的每个样本组进行正态性检验。在菜单中依次选择"分析"→"描述统计"→"探索"，如图 5.18 所示，将因变量 Score1 和 Score2 选入"因变量列表"。正态性检验的结果如图 5.19 所示，可以看到，所有样本组均符合正态性要求，且没有极端异常值。

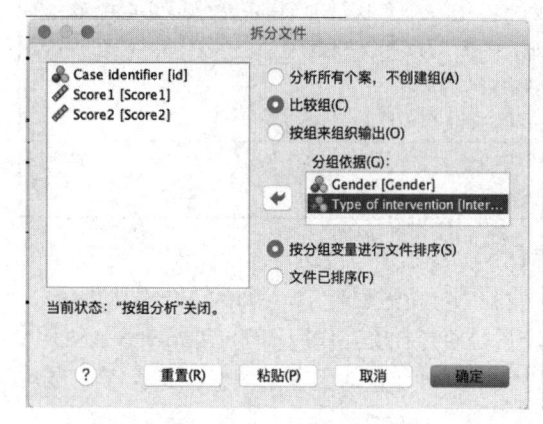

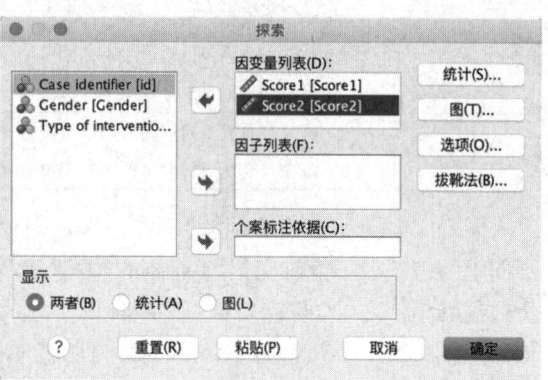

图 5.17　拆分数据　　　　图 5.18　正态性检验的设置

（3）各因变量之间无共线性。

通过对两个因变量进行相关性分析，可以知道它们之间是否有共线性。在菜单中依次选择"分析"→"相关"→"双变量"。参考图 5.5 中的设置，将因变量 Score1 和 Score2 选入"变量"，并选中"皮尔逊"。

相关性分析的结果如图 5.20 所示，可知在每个样本组中，因变量 Score1 和 Score2 之间的相关性系数没有出现大于 0.9 的，即没有共线情况（如果此处发现因变量之间有共线性，删除一个共线的因变量再进行后续分析）。

正态性检验

Type of intervention	Gender		柯尔莫戈洛夫-斯米诺夫[a]			夏皮洛-威尔克		
			统计	自由度	显著性	统计	自由度	显著性
Intervention1	Females	Score1	.159	10	.200[*]	.909	10	.276
		Score2	.166	10	.200[*]	.932	10	.471
	Males	Score1	.120	10	.200[*]	.978	10	.953
		Score2	.166	10	.200[*]	.932	10	.471
Intervention2	Females	Score1	.194	10	.200[*]	.901	10	.224
		Score2	.177	10	.200[*]	.936	10	.506
	Males	Score1	.161	10	.200[*]	.910	10	.283
		Score2	.121	10	.200[*]	.980	10	.964
Intervention3	Females	Score1	.147	10	.200[*]	.949	10	.657
		Score2	.139	10	.200[*]	.928	10	.426
	Males	Score1	.200	10	.200[*]	.911	10	.285
		Score2	.157	10	.200[*]	.983	10	.977

*. 这是真显著性的下限。
a. 里利氏显著性修正

图 5.19　正态性检验的结果

相关性

Gender	Type of intervention			Score1	Score2
Females	Intervention1	Score1	皮尔逊相关性	1	.534
			Sig. (双尾)		.112
			个案数	10	10
		Score2	皮尔逊相关性	.534	1
			Sig. (双尾)	.112	
			个案数	10	10
	Intervention2	Score1	皮尔逊相关性	1	-.851[**]
			Sig. (双尾)		.002
			个案数	10	10
		Score2	皮尔逊相关性	-.851[**]	1
			Sig. (双尾)	.002	
			个案数	10	10
	Intervention3	Score1	皮尔逊相关性	1	.492
			Sig. (双尾)		.148
			个案数	10	10
		Score2	皮尔逊相关性	.492	1
			Sig. (双尾)	.148	
			个案数	10	10

Gender	Type of intervention			Score1	Score2
Males	Intervention1	Score1	皮尔逊相关性	1	.620
			Sig. (双尾)		.056
			个案数	10	10
		Score2	皮尔逊相关性	.620	1
			Sig. (双尾)	.056	
			个案数	10	10
	Intervention2	Score1	皮尔逊相关性	1	-.614
			Sig. (双尾)		.059
			个案数	10	10
		Score2	皮尔逊相关性	-.614	1
			Sig. (双尾)	.059	
			个案数	10	10
	Intervention3	Score1	皮尔逊相关性	1	.721[*]
			Sig. (双尾)		.019
			个案数	10	10
		Score2	皮尔逊相关性	.721[*]	1
			Sig. (双尾)	.019	
			个案数	10	10

图 5.20　相关性分析的结果

（4）不存在所有因变量组合上的异常值。

在菜单中依次选择"分析"→"回归"→"线性"。按图 5.21 所示，将因变量 Score1 和 Score2 选入"自变量"，id 选入"因变量"。运行之后，在原数据表中会出现新的一列，名为 MAH_1，其中存放的是每个个案的马氏距离。本例中，此列最大值为 5.21，与表 5.2 中的阈值对比，可知本例中不存在所有因变量组合上的异常值。

在检查完马氏距离后，参照图 5.9 中的设置，取消分组，为后续分析做准备。

Step 3：经过 Step 2 的检查，确定可以使用 Two-way MANOVA 检验进行分析。因此，在菜单中依次选择"分析"→"一般线性模型"→"多变量"。按图 5.22 进行如下设置。

（1）将因变量 Score1 和 Score2 选入"因变量"，并将自变量 Intervention 和 Gender 选入"固定因子"。

（2）单击"事后比较"按钮，在弹出界面将自变量 Intervention 选入"下列各项的事后检验"，并选中"图基"（因自变量 Gender 只有两个取值，所以不需要进行事后检验）。

（3）单击"EM 均值"按钮，在弹出界面将自变量 Intervention、Gender、Gender*Intervention 选入"显示下列各项的平均值"，并选中"比较主效应"，将"置信区间调整"设置为"邦弗伦尼"。

（4）单击"选项"按钮，在弹出界面选中"描述统计""效应量估算""齐性检验"。

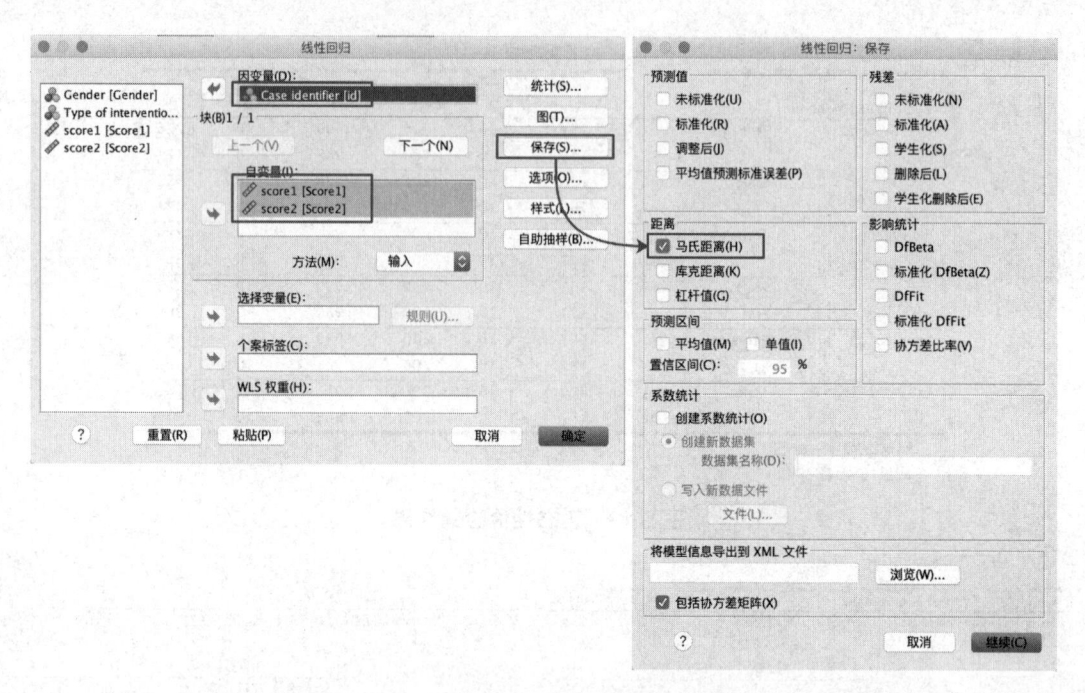

图 5.21　计算马氏距离

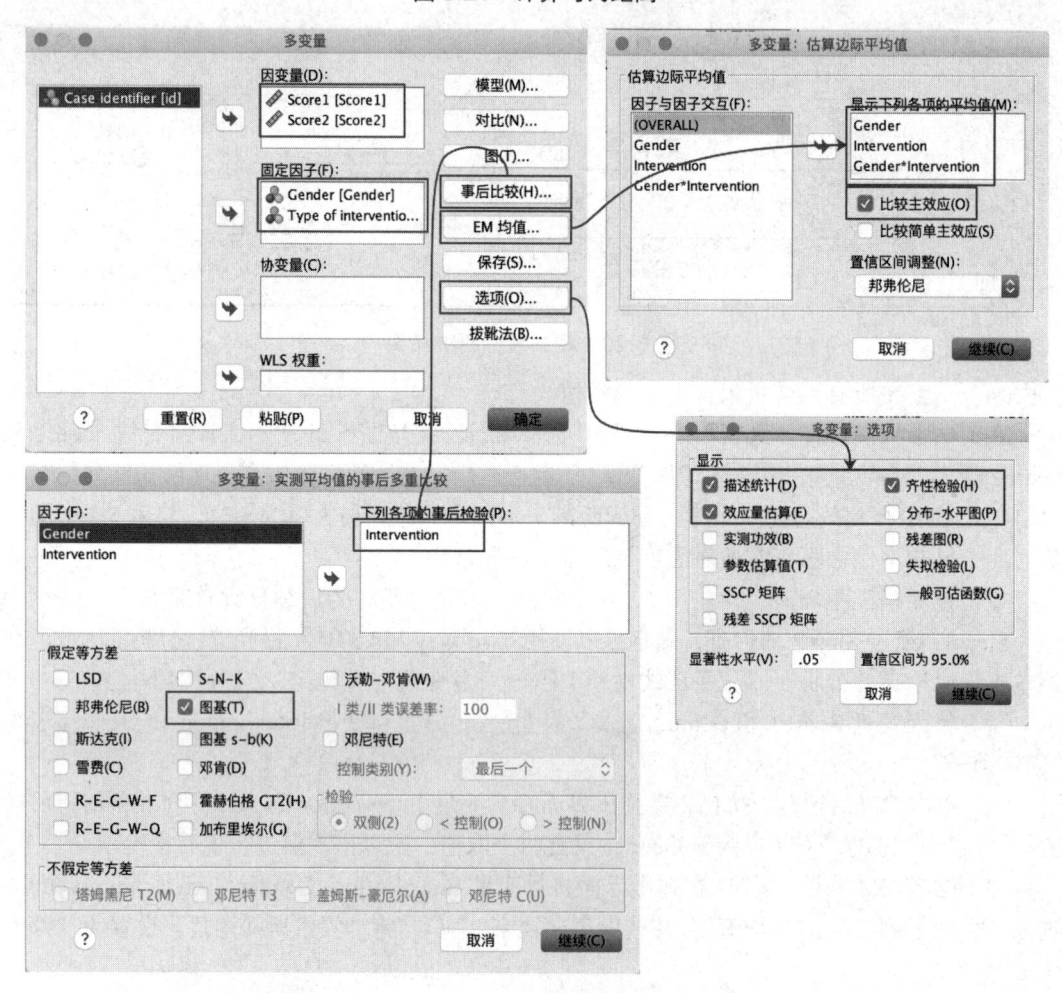

图 5.22　Two-way MANOVA 检验的设置

Step 4：结果分析。

（1）查看样本组是否符合使用条件中的协方差矩阵等同性要求。

Box 检验可检查样本组是否符合协方差矩阵等同性要求，它的显著性标准是 0.001，而不是 0.05。如图 5.23 所示，本例中各样本组符合协方差矩阵等同性要求，$p = 0.009$。

如果此处显示样本组不符合协方差矩阵等同性要求，但是各样本组的样本量比较接近（最大样本组的样本量与最小样本组的样本量之比在 1.5 以内），那么也不影响继续分析[6]。

（2）查看两个自变量是否对因变量整体有交互作用。

如图 5.24 所示，本例中，自变量 Gender 与 Intervention 对因变量 Score1 和 Score2 形成的整体有显著的交互作用，$F(4, 106) = 4.046$，$p = 0.004$，Wilks' Λ = 0.753，效应量 $\eta_p^2 = 0.132$。

注意：如果此处显示自变量 Gender 与 Intervention 对因变量 Score1 和 Score2 形成的整体没有显著的交互作用，则可以直接根据图 5.24 中两个虚线框中的结果，来了解自变量 Gender 是否对因变量 Score1 和 Score2 形成的整体有显著的影响作用，以及自变量 Intervention 是否对因变量 Score1 和 Score2 形成的整体有显著的影响作用。

图 5.23　Box 检验的结果

效应		值	F	假设自由度	误差自由度	显著性	偏 Eta 平方
截距	比莱轨迹	.997	8918.337[b]	2.000	53.000	.000	.997
	威尔克 Lambda	.003	8918.337[b]	2.000	53.000	.000	.997
	霍特林轨迹	336.541	8918.337[b]	2.000	53.000	.000	.997
	罗伊最大根	336.541	8918.337[b]	2.000	53.000	.000	.997
Gender	比莱轨迹	.033	.900[b]	2.000	53.000	.413	.033
	威尔克 Lambda	.967	.900[b]	2.000	53.000	.413	.033
	霍特林轨迹	.034	.900[b]	2.000	53.000	.413	.033
	罗伊最大根	.034	.900[b]	2.000	53.000	.413	.033
Intervention	比莱轨迹	.354	5.802	4.000	108.000	.000	.177
	威尔克 Lambda	.656	6.220[b]	4.000	106.000	.000	.190
	霍特林轨迹	.510	6.626	4.000	104.000	.000	.203
	罗伊最大根	.479	12.926[c]	2.000	54.000	.000	.324
Gender * Intervention	比莱轨迹	.256	3.958	4.000	108.000	.005	.128
	威尔克 Lambda	.753	4.046[b]	4.000	106.000	.004	.132
	霍特林轨迹	.318	4.130	4.000	104.000	.004	.137
	罗伊最大根	.278	7.504[c]	2.000	54.000	.001	.217

a. 设计：截距 + Gender + Intervention + Gender * Intervention
b. 精确统计
c. 此统计是生成显著性水平下限的 F 的上限。

图 5.24　多变量检验的结果

Step 5：因为自变量 Gender 与 Intervention 对因变量 Score1 和 Score2 形成的整体有交互作用，所以接下来研究两个问题：

（1）Gender 与 Intervention 对 Score1 是否有交互影响？

（2）Gender 与 Intervention 对 Score2 是否有交互影响？

如图 5.25 所示，单击输出界面左侧导航栏中的"主体间效应检验"，这样可在众多输出的结果表中快速定位到主体间效应检验表。本例中，自变量 Gender 与 Intervention 对因变量 Score1 有显著的交互作用，$F(2, 54) = 6.406$，$p = 0.003$，效应量 $\eta_p^2 = 0.192$；自变量 Gender 与 Intervention 对因变量 Score2 没有显著的交互作用，$F(2, 54) = 3.034$，$p = 0.056$，效应量 $\eta_p^2 = 0.101$。

主体间效应检验

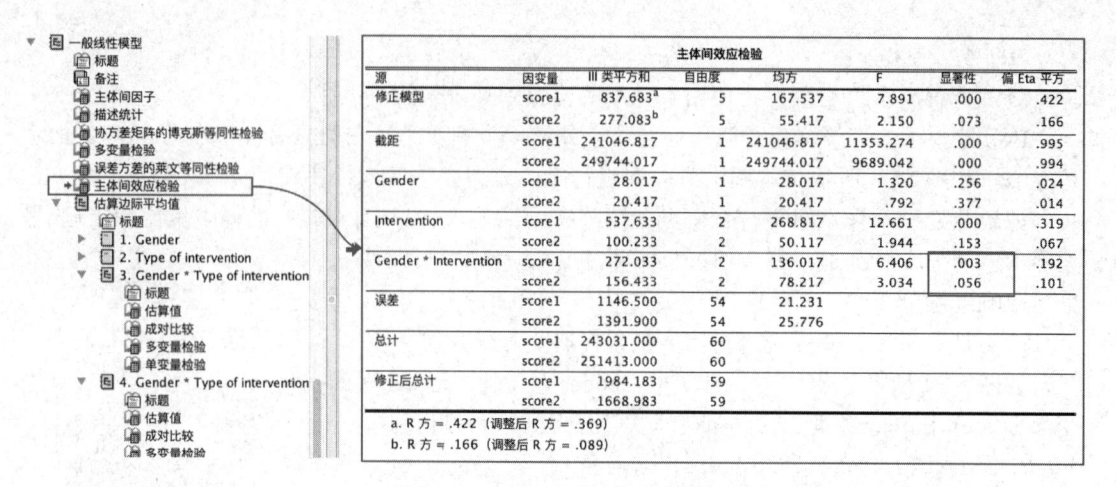

源	因变量	III 类平方和	自由度	均方	F	显著性	偏 Eta 平方
修正模型	score1	837.683a	5	167.537	7.891	.000	.422
	score2	277.083b	5	55.417	2.150	.073	.166
截距	score1	241046.817	1	241046.817	11353.274	.000	.995
	score2	249744.017	1	249744.017	9689.042	.000	.994
Gender	score1	28.017	1	28.017	1.320	.256	.024
	score2	20.417	1	20.417	.792	.377	.014
Intervention	score1	537.633	2	268.817	12.661	.000	.319
	score2	100.233	2	50.117	1.944	.153	.067
Gender * Intervention	score1	272.033	2	136.017	6.406	.003	.192
	score2	156.433	2	78.217	3.034	.056	.101
误差	score1	1146.500	54	21.231			
	score2	1391.900	54	25.776			
总计	score1	243031.000	60				
	score2	251413.000	60				
修正后总计	score1	1984.183	59				
	score2	1668.983	59				

a. R 方 = .422（调整后 R 方 = .369）
b. R 方 = .166（调整后 R 方 = .089）

图 5.25 主体间效应检验的结果

Step 6：由于自变量 Gender 与 Intervention 对因变量 Score1 有显著的交互作用，因此在讨论自变量 Intervention 对因变量 Score1 到底有什么样的影响时，应该根据性别将被试者分为两个群体来讨论。同样地，讨论自变量 Gender 对 Score1 的影响时，也应该根据自变量 Intervention 的取值将被试者分为三个群体来讨论，也就是研究自变量 Gender 和 Intervention 各自对 Score1 的简单主效应。

重新进行一次 Two-way MANOVA 的检验，所有设置与图 5.22 中的相同，只是在单击"EM 均值"按钮后弹出的界面中，选中"比较简单主效应"，而不是"比较主效应（如图 5.26 所示）。

Step 7：结果分析。

（1）如图 5.27 所示，通过单击输出界面左侧导航栏里"3. Gender * Type of Intervention"下的"单变量检验"，可以直接看到不同的 Intervention 组中，自变量 Gender 对 Score1 的简单主效应：在 Intervention1 的人群中，Gender 对 Score1 无显著性影响，$F(1, 54) = 0.191$，$p = 0.664$；在 Intervention2

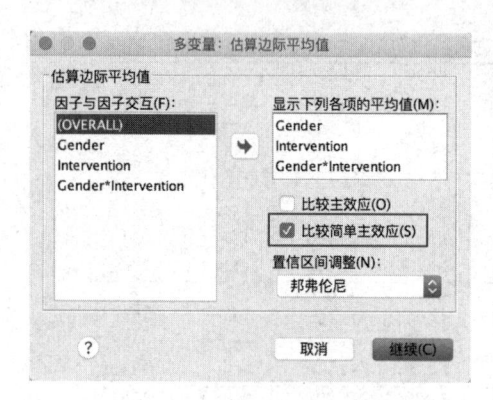

图 5.26 选择比较简单主效应

的人群中，Gender 对 Score1 无显著性影响，$F(1, 54) = 3.052$，$p = 0.086$；在 Intervention3 的人群中，Gender 对 Score1 有显著性影响，$F(1, 54) = 10.889$，$p = 0.002$，效应量 $\eta_p^2 = 0.168$。

单变量检验

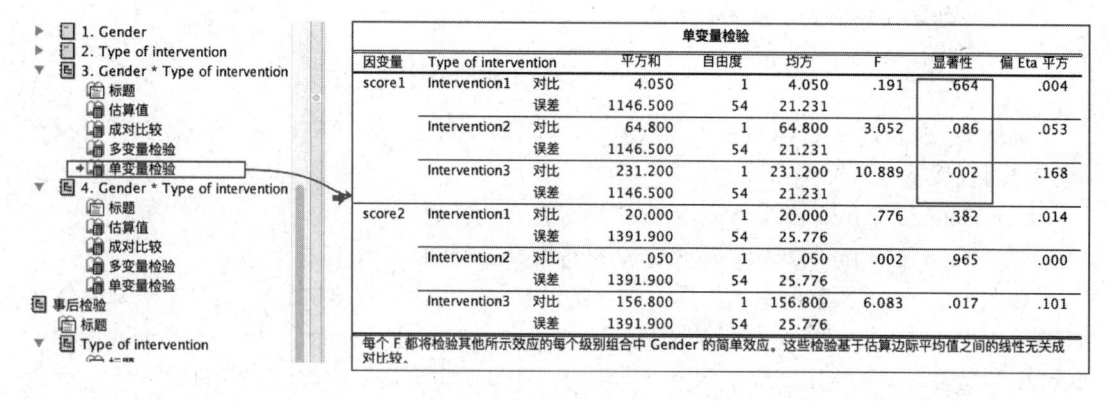

因变量	Type of intervention		平方和	自由度	均方	F	显著性	偏 Eta 平方
score1	Intervention1	对比	4.050	1	4.050	.191	.664	.004
		误差	1146.500	54	21.231			
	Intervention2	对比	64.800	1	64.800	3.052	.086	.053
		误差	1146.500	54	21.231			
	Intervention3	对比	231.200	1	231.200	10.889	.002	.168
		误差	1146.500	54	21.231			
score2	Intervention1	对比	20.000	1	20.000	.776	.382	.014
		误差	1391.900	54	25.776			
	Intervention2	对比	.050	1	.050	.002	.965	.000
		误差	1391.900	54	25.776			
	Intervention3	对比	156.800	1	156.800	6.083	.017	.101
		误差	1391.900	54	25.776			

每个 F 都将检验其他所示效应的每个级别组合中 Gender 的简单效应。这些检验基于估算边际均值之间的线性无关对比较。

图 5.27 简单主效应的结果一

（2）如图 5.28 所示，单击输出界面左侧导航栏"4. Gender * Type of Intervention"中的"单变量检验"。可以看到，女性人群中 Intervention 对 Score1 无显著性影响，$F(2, 54) = 1.785$，$p = 0.178$，效应量 $\eta_p^2 = 0.062$；男性人群中 Intervention 对 Score1 有显著性影响，$F(2, 54) = 17.283$，$p < 0.001$，效应量 $\eta_p^2 = 0.390$。

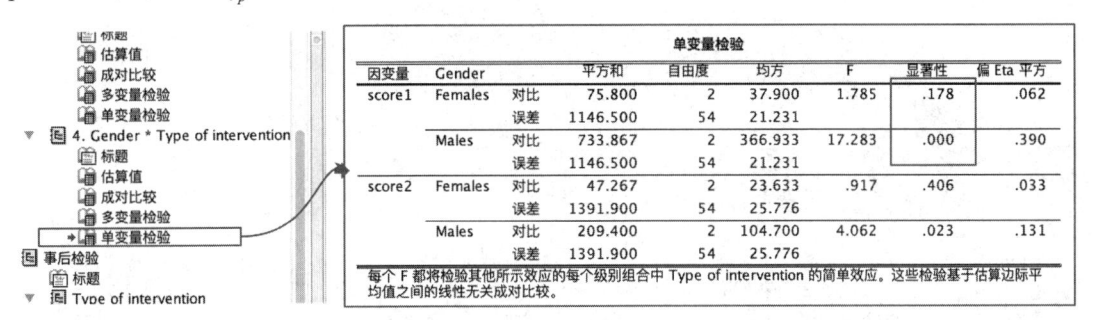

图 5.28　简单主效应的结果二

Step 8：书写报告。

Two-way MANOVA 检验显示，训练方式与性别对运动员的速度与力量整体上有显著的交互作用，$F(4, 106) = 4.046$，$p = 0.004$，Wilks' $\Lambda = 0.753$，效应量 $\eta_p^2 = 0.132$。进一步的 Two-way ANOVA 检验显示，训练方式与性别对运动员的力量（Score1）有显著的交互作用，$F(2, 54) = 6.406$，$p = 0.003$，效应量 $\eta_p^2 = 0.192$；对运动员的速度（Score2）没有显著的交互作用，$F(2, 54) = 3.034$，$p = 0.056$，效应量 $\eta_p^2 = 0.101$。

对于女性运动员来说，采用哪种训练方式对其力量无显著性影响，$F(2, 54) = 1.785$，$p = 0.178$，效应量 $\eta_p^2 = 0.062$；对男性运动员来说，采用哪种训练方式对其力量有显著性影响，$F(2, 54) = 17.283$，$p < 0.001$，效应量 $\eta_p^2 = 0.390$。

参考文献

[1] Carol S Burckhardt, Kathryn L Anderson. The Quality of Life Scale (QOLS): reliability, validity, and utilization [J]. Health and Quality of Life Outcomes, 2003, 1(1): 1-7.

[2] Di Zhou, Emilia I Barakova, Pengcheng An, et al. Assistant Robot Enhances the Perceived Communication Quality of People With Dementia: A Proof of Concept [J]. IEEE Transactions on Human-Machine Systems, 2022, 52(3): 332-342.

[3] Barbara G Tabachnick, Linda S Fidell. Using Multivariate Statistics [M]. 7th ed. Boston: Pearson, 2019.

[4] Juffrizal Karjanto, Nidzamuddin Md Yusof, Jacques Terken, et al. The identification of Malaysian driving styles using the multidimensional driving style inventory [C]. Proc. MATEC Web of Conferences: 01004.

[5] Joseph F Hair, William C Black, Barry J Balin, et al. Anderson. Multivariate data analysis [M]. International ed. London: Maxwell Macmillan, 2010.

[6] Keenan A Pituch, James P Stevens. Applied Multivariate Statistics for the Social Sciences [M]. 6th ed. New York and London: Routledge, 2016.

第 6 章
相关性分析——相关系数与回归

前面的章节主要讨论的是如何进行样本组之间的差异性分析。在这些分析中，自变量都是分类型的。因为只有分类型的自变量，才能将整个样本集划分成不同的样本组，进而比较不同样本组在某个（些）指标上是否有差异，这个（些）指标就是因变量。如果这些样本组之间有显著性差异，则表明这个（些）分类型自变量对因变量有显著性影响；如果这些样本组之间没有显著性差异，则表明这个（些）分类型自变量对因变量没有显著性影响。

但是在很多实际应用中，存在**自变量是连续型数据**，或者**既有连续型自变量又有分类型自变量**的情况（本章针对自变量是这两种情况展开讨论）。而根据连续型自变量，是无法将整个样本集划分成不同的样本组的，也就更不可能比较不同样本组之间是否存在差异。这些情况下，我们需要分析的是：自变量是否对因变量有显著性影响，也就是分析自变量与因变量之间是否存在某种相关性。

分析变量之间的相关性，有两种思路：

（1）如果只想了解变量之间是否相关，或者如果相关，相关程度是强还是弱，可以考虑计算变量之间的**相关系数**（6.1 节）。

（2）如果不仅想了解变量之间是否相关，还想定量描述这种相关关系，甚至想通过这种相关关系对某个变量的值进行预测，可以考虑使用**回归**分析。具体的，当因变量是连续型时，使用**线性/非线性回归**（6.2 节）；当因变量是分类型时，使用二元/多元/有序 **Logistic** 回归（6.3 节）。

6.1 相关程度的度量——相关系数

在有些应用场合，人们希望了解两个变量之间是否有某种相关性或者相关性是强还是弱。

这时候，就可以去测量这两个变量之间的相关系数。相关系数是变量之间相关程度的度量，它有很多种。针对不同类型的变量，应该挑选对应的相关系数检测方法。SPSS 中提供了三种最常用的相关系数：Pearson 相关系数、Spearman 相关系数以及 Kendall 相关系数（特指 Kendall's Tau-b 系数，而不是 Kendall's Tau-c 系数）。

需要注意的是，相关系数虽然可以反映变量之间的相关程度，但是无法对变量之间的相关关系进行定量的描述。也就是说，通过相关系数，只能知道变量 A 与变量 B 是否相关、相关程度是强还是弱，但这两个变量之间的关系用公式如何表达或者如何用变量 A 的值来预测变量 B 的值，只靠相关系数是无法获得的，应该使用 6.2 节或 6.3 节中的回归分析。这就是使用相关系数进行相关性分析，与使用回归分析进行相关性分析的最大区别。

6.1.1 Pearson 相关系数

Pearson 相关系数又称 Pearson 线性相关系数，它只能用来反映两组连续型数据（两个连续型变量）之间的**线性相关**程度。通过计算 Pearson 相关系数来分析两组数据之间相关性的方法，称为 Pearson 相关分析。Pearson 相关系数通常用 r 表示，其取值范围为 $-1 \leqslant r \leqslant 1$。当 r 是正数时，表示两个变量之间为正相关，如图 6.1（a）所示；当 r 是负数时，则表示它们为负相关，如图 6.1（b）所示。$|r|$ 越大，表示两个变量之间的线性相关程度越高。一般来说，当 $0.1 < |r| < 0.3$ 时，表示两个变量之间有弱线性相关性；当 $0.3 < |r| < 0.5$ 时，表示两个变量之间有中度线性相关性；当 $|r| > 0.5$ 时，表示两个变量之间有强线性相关性；当 $|r| > 0.9$ 时，表示这两个变量之间的线性相关性非常强，达到了共线的程度。

如果自变量与因变量之间的关系如图 6.1（c）或图 6.1（d）所示，则表明它们之间存在某种关系，但这种关系并不线性。对于这些情况，自变量与因变量之间的 Pearson 相关系数有可能接近 0。也就是说，当 Pearson 相关系数为 0 时，只能说明变量之间没有线性相关性，但不代表它们之间没有其他非线性相关关系。

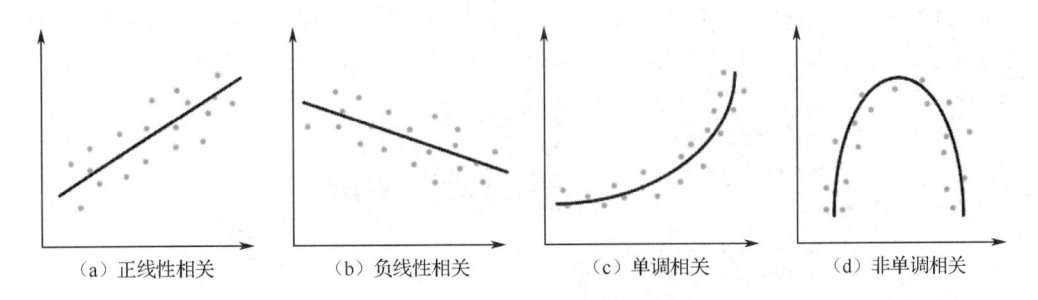

（a）正线性相关　　（b）负线性相关　　（c）单调相关　　（d）非单调相关

图 6.1　自变量与因变量之间的相关性

Pearson 相关分析的使用条件和零假设如表 6.1 所示。可以看到，其中有一个检测条件要求参与检测的两个变量均符合正态分布。但是因为 Pearson 相关分析的鲁棒性比较强，所以在实际应用中，只要这两个变量并不是特别严重的偏态，即使略微不符合正态性，也可以使用 Pearson 相关分析。但如果偏态很严重，可以使用 6.1.2 节中的 Spearman 相关分析。

表 6.1　Pearson 相关分析的使用条件和零假设

使用条件	（1）只能测量两个变量之间的线性相关关系。 （2）两个变量都是连续型。 （3）两个变量符合双变量正态分布。 （4）无异常值
零假设	H_0：$r=0$，即对于这两个变量抽样代表的两个数据总体，其 Pearson 相关系数为 0

例 1：研究者统计了 39 名员工 2010—2014 年的年收入，数据存放在 Pearson1.sav 中。现在要研究：员工 2010 年的收入与 2013 年的收入是否有线性关系？

分析过程：

Step 1：因为 2010 年的收入与 2013 年的收入都是连续型数据，而且本例只需要分析这两者之间是否线性相关，并不需要对线性相关关系进行定量描述，因此首先考虑使用 Pearson 相关分析进行分析。

Step 2：使用探索分析，检测这两个变量是否符合双变量正态分布（可参考第 2 章例 4）。在菜单中依次选择"分析"→"描述统计"→"探索"，将变量 income_2010 和变量 income_2013 选入"因变量列表"，并单击"图"按钮，在弹出界面选中"含检验的正态图"。正态性检验的结果如图 6.2 所示，可见这两个变量都符合正态分布要求，因此使用 Pearson 相关分析。

正态性检验

	柯尔莫戈洛夫-斯米诺夫(V)ª			夏皮洛-威尔克		
	统计	自由度	显著性	统计	自由度	显著性
Gross total income over 2010	.094	39	.200*	.973	39	.459
Gross total income over 2013	.096	39	.200*	.960	39	.175

*. 这是真显著性的下限。
a. 里利氏显著性修正

图 6.2　正态性检验的结果

Step 3：在菜单中依次选择"分析"→"相关"→"双变量"。如图 6.3 所示，将变量 income_2010 和 income_2013 选入"变量"，并选中"皮尔逊"和"双尾"。如果检测之前已经知道变量之间是正相关或者负相关，则选"单尾"；否则，选择"双尾"。

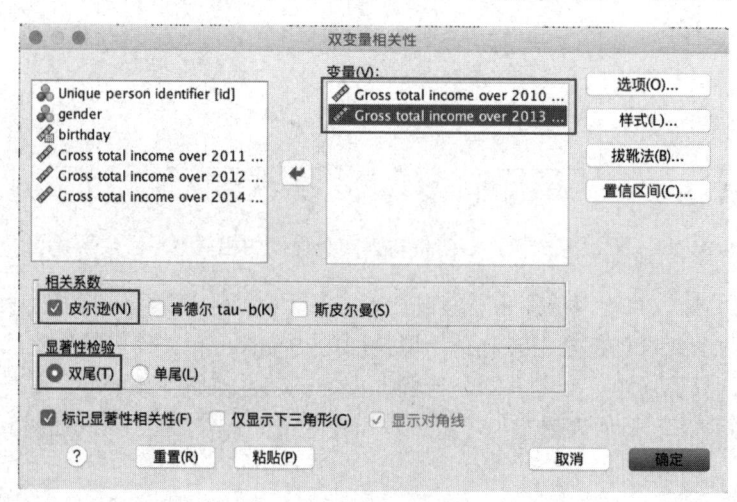

图 6.3　Pearson 相关分析的设置

Step 4：结果分析。

如图 6.4 所示，变量 income_2010 与变量 income_2013 之间有显著的线性相关关系，$p < 0.001$，它们之间呈很强的线性正相关，Pearson 相关系数 $r = 0.784$。

图 6.4　Pearson 相关分析的结果

Step 5：书写报告。

2010 年的收入与 2013 年的收入呈很强的线性正相关，Pearson 相关系数 $r = 0.784$，$p < 0.001$。

6.1.2　Spearman 相关系数与 Kendall 相关系数

Pearson 相关系数只能反映线性相关关系，而且要求变量是连续型并符合正态分布。如果变量是连续型，但非常不符合正态分布要求，则应使用 **Spearman 相关系数**来了解变量之间的相关性。此外，如果变量属于有序分类型，而非连续型，那么也不应使用 Pearson 相关系数，而应使用 **Spearman 相关系数**或者 **Kendall 相关系数**。

Spearman 相关系数和 Kendall 相关系数分析方法的使用条件和零假设如表 6.2 所示。需要注意的是，这两种系数都只能反映单调相关关系。如果需要研究非单调的相关关系［图 6.1（d）］，应使用回归分析。

表 6.2　Spearman 相关系数和 Kendall 相关系数分析方法的使用条件和零假设

使用条件	（1）测量两个变量之间的单调相关关系（不仅限于线性关系）。 （2）不符合 Pearson 相关系数的检测条件。 （3）Spearman 相关系数：两个变量都是连续型，或都是有序分类型；Kendall 相关系数：两个变量都是有序分类型，或一个是连续型，一个是有序分类型
零假设	Spearman 相关系数分析的零假设：H_0：$\rho = 0$，即这两个变量抽样代表的两个数据总体，其 Spearman 相关系数为 0。 Kendall 相关系数分析的零假设：H_0：$\tau_b = 0$，即这两个变量抽样代表的两个数据总体，其 Kendall 相关系数为 0

例 2：（连续型变量，但不符合正态分布）研究者统计了 153 辆汽车的价格（cost）、功率（horsepower）以及燃油效率（fuel_efficiency），数据存放在 Spearman1.sav 中。现在要研究：汽车的价格与其功率，是否单调相关？

分析过程：

Step 1：变量 cost 和 horsepower 都是连续型，所以首先判断是否可以使用 Pearson 相关分析。

Step 2：进行正态性检验，可参照第 2 章例 4 中的操作进行。正态性检验的结果如图 6.5

所示，可见这两个变量都不符合正态分布要求，考虑使用 Spearman 相关系数。

正态性检验

	柯尔莫戈洛夫-斯米诺夫(V)[a]			夏皮洛-威尔克		
	统计	自由度	显著性	统计	自由度	显著性
cost	.160	153	.000	.840	153	.000
horsepower	.082	153	.014	.947	153	.000

a. 里利氏显著性修正

图 6.5　正态性检验的结果

Step 3：在确定使用 Spearman 相关分析之前，应检查这两个变量是否单调相关。在菜单中依次选择"图形"→"图表构建器"。如图 6.6 所示，选择"散点图/点图"，并将"简单散点图"拖至上方的绘图区域，然后将变量 horsepower 拖入 X 轴，将变量 cost 拖入 Y 轴。绘制出的散点图如图 6.7 所示，可以看到当 horsepower 变大时，cost 也在变大。因此，它们之间单调相关，可以使用 Spearman 相关分析进行研究。

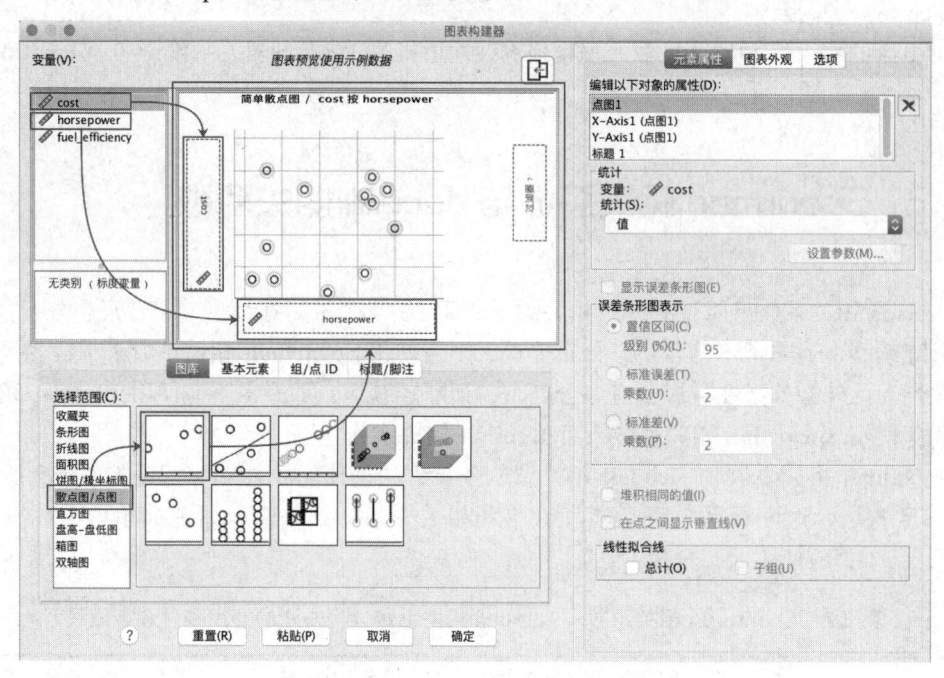

图 6.6　散点图的设置

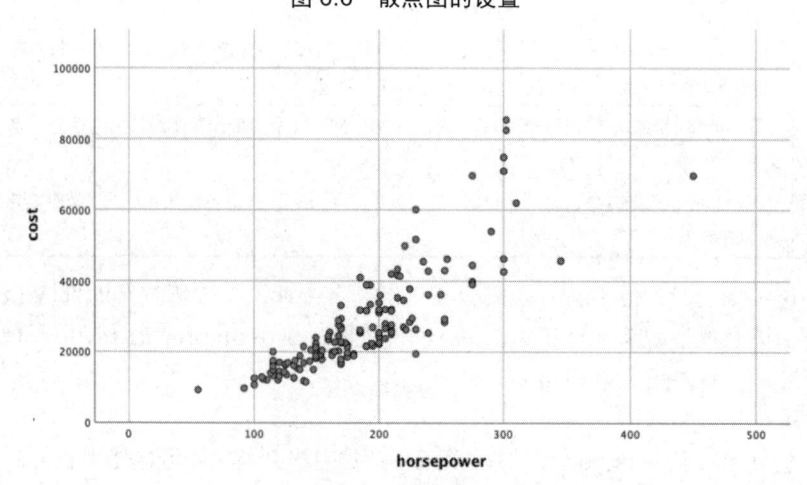

图 6.7　绘制出的散点图

- 152 -

Step 4：在菜单中依次选择"分析"→"相关"→"双变量"。如图 6.8 所示，将变量 horsepower 和 cost 选入"变量"，并选中"斯皮尔曼"和"双尾"。

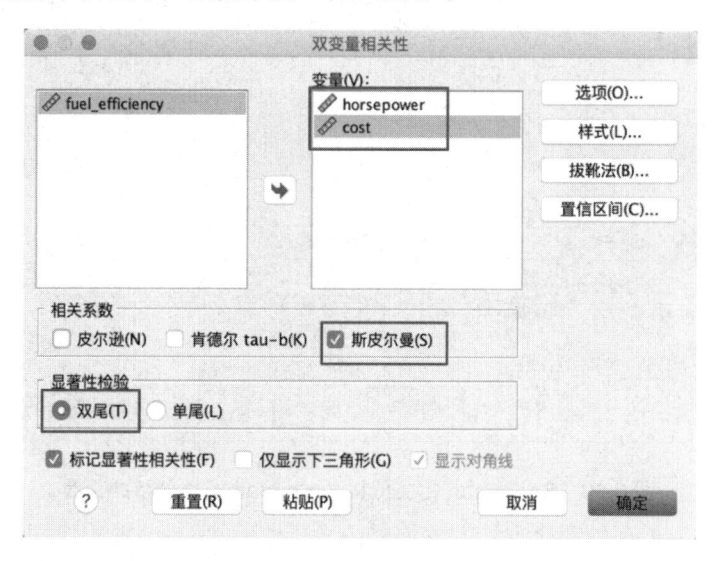

图 6.8　Spearman 相关分析的设置

Step 5：结果分析。

如图 6.9 所示，Spearman 相关分析的结果表明，变量 horsepower 与 cost 之间有显著的正相关关系，Spearman 相关系数 $\rho=0.891$，$p<0.001$。

图 6.9　Spearman 相关分析的结果

Step 6：书写报告。

汽车的价格与其功率有很强的单调正相关关系，Spearman 相关系数 $\rho=0.891$，$p<0.001$。

例 3：（有序分类型变量）研究者统计了 98 位消费者对数码相机的像素色彩和内存存储这两项的关注程度，5 为极重要，1 为极不重要，数据存放在 Spearman2.sav 中。现在要研究：两者是否相关？

分析过程：

Step 1：像素色彩和内存存储都是有序分类型变量，因此考虑使用 Spearman 相关系数或 Kendall 相关系数。

Step 2：在菜单中依次选择"分析"→"相关"→"双变量"。如图 6.10 所示，将变量"像素色彩"和"内存存储"选入"变量"，并选中"肯德尔 tau-b"和"斯皮尔曼"。

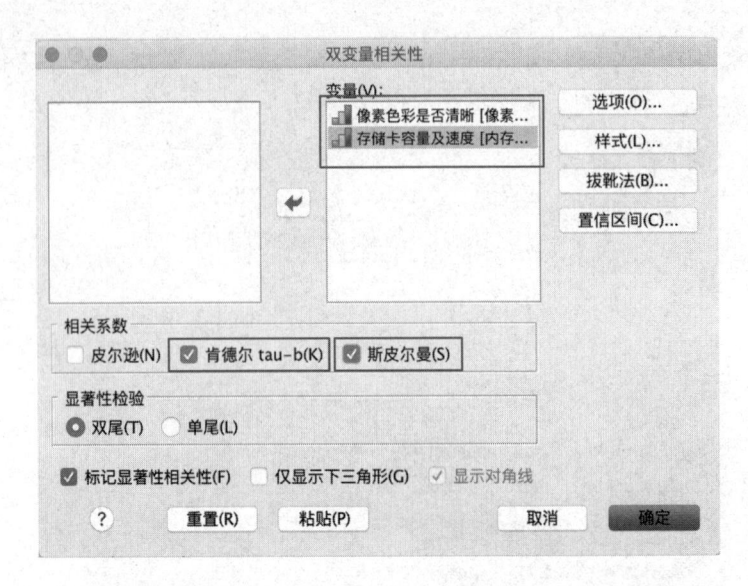

图 6.10　Spearman 相关分析和 Kendall 相关分析的设置

Step 3：结果分析。

如图 6.11 所示，变量像素色彩和内存存储之间有显著的正相关关系，Spearman 相关系数 $\rho = 0.615$，$p < 0.001$；Kendall 相关系数 $\tau_b = 0.640$，$p < 0.001$。

相关性

			像素色彩是否清晰	存储卡容量及速度
肯德尔 tau_b	像素色彩是否清晰	相关系数	1.000	.615**
		显著性（双尾）	.	.000
		N	98	98
	存储卡容量及速度	相关系数	.615**	1.000
		显著性（双尾）	.000	.
		N	98	98
斯皮尔曼 Rho	像素色彩是否清晰	相关系数	1.000	.640**
		显著性（双尾）	.	.000
		N	98	98
	存储卡容量及速度	相关系数	.640**	1.000
		显著性（双尾）	.000	.
		N	98	98

**. 在 0.01 级别（双尾），相关性显著。

图 6.11　Spearman 相关分析和 Kendall 相关分析的结果

例 4：Peijnenborgh 等设计了一款名为"Timo 的冒险"的电子游戏，并研究了这款游戏对有注意力缺陷问题（ADHD）的儿童的作用[1]。实验邀请了 96 个正常儿童以及 40 个患 ADHD 的儿童玩这款游戏，分别统计他们的年龄（连续型变量）以及他们在游戏中的行为数据（例如，在某个游戏环节的得分、收集到的道具个数、是否选择正确，以及关卡耗时等）。通过分析儿童的年龄与他们在游戏中的行为之间的相关性，来了解游戏对不同年龄段儿童的作用。对于行为数据中的连续型变量，如关卡耗时，使用 Pearson 相关系数来描述其与年龄之间的相关程度；对于行为数据中的有序分类型变量，如在某个游戏环节的得分，则使用 Spearman 相关系数来反映其与年龄之间的相关性（详细内容可参见本章参考文献[1]）。

6.1.3 偏相关分析

前面讨论的都是如何使用相关系数去衡量两个变量之间的相关程度。但在实际应用中，有时会遇到以下情况：有三个变量，变量 A、变量 B 和变量 C，通过计算相关系数，发现变量 A 与变量 B 有相关关系、变量 A 与变量 C 有相关关系、变量 B 与变量 C 也有相关关系。但进一步分析后发现，变量 A 与变量 C 之间的关系，与变量 B 有关。也就是说，变量 A 与变量 B 相关，变量 B 与变量 C 相关，所以变量 A 与变量 C 相关，但变量 A 与变量 C 之间并没有直接的相关关系。因此，如果将变量 B 控制起来，再去分析变量 A 与变量 C 之间是否真的存在相关关系，这种分析就是**偏相关分析**。

SPSS 提供了 Pearson 偏相关分析，用来研究将变量 B 的影响控制之后，变量 A 与变量 C 之间是否仍存在线性相关关系。Pearson 偏相关分析的使用条件和零假设如表 6.3 所示。

表 6.3　Pearson 偏相关分析的使用条件和零假设

使用条件	（1）变量 A、变量 B、变量 C 都是连续型。 （2）这三个变量两两之间都有线性相关关系，即变量 A 与变量 B 线性相关、变量 B 与变量 C 线性相关、变量 A 与变量 C 线性相关。 （3）这三个变量都符合正态分布。 （4）无异常值
零假设	$H_0: r=0$，即这两个变量抽样代表的两个数据总体，其 Pearson 偏相关系数为 0

例 5：为了分析学生的成绩与其出勤率，以及其对该课程的兴趣之间的关系，研究者统计了 50 名学生的相关信息，数据存放在 PartialCorrelation.sav 中。现在要研究：成绩与出勤率之间是否存在线性相关关系？

分析过程：

Step 1：成绩、出勤率以及兴趣都是连续型变量，所以首先考虑使用 Pearson 相关分析研究它们之间是否存在线性相关关系。

Step 2：进行正态性检验，可参照第 2 章例 4 中的操作进行：在菜单中依次选择"分析"→"描述统计"→"探索"。正态性检验的结果如图 6.12 所示，这三个变量都符合正态分布要求，而且没有异常值，因此可以使用 Pearson 相关分析。

正态性检验

	柯尔莫戈洛夫-斯米诺夫[a]			夏皮洛-威尔克		
	统计	自由度	显著性	统计	自由度	显著性
出勤率	.090	50	.200*	.985	50	.754
兴趣	.103	50	.200*	.978	50	.466
成绩	.085	50	.200*	.985	50	.783

*. 这是真显著性的下限。
a. 里利氏显著性修正

图 6.12　正态性检验的结果

Step 3：在菜单中依次选择"分析"→"相关"→"双变量"。如图 6.13 所示，将变量成绩、出勤率以及兴趣选入"变量",并选中"皮尔逊"和"双尾"。

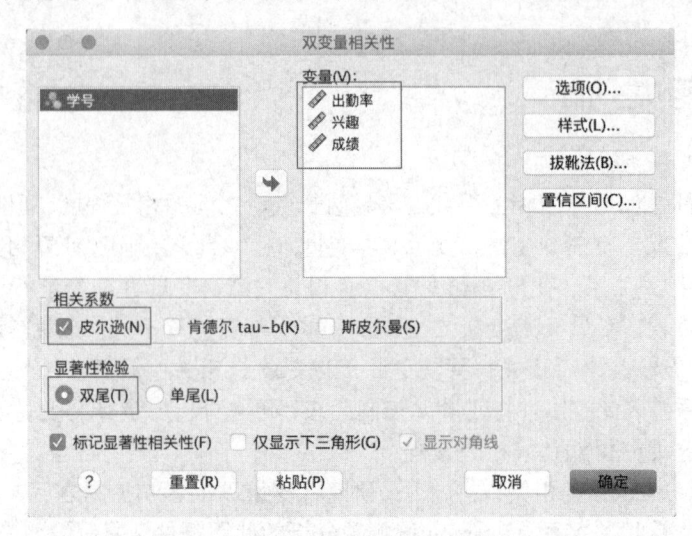

图 6.13 Pearson 相关分析的设置

Step 4：结果分析。

如图 6.14 所示，变量出勤率与兴趣之间有很强的线性正相关关系，$p < 0.001$。Pearson 相关系数 $r = 0.600$；变量出勤率与成绩之间有显著的相关关系，$p = 0.002$，Pearson 相关系数 $r = 0.428$；变量兴趣与成绩之间也有显著的正相关关系，$p = 0.003$，Pearson 相关系数 $r = 0.406$。因此，进一步使用 Pearson 偏相关分析，控制变量兴趣之后，查看变量成绩和变量出勤率之间是否还存在线性相关关系。

相关性

		出勤率	兴趣	成绩
出勤率	皮尔逊相关性	1	.600**	.428**
	显著性（双尾）		.000	.002
	个案数	50	50	50
兴趣	皮尔逊相关性	.600**	1	.406**
	显著性（双尾）	.000		.003
	个案数	50	50	50
成绩	皮尔逊相关性	.428**	.406**	1
	显著性（双尾）	.002	.003	
	个案数	50	50	50

**. 在 0.01 级别（双尾），相关性显著。

图 6.14 Pearson 相关分析的结果

Step 5：在菜单中依次选择"分析"→"相关"→"偏相关性"。按图 6.15 所示进行设置：
（1）将变量兴趣选入"控制"，并将变量出勤率和成绩选入"变量"。
（2）在"显著性检验"下选中"双尾"。

Step 6：结果分析。

如图 6.16 所示，可以看到，在控制变量兴趣后，变量出勤率与变量成绩之间不存在显著的线性相关关系，$p = 0.080$。

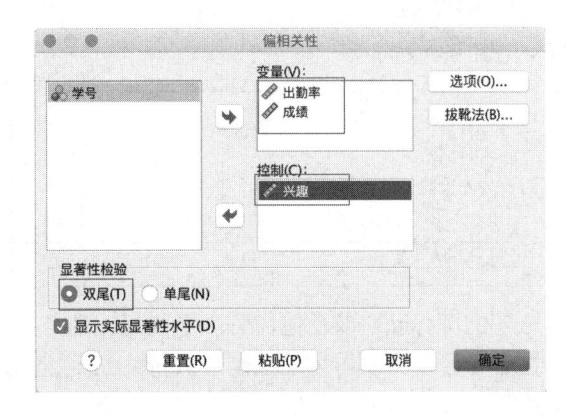

图 6.15　Pearson 偏相关分析的设置　　　　图 6.16　Pearson 偏相关分析的结果

6.2　连续型自变量与连续型因变量之间的相关分析

6.2.1　只有一个连续型自变量的线性关系

对于一个连续型自变量与一个连续型因变量，如果要研究它们之间的关系，首先可以考虑它们之间是否存在线性相关关系，也就是使用一元线性回归（Linear regression）来进行分析。所谓一元线性回归，即尝试将自变量 x 与因变量 y 之间的关系用式（6-1）描述出来：

$$y = \beta_0 + \beta_1 x \tag{6-1}$$

式中：β_0 为常数项；β_1 为回归系数，表示因变量随自变量变化的程度。当 β_1 为正数时，说明自变量与因变量之间是正相关；当 β_1 为负数时，说明自变量与因变量之间是负相关。

但是在大部分实际应用中，用公式去拟合原始数据时，通常公式是不可能完全反映原始数据的所有信息的，即拟合存在一定程度的误差。也就是说，假如自变量 x 有 $\{x_1, x_2, \cdots, x_N\}$，因变量 y 有 $\{y_1, y_2, \cdots, y_N\}$，$x$ 与 y 之间的关系用 $y = \beta_0 + \beta_1 x$ 进行了拟合，那么通常情况下拟合的值与真实值之间是存在一定的误差的（也称为**残差**），即 $\varepsilon_i = y_i - (\beta_0 + \beta_1 x_i) \neq 0$。如果拟合效果比较好，那么残差 $\{\varepsilon_1, \varepsilon_2, \cdots, \varepsilon_N\}$ 应该是互不相关，且符合正态分布的；否则，表明 x 与 y 之间的关系拟合得并不好，应该尝试其他拟合模型。

当选择使用一元线性回归来拟合两个变量之间的关系时，SPSS 会提供一系列的检测结果，用于辅助判断这个问题是否适合使用一元线性回归来进行拟合。这些检测包括：衡量残差是否互不相关的德宾-沃森检测（Durbin-Watson test）、衡量残差是否符合正态分布的残差直方图等，具体参见本章例 6。一元线性回归的使用条件和零假设如表 6.4 所示。

表 6.4 一元线性回归的使用条件和零假设

使用条件	（1）只有一个自变量，为连续型。 （2）只有一个因变量，为连续型。 （3）残差互相独立，且符合正态分布（不需要另外检验，SPSS 在进行一元线性回归分析时，会自动进行检验）
零假设	$H_0: \beta_1 = 0$，即回归系数为 0

例 6：研究者统计了 525 位被试者 2020 年全年的医疗费，以及他们每人平均每天抽烟的数量，数据存放在 LinearRegression.sav 中。现在需要分析：平均每天抽烟的数量（cigs），与其医疗费（costs）之间存在什么样的关系（对这种关系进行描述）？

分析过程：

Step 1：自变量为平均每天抽烟的数量（cigs），属于连续型；因变量为医疗费（cost），也是连续型。因此，可以首先尝试分析两者之间是否有线性相关关系。如果有，再对这种线性关系进行描述。

Step 2：在菜单中依次选择"分析"→"回归"→"线性"。按图 6.17 所示进行设置。

（1）将自变量 cigs 选入"自变量"，将因变量 costs 选入"因变量"。

（2）单击"统计"按钮，在弹出界面选中"估算值""置信区间""模型拟合""德宾-沃森"。

（3）单击"图"按钮，在弹出界面将"*ZPRED"（标准化预测值）选入"X"，"*ZRESID"（标准化残差值）选入"Y"，并选中"直方图"和"正态概率图"。

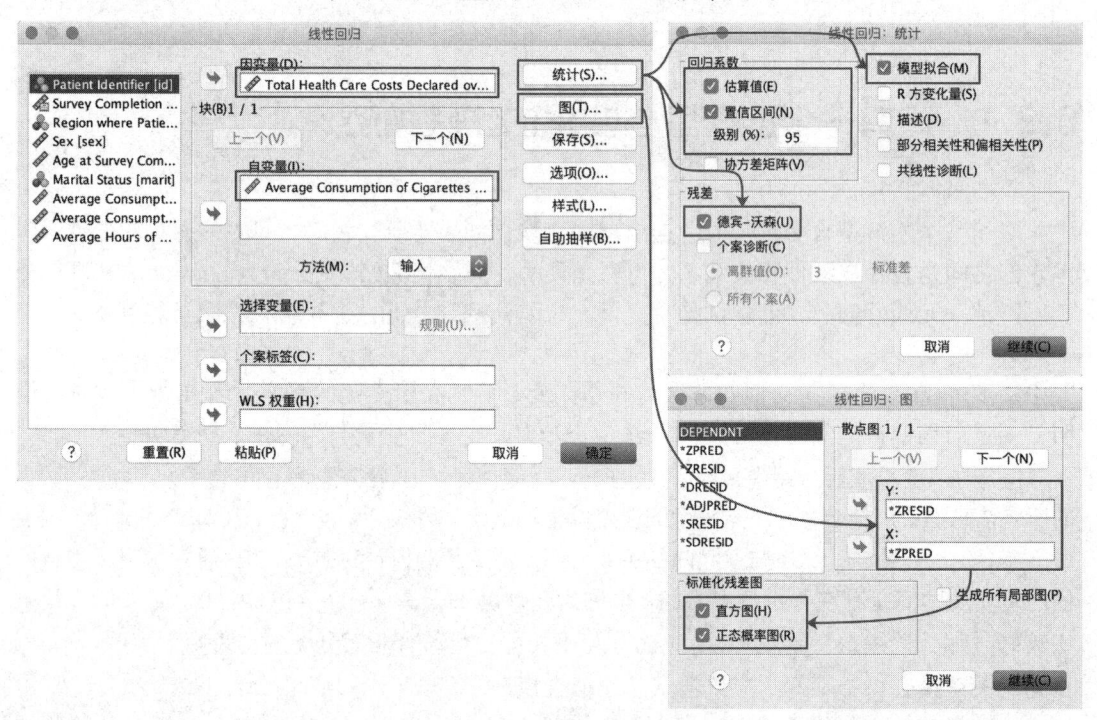

图 6.17 一元线性回归的设置

Step 3：结果分析。

（1）通过残差来判断本例是否适合使用线性回归来拟合自变量与因变量之间的关系。

① 残差是否互相独立：使用德宾-沃森检测。该检测值的范围为[0, 4]，越接近 2，表明

残差之间越符合互相独立的要求。一般来说，德宾-沃森检测值的可接受范围为[1, 3]。如果该值大于3，或者小于1，则表明残差之间的相关性比较严重，不是很适合使用线性方程进行拟合。本例中，如图6.18所示，德宾-沃森检测的值为1.990，比较接近2，说明残差之间符合独立性要求。

② 残差是否符合正态分布：通过观察标准化残差直方图（如图6.19所示）、标准化残差的正态 P-P 图（如图6.20所示）、残差散点图来判断（如图6.21所示）。对于图6.21中的残差散点图来说，在0两侧分布越均匀越好。

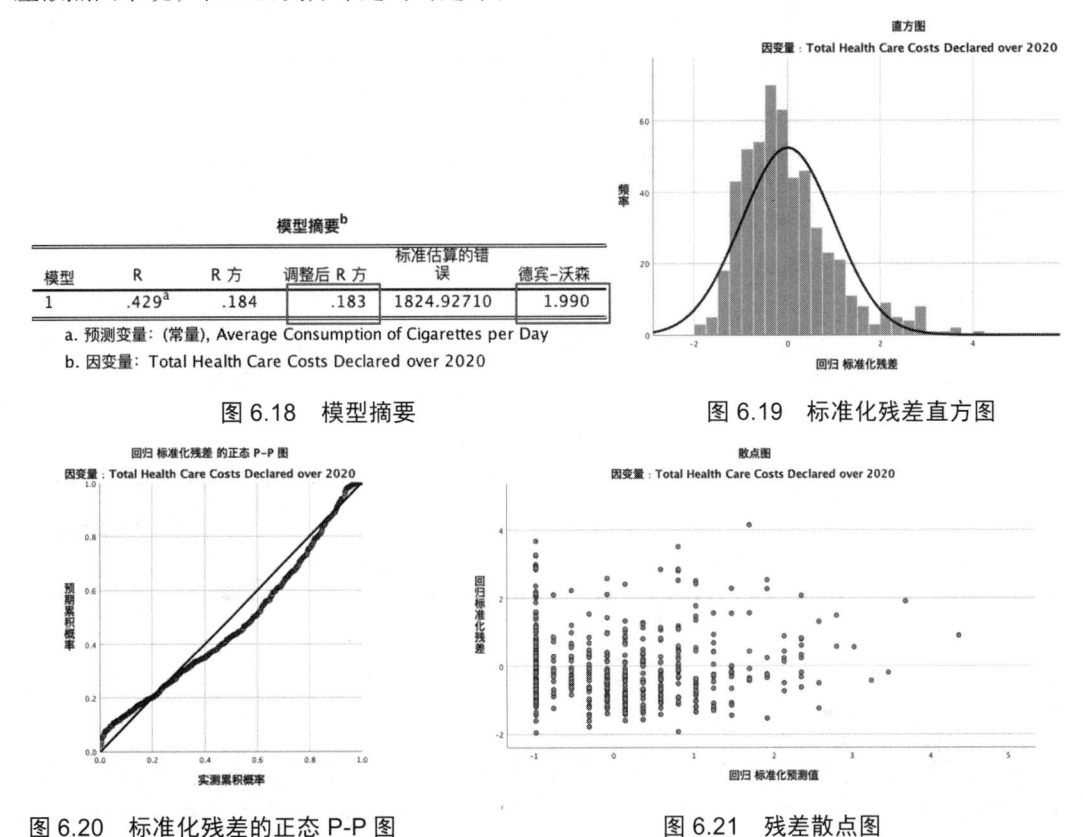

图 6.18　模型摘要

图 6.19　标准化残差直方图

图 6.20　标准化残差的正态 P-P 图

图 6.21　残差散点图

（2）观察得到的线性方程的拟合效果（观察拟合得到的线性方程与原始数据的匹配程度）。

① 通过该线性方程，自变量能解释多少因变量的变化：通过图6.18中的"调整后 R 方"（Adj.R^2）值来反映。本例中，Adj.R^2 为.183，即按拟合得到的方程，自变量 cigs 能解释 18.3% 的因变量 costs 的变化。也就是，如果能控制这个自变量的取值不变，那么因变量的变异程度会减少 18.3%。同时，这个值也用来表达拟合的效应量（Effect size），也就是这两个变量之间的相关程度。根据 Cohen 的研究[2]，Adj.R^2 与这两个变量之间相关程度的对应关系，可由表6.5所示。本例中自变量 cigs 与因变量 costs 之间有中等强度的相关。

表 6.5　通过 Adj.R^2 查看相关程度

Adj.R^2	相关程度
Adj.R^2 < 0.02	非常弱
0.02 ≤ Adj.R^2 < 0.13	弱
0.13 ≤ Adj.R^2 < 0.26	中等强度
Adj.R^2 > 0.26	强

② 该线性方程中，自变量对因变量是否有显著性影响。

此处的零假设是自变量对因变量没有显著的线性影响。本例中，如图 6.22 所示，回归系数不应该为 0，也就是根据自变量 cigs 可以显著预测因变量 costs 的值，$F(1, 523) = 118.122$，$p < 0.001$。

ANOVA^a

模型		平方和	自由度	均方	F	显著性
1	回归	393388556	1	393388556	118.122	.000^b
	残差	1.742E+9	523	3330358.92		
	总计	2.135E+9	524			

a. 因变量：Total Health Care Costs Declared over 2020
b. 预测变量：(常量), Average Consumption of Cigarettes per Day

图 6.22　方差分析表

（3）在确定线性方程有较好的拟合效果后，可进一步观察线性方程的具体参数 β_0 和 β_1，也就是具体了解这种线性关系是什么样的。

对于常数项 β_0，其零假设为 $\beta_0 = 0$。本例中，如图 6.23 所示，$\beta_0 = 3765.038$，$p < 0.001$。对于回归系数 β_1，其零假设为 $\beta_1 = 0$。本例中，$\beta_1 = 192.273$，$p < 0.001$。因此，拟合形成的线性方程为：costs = 3765.038+192.273cigs。

系数^a

模型		未标准化系数 B	标准错误	标准化系数 Beta	t	显著性	B 的 95.0% 置信区间 下限	上限
1	(常量)	3765.038	111.062		33.900	.000	3546.856	3983.220
	Average Consumption of Cigarettes per Day	192.273	17.691	.429	10.868	.000	157.519	227.027

a. 因变量：Total Health Care Costs Declared over 2020

图 6.23　系数

Step 4：书写报告。

一元线性回归分析显示，使用平均每天抽烟的数量可以显著预测这个人当年的医疗费，$F(1, 523) = 118.122$，$p < 0.001$。Adj.R^2 为 0.183，平均每天抽烟的数量与当年医疗费的相关性有中等程度效应量。拟合形成的线性方程为：costs = 3765.038+192.273cigs。每天平均多抽一支烟，当年医疗费大约增加 192.273 元。

例 7：Karjanto 等研究了自动驾驶中乘客的晕车情况[3]。在该项研究中，有一部分内容是要研究乘客对自身乘车舒适程度的主观评价，与心率等客观生理指标之间是否有对应关系。通过线性回归分析，得出结论：无法通过乘客的心率显著预测他的舒适程度，$p = 0.445$（详细内容可参见本章参考文献[3]）。

6.2.2　只有一个连续型自变量的曲线关系

在分析一个连续型自变量和一个连续型因变量之间的关系时，如果发现它们无法很好地用线性关系去描述，即一元线性回归效果不好时，则可以尝试使用各种曲线回归（Curve estimation regression）进行分析。SPSS 中提供的曲线回归模型近十种，比较常用的如下。

对数模型：
$$y = \beta_0 + \beta_1 \ln x \quad (6\text{-}2)$$

指数模型：
$$y = \beta_0 e^{\beta_1 x} \quad (6\text{-}3)$$

多项式函数模型：
$$y = \beta_0 + \beta_1 x + \beta_2 x^2 + \cdots + \beta_k x^k \quad (6\text{-}4)$$

幂函数模型：
$$y = \beta_0 x^{\beta_1} \quad (6\text{-}5)$$

例8：研究者统计了344位抽烟的被试者，他们每人平均每天抽烟的数量以及他们2020年一年的医疗费，数据存放在 CurveEstimationRegression1.sav 中。现在需要对被试者平均每天抽烟的数量，与其医疗费之间的关系进行曲线回归分析（用曲线方程对这种关系进行描述）。

分析过程：

Step 1：在菜单中依次选择"分析"→"回归"→"曲线估算"。按图6.24所示进行设置。

（1）将自变量 cigs 选入"变量"，将因变量 costs 选入"因变量"。

（2）选中"对数""二次""幂""指数"。

（3）选中"显示 ANOVA 表"。

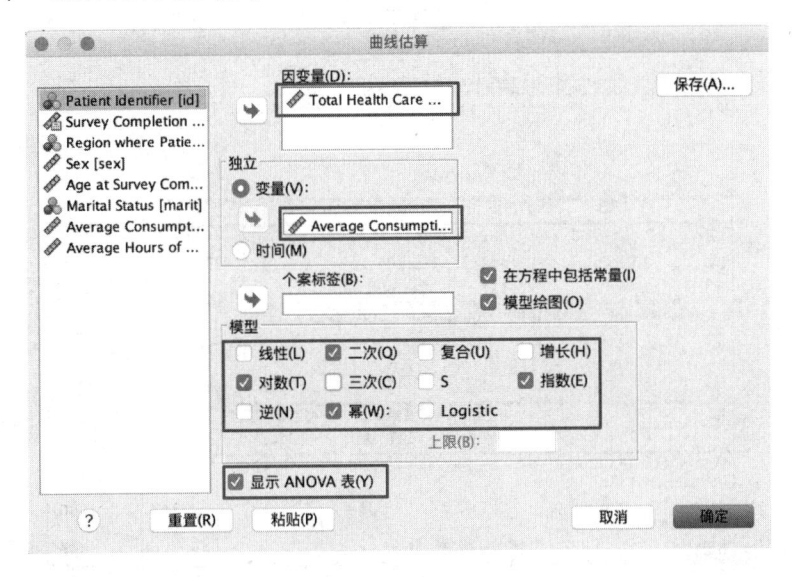

图 6.24　曲线回归的设置

Step 2：结果分析。

（1）使用对数模型进行回归的结果如图6.25所示。

可见，按对数模型拟合，自变量 cigs 对因变量 costs 有显著性影响，$F(1, 342) = 84.588$，$p < 0.001$。自变量 cigs 能解释 19.6% 的因变量 costs 的变化。拟合形成的对数方程为：costs = 2483.748+1394.505ln(cigs)。

（2）使用二次函数模型进行回归的结果如图6.26所示。

可见，按二次函数模型拟合，自变量 cigs 对因变量 costs 有显著性影响，$F(2, 341) = 65.034$，$p < 0.001$。自变量 cigs 能解释 27.2% 的因变量 costs 的变化。

拟合形成的二次函数方程为：costs = 3395.948+172.241cigs。此例中，最后拟合形成的二次函数方程中没有 cigs^2，因为其显著性 $p = 0.180$。

模型摘要

R	R方	调整后R方	标准 估算的错误
.445	.198	.196	1820.509

自变量为 Average Consumption of Cigarettes per Day。

ANOVA

	平方和	自由度	均方	F	显著性
回归	280345707	1	280345707	84.588	.000
残差	1.133E+9	342	3314254.73		
总计	1.414E+9	343			

自变量为 Average Consumption of Cigarettes per Day。

系数

	未标准化系数 B	标准 错误	标准化系数 Beta	t	显著性
ln(Average Consumption of Cigarettes per Day)	1394.505	151.623	.445	9.197	.000
(常量)	2483.748	277.609		8.947	.000

图 6.25　使用对数模型进行回归的结果

模型摘要

R	R方	调整后R方	标准 估算的错误
.525	.276	.272	1732.428

自变量为 Average Consumption of Cigarettes per Day。

ANOVA

	平方和	自由度	均方	F	显著性
回归	390374958	2	195187479	65.034	.000
残差	1.023E+9	341	3001307.52		
总计	1.414E+9	343			

自变量为 Average Consumption of Cigarettes per Day。

系数

	未标准化系数 B	标准 错误	标准化系数 Beta	t	显著性
Average Consumption of Cigarettes per Day	172.241	75.223	.335	2.290	.023
Average Consumption of Cigarettes per Day ** 2	5.420	4.034	.197	1.343	.180
(常量)	3395.948	297.544		11.413	.000

图 6.26　使用二次函数模型进行回归的结果

（3）使用幂函数模型进行回归的结果如图 6.27 所示。

可见，按幂函数模型拟合，自变量 cigs 对因变量 costs 有显著性影响，$F(1, 342) = 84.176$，$p < 0.001$。自变量 cigs 能解释 19.5%的因变量 costs 的变化。

拟合形成的幂函数为：costs = $2796.093 \text{cigs}^{0.277}$。

（4）使用指数模型进行回归的结果如图 6.28 所示。

可见，按指数模型拟合，自变量 cigs 对因变量 costs 有显著性影响，$F(1, 342) = 117.664$，$p < 0.001$。自变量 cigs 能解释 25.4%的因变量 costs 的变化。

拟合形成的指数方程为：costs = $3180.550 e^{0.052 \text{cigs}}$。

模型摘要

R	R 方	调整后 R 方	标准 估算的错误
.444	.198	.195	.362

自变量为 Average Consumption of Cigarettes per Day。

ANOVA

	平方和	自由度	均方	F	显著性
回归	11.057	1	11.057	84.176	.000
残差	44.923	342	.131		
总计	55.980	343			

自变量为 Average Consumption of Cigarettes per Day。

系数

	未标准化系数 B	标准 错误	标准化系数 Beta	t	显著性
ln(Average Consumption of Cigarettes per Day)	.277	.030	.444	9.175	.000
(常量)	2796.093	154.531		18.094	.000

因变量为 ln(Total Health Care Costs Declared over 2020)。

图 6.27　使用幂函数模型进行回归的结果

模型摘要

R	R 方	调整后 R 方	标准 估算的错误
.506	.256	.254	.349

自变量为 Average Consumption of Cigarettes per Day。

ANOVA

	平方和	自由度	均方	F	显著性
回归	14.330	1	14.330	117.664	.000
残差	41.651	342	.122		
总计	55.980	343			

自变量为 Average Consumption of Cigarettes per Day。

系数

	未标准化系数 B	标准 错误	标准化系数 Beta	t	显著性
Average Consumption of Cigarettes per Day	.052	.005	.506	10.847	.000
(常量)	3180.550	117.654		27.033	.000

因变量为 ln(Total Health Care Costs Declared over 2020)。

图 6.28　使用指数函数模型进行回归的结果

（5）对比以上 4 种模型可以发现，本例中，使用二次函数模型进行回归的效果最好。

6.2.3　有多个自变量（包含连续型自变量）的线性关系

如果存在多个自变量（可都是连续型自变量，也可以有分类型自变量），要分析这些自变量与一个连续型因变量之间的关系，或者使用这些自变量去预测一个连续型因变量，可以首先考虑使用多元线性回归（Multiple linear regression）。多元线性回归，即尝试将自变量 x_1，$x_2,\cdots,x_N$ 与因变量 y 之间的关系用式（6-6）描述出来：

$$y = \beta_0 + \beta_1 x_1 + \beta_2 x_2 + \cdots + \beta_N x_N \tag{6-6}$$

多元线性回归的使用条件和零假设如表 6.6 所示。

表 6.6　多元线性回归的使用条件和零假设

使用条件	（1）有两个或更多自变量，为连续型或者分类型。 （2）只有一个因变量，为连续型。 （3）因变量与每个自变量都是线性相关关系。 （4）自变量之间不能有共线性（不需要另外检查，在进行多元线性回归时，可以同时进行这项检查）。 （5）残差互相独立且符合正态分布（不需要另外检验，在进行多元线性回归分析时，会自动进行检验）
零假设	$H_0: \beta_i = 0$

例 9：研究者招募了 50 位员工，请他们从 5 个不同的角度评价自己的工作，并给出总体工作满意度，数据存放在 MultipleRegression.sav 中。现在需要分析：如何用这 5 个不同角度的评价，来预测员工的总体工作满意度？

分析过程：

Step 1：对工作 5 个不同角度的评价（supervisor、conditions、colleagues、workplace、tasks）为 5 个自变量，对工作的总体满意度（overall）为因变量。

Step 2：在菜单中依次选择"分析"→"回归"→"线性"。按图 6.29 所示进行设置。

（1）将自变量 supervisor、conditions、colleagues、workplace、tasks 选入"自变量"，将因变量 overall 选入"因变量"。

（2）单击"统计"按钮，在弹出界面选中"估算值""置信区间""模型拟合""德宾-沃森""描述"。

（3）单击"图"按钮，在弹出界面选中"直方图"和"正态概率图"。

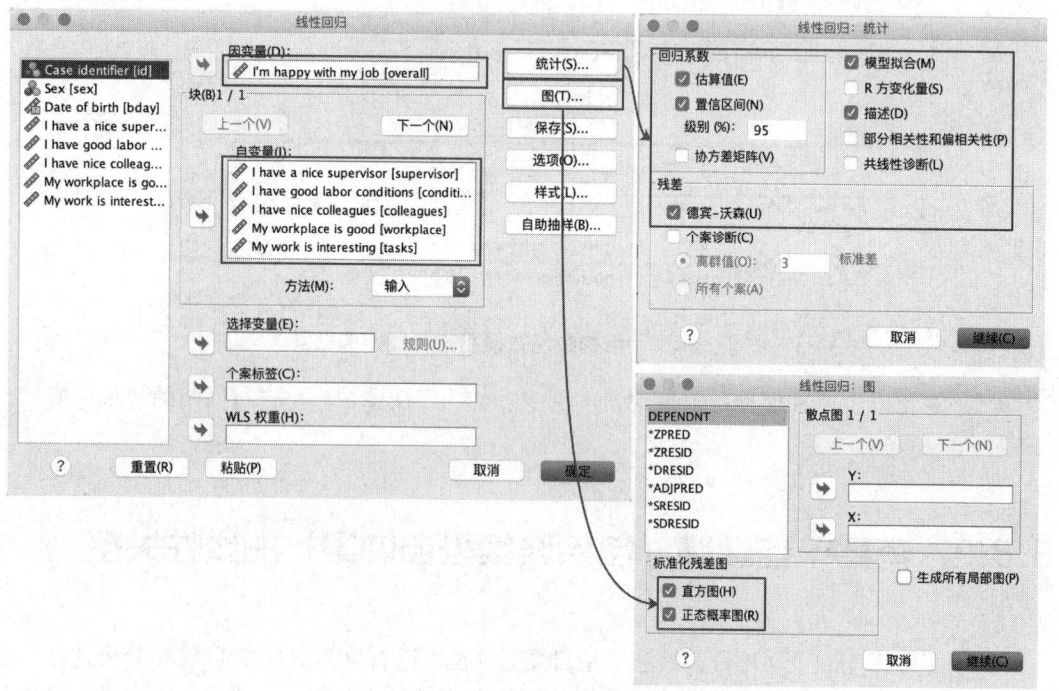

图 6.29　多元线性回归的设置

Step 3：结果分析。

（1）通过残差判断本例是否适合使用线性回归来拟合自变量与因变量之间的关系。

① 残差是否互相独立：通过德宾-沃森检验进行判断。本例中，如图 6.30 所示，德宾-沃森检验的值为 1.515，说明残差之间符合独立性要求。

模型摘要[b]

模型	R	R 方	调整后 R 方	标准估算的错误	德宾-沃森
1	.695[a]	.483	.424	17.631	1.515

a. 预测变量：(常量), My work is interesting, I have good labor conditions, My workplace is good, I have nice colleagues, I have a nice supervisor
b. 因变量：I'm happy with my job

图 6.30　模型摘要

② 残差是否符合正态分布：通过观察标准化残差直方图（如图 6.31 所示）、标准化残差的正态 P-P 图（如图 6.32 所示）。

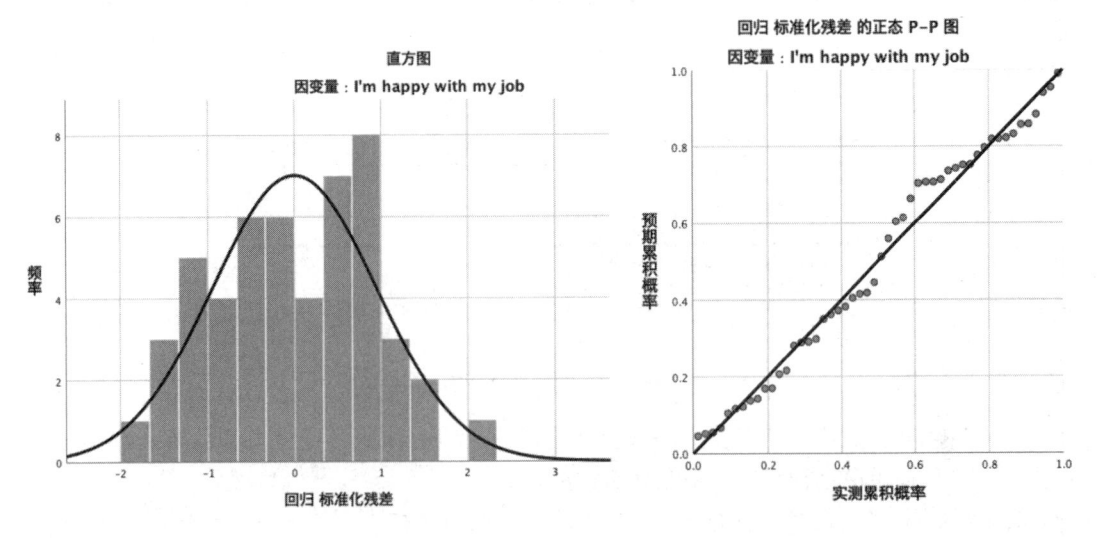

图 6.31　标准化残差直方图　　　　图 6.32　标准化残差的正态 P-P 图

（2）检查自变量之间是否有共线性。

因为在 Step 2 的（2）中选中了"描述"，所以 SPSS 会对自变量进行相关性分析。本例中，如图 6.33 所示，所有自变量之间不存在严重共线性。

（3）观察得到的线性方程的拟合效果（拟合得到的线性方程与原始数据的匹配程度）。

① 通过该线性方程，自变量能解释多少因变量的变化：通过图 6.30 中的"调整后 R 方"（Adj.R^2）值来反映。本例中，Adj.R^2 为 0.424，即自变量能解释 42.4%的因变量的变化。同时，这个值也用来表达拟合的效应量，也就是这两个变量之间的相关程度。根据 Cohen 的研究[2]，本例中的模型具有强效应量，Adj.R^2 = 0.424。

② 该线性方程是否可以显著预测因变量。

本例中，由图 6.34 所示的方差分析表可知，根据自变量可以对因变量进行显著预测，$F(5, 44) = 8.210$，$p < 0.001$。

相关性

		I'm happy with my job	I have a nice supervisor	I have good labor conditions	I have nice colleagues	My workplace is good	My work is interesting
皮尔逊相关性	I'm happy with my job	1.000	.453	.497	.404	.400	.420
	I have a nice supervisor	.453	1.000	.345	.600	.428	.246
	I have good labor conditions	.497	.345	1.000	.263	.139	.126
	I have nice colleagues	.404	.600	.263	1.000	.406	.196
	My workplace is good	.400	.428	.139	.406	1.000	.142
	My work is interesting	.420	.246	.126	.196	.142	1.000
显著性（单尾）	I'm happy with my job	.	.000	.000	.002	.002	.001
	I have a nice supervisor	.000	.	.007	.000	.001	.042
	I have good labor conditions	.000	.007	.	.032	.168	.191
	I have nice colleagues	.002	.000	.032	.	.002	.086
	My workplace is good	.002	.001	.168	.002	.	.163
	My work is interesting	.001	.042	.191	.086	.163	.
个案数	I'm happy with my job	50	50	50	50	50	50
	I have a nice supervisor	50	50	50	50	50	50
	I have good labor conditions	50	50	50	50	50	50
	I have nice colleagues	50	50	50	50	50	50
	My workplace is good	50	50	50	50	50	50
	My work is interesting	50	50	50	50	50	50

图 6.33 变量之间的相关性分析

ANOVA^a

模型		平方和	自由度	均方	F	显著性
1	回归	12761.123	5	2552.225	8.210	.000^b
	残差	13677.757	44	310.858		
	总计	26438.880	49			

a. 因变量: I'm happy with my job

b. 预测变量: (常量), My work is interesting, I have good labor conditions, My workplace is good, I have nice colleagues, I have a nice supervisor

图 6.34 方差分析表

（4）在确定了线性方程有较好的拟合效果后，可进一步观察线性方程的具体参数 β_0 和 β_i，也就是具体了解这种线性关系是什么样的。

对于常数项 β_0，其零假设为 $\beta_0 = 0$。本例中，如图 6.35 所示，$\beta_0 = 5.854$，$p = 0.566$，即不应该有常数项。对于回归系数 β_i，其零假设为 $\beta_i = 0$。本例中只有自变量 conditions 的系数 $\beta_2 = 0.363$，$p = 0.003$，以及自变量 tasks 的系数 $\beta_5 = 0.334$，$p = 0.011$，其余回归系数的 p 都大于 0.05。因此，拟合形成的线性方程为：overall = 0.363conditions+0.334tasks。

系数^a

模型		未标准化系数 B	标准错误	标准化系数 Beta	t	显著性	B 的 95.0% 置信区间 下限	上限
1	(常量)	5.854	10.120		.578	.566	-14.541	26.250
	I have a nice supervisor	.117	.176	.097	.664	.510	-.238	.472
	I have good labor conditions	.363	.114	.369	3.182	.003	.133	.593
	I have nice colleagues	.103	.145	.098	.707	.483	-.190	.396
	My workplace is good	.256	.139	.225	1.836	.073	-.025	.537
	My work is interesting	.334	.126	.299	2.660	.011	.081	.587

a. 因变量: I'm happy with my job

图 6.35 "系数" 表

Step 4：书写报告。

多元线性回归分析显示，使用工作环境（conditions）和工作的有趣程度（tasks）可以显著预测员工总体工作满意度，$F(5, 44) = 8.210$，$p < 0.001$。Adj.R^2 为 0.424，具有强效应量。拟合形成的线性方程为：overall = 0.363conditions+0.334tasks。

例 10：Phinnemore 等研究了司乘人员的情绪对所选自动驾驶模式的影响[4]。这项研究采用了二维情绪模型，也就是用唤起的程度（arousal）和积极情绪的高低（valence）这两个维度去衡量情绪。这项研究还使用了多元线性回归，使用情绪的这两个维度去预测司乘人员的满意度。

6.3 不限类型自变量与分类型因变量之间的相关分析

上一节中探讨的都是因变量为连续型的回归分析。但在很多实际应用中，因变量是分类型的，这类情况我们在第 4 章已经遇到过了。第 4 章主要探讨的是由一个分类型自变量划分形成的不同样本组，在一个分类型因变量上的差异性，也就是探讨一个分类型自变量对一个分类型因变量是否有显著性影响。但以下几种情况，第 4 章中的分析方法不足以对其进行分析，而应该选择本节中的 Logistic 回归来进行分析。

（1）一个分类型自变量和一个分类型因变量，不仅要探讨它们之间是否有相关性，还希望定量描述这种相关关系，甚至能用自变量来预测因变量。

（2）有 N 个分类型自变量（$N>1$）和一个分类型因变量，定量分析它们之间的关系。

（3）有一个分类型因变量，但是自变量中既有分类型，也有连续型，要定量分析所有自变量与因变量之间的关系。

使用 Logistic 回归进行相关性分析的优势是：它并**不限制自变量的个数与类型**。根据因变量是二分类型、无序多分类型，还是有序多分类型，Logistic 回归可以分为二元 Logistic 回归、多元 Logistic 回归以及有序 Logistic 回归。

6.3.1 因变量为二分类型

如果因变量是二分类型，而自变量中出现连续型数据，或者有两个及多个自变量时，可以首先考虑使用二元 Logistic 回归（Binominal logistic regression）来分析自变量与因变量之间的关系。典型的应用场合例如：性别和收入，会对用户是否购买这款产品产生什么样的影响？

6.2 节中介绍的线性回归和曲线回归，是直接在自变量和因变量之间拟合出一个方程，通过这个方程可以用自变量去预测因变量的值。但是，二元 Logistic 回归与它们有较大的差别，它不是直接在自变量和因变量之间建立一个描述数据依存关系的方程，而是根据自变量得出因变量所代表的事件发生的概率。其模型为

$$\beta_0 + \beta_1 x_1 + \beta_2 x_2 + \cdots + \beta_N x_N = \ln\left(\frac{p}{1-p}\right) \qquad (6\text{-}7)$$

式中：p 为因变量所代表的事件发生的概率。例如，要分析"性别和收入，会对用户是否购买这款产品产生什么样的影响？"，则 p 就是"购买这款产品的概率"。而式（6-7）中的 $\frac{p}{1-p}$ 被称为"发生比"（odds），即一个事件发生与不发生的概率比。当 $\frac{p}{1-p} > 1$ 时，表明一个事件发生的概率超过了 50%，即有较大概率会发生这个事件；当 $\frac{p}{1-p} < 1$ 时，表明有较大概率不会发生这个事件。因此，通过发生比可以了解一个事件发生的概率大小。

在实际应用中，使用 Logistic 回归是为了对自变量不同取值所划分形成的不同群体（如男性与女性），在因变量所代表的事件发生的可能性上，进行对比分析。而"事件发生的可能性"通常使用事件的发生比 $\frac{p}{1-p}$ 来表达。例如，将男性的购买发生比与女性的购买发生比进行对比。具体的分析方法参见本章例 11～例 13。

二元 Logistic 回归的使用条件如表 6.7 所示。

表 6.7 二元 Logistic 回归的使用条件

使用条件	（1）只有一个因变量，为二分类型。 （2）可以有一个或多个自变量，且自变量既可以是连续型，也可以是分类型。 （3）自变量之间不能有严重共线性。 （4）样本量应足够大：样本量达到自变量数量的 20 倍时，通常回归效果比较好

例 11：（自变量为二分类型）研究者统计了 315 位被试者对于执行某项动物实验的态度，数据存放在 BinaryLogistic1.sav 中。现在要研究：不同性别的被试者，在是否同意执行这项实验上，存在什么样的差异？

分析过程：

Step 1：性别（gender）为自变量，属于二分类型；是否同意执行这项实验（decision）为因变量，也是二分类型。如果只想知道不同性别的被试者，在是否同意执行这项实验上有没有显著性差异，使用第 4 章中的卡方检验即可。但如果想要进一步了解可能存在的差异，可以使用二元 Logistic 回归进行分析。

Step 2：在菜单中依次选择"分析"→"回归"→"二元 logistic"。按图 6.36 进行设置。

（1）将因变量 decision 选入"因变量"，将自变量 gender 选入"协变量"。

（2）单击"分类"按钮，在弹出界面将自变量 gender 选入"分类协变量"，并在"参考类别"下选中"第一个"，再单击"继续"按钮。

此处，选中"第一个"就是以数据表中自变量 gender = 0 时的性别为基准（本例中以女性被试者是否同意执行这项实验的情况为基准），来观察男性被试者是否同意执行这项实验的情况（因为在数据表中 Female = 0，Male = 1）。换句话说，就是我们想要观察的是"男性被试者的发生比是女性被试者发生比的多少倍？"

（3）单击"选项"按钮，在弹出界面选中"Exp(B)的置信区间：95%"，并在"显示"下

选中"在最后一个步骤"。

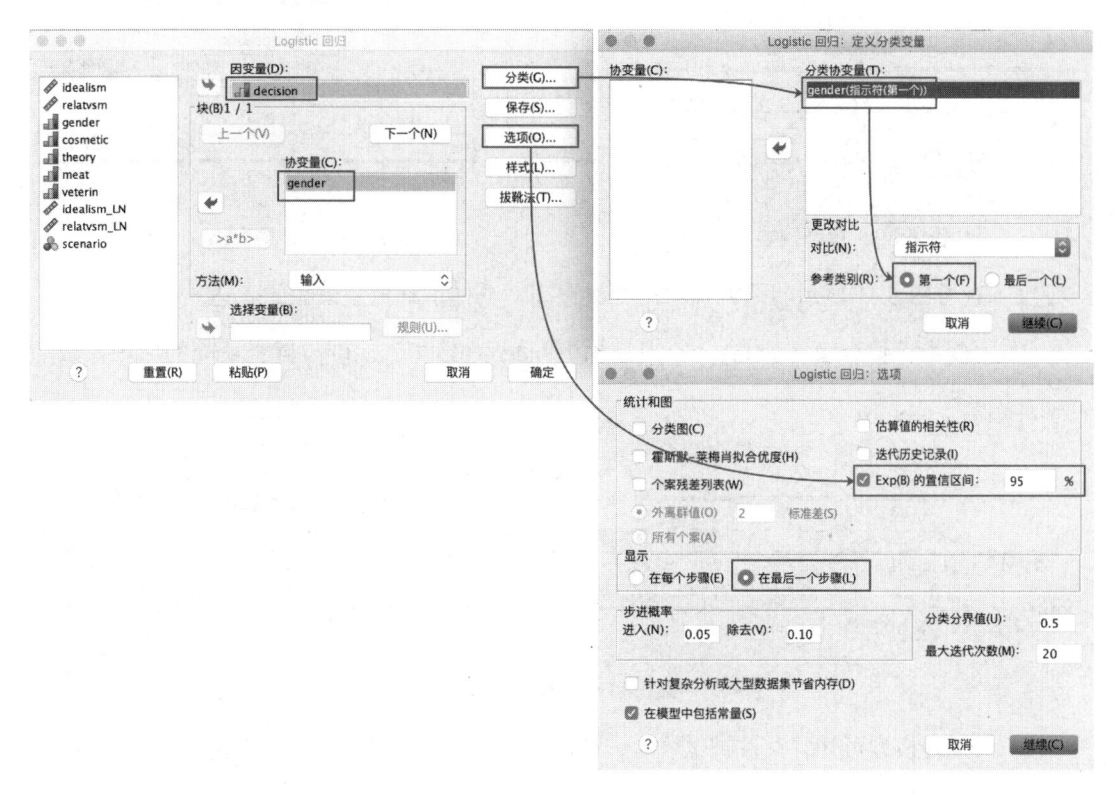

图 6.36 二元 Logistic 回归的设置

Step 3：结果分析。

（1）查看"分类变量编码"表中的参数编码，此处的编码对于解读后续"方程中的变量"表有用。本例中，如图 6.37 所示，gender(1)表示男性被试者与女性被试者进行对比。

（2）在众多输出结果表中，"块 0：起始块"中的输出反映的是模型中只有常量时的拟合效果，而"块 1：方法=输入"中输出的才是模型中既有常量、又有自变量时的拟合效果。因此，可以跳过"块 0：起始块"，直接查看"块 1：方法=输入"中的结果。

（3）通过 Omnibus 检验，观察有自变量时拟合模型的效果是否比只有常量时的拟合效果好。如图 6.38 所示，本例中，$\chi^2(1) = 25.653$，$p < 0.001$。

图 6.37 分类变量编码　　　　图 6.38 模型系数的 Omnibus 检验

（4）查看"块 1：方法=输入"中的"模型摘要"表，通过"内戈尔科 R 方"（Nagelkerke R^2）观察拟合形成的模型能解释多少因变量的变化。本例中，如图 6.39 所示，Nagelkerke R^2 = 0.106，即拟合模型可以解释 10.6%的因变量的变化。

（5）查看图 6.40 所示的"分类表"，了解拟合形成的模型对原数据的正确预测率是多少。本例中，拟合模型对原数据的正确预测率为 66.0%，效果一般。

模型摘要

步骤	-2 对数似然	考克斯-斯奈尔 R 方	内戈尔科 R 方
1	399.913[a]	.078	.106

a. 由于参数估算值的变化不足 .001，因此估算在第 3 次迭代时终止。

分类表[a]

		预测		
		decision		正确百分比
实测		stop	continue	
步骤 1	decision stop	140	47	74.9
	continue	60	68	53.1
	总体百分比			66.0

a. 分界值为 .500

图 6.39　模型摘要　　　　　　图 6.40　分类表

（6）查看图 6.41 所示的"方程中的变量"表，具体了解拟合模型的表达式。

① 本例中，拟合模型为 $\ln\left(\dfrac{p}{1-p}\right) = 1.217\text{gender} - 0.847$，常量与自变量前的回归系数的显著性均为 $p < 0.001$。

方程中的变量

		B	标准误差	瓦尔德	自由度	显著性	Exp(B)	EXP(B) 的 95% 置信区间 下限	上限
步骤 1[a]	gender(1)	1.217	.245	24.757	1	.000	3.376	2.090	5.452
	常量	-.847	.154	30.152	1	.000	.429		

a. 在步骤 1 输入的变量：gender。

图 6.41　方程中的变量

② 由拟合模型可知，女性被试者（gender = 0）的发生比为

$$\frac{p_f}{1-p_f} = e^{-0.847} = 0.429$$

即女性被试者在因变量 decision 中选 1 的概率是其在 decision 中选 0 的概率的 0.429 倍。进一步可知 $p_f = 0.3$，即女性被试者有 30% 的概率在 decision 中选 1，有 70% 的概率在 decision 中选 0。

③ 男性被试者（gender = 1）的发生比为

$$\frac{p_m}{1-p_m} = e^{1.217-0.847} = 1.448$$

即男性被试者在因变量 decision 中选 1 的概率是其在 decision 中选 0 的概率的 1.448 倍。进一步可知 $p_m = 0.59$，即男性被试者有 59% 的概率在 decision 中选 1，有 41% 的概率在 decision 中选 0。

④ 可知，男性比女性更倾向于同意执行这项实验。

实际上，男性与女性在态度上的差别也可以通过 Exp(B) 值来知晓，因为 Exp(B) = $\dfrac{p_m}{1-p_m} \Big/ \dfrac{p_f}{1-p_f}$。本例中，$\dfrac{p_m}{1-p_m} \Big/ \dfrac{p_f}{1-p_f} = 1.448/0.429 = 3.376$，正是图 6.41 中显示的 Exp(B) 值。简单来看，若 Exp(B) > 1，则 $p_m > p_f$；若 Exp(B) < 1，则 $p_m < p_f$。

Step 4：书写报告。

通过对性别和是否同意执行这项实验之间进行二元 Logistic 回归，拟合形成的模型与只有常数项的模型相比有显著性差异 [$\chi^2(1) = 25.653$，$p < 0.001$]，可解释 10.6% 的因变量的变化（Nagelkerke R^2），正确预测率为 66.0%。男性与女性在是否同意执行这项实验上存在显著性差异，$p < 0.001$。具体来说，男性比女性更倾向于同意执行这项实验，男性的发生比是女性的 3.376 倍。

例 12：(自变量中有多分类型数据)研究者统计了泰坦尼克号上 1313 名乘客的船舱等级、性别、国籍、姓名、年龄、同在船上的直系亲属数量、票价、幸存情况等信息，数据存放在 BinaryLogistic2.sav 中。现在要研究：船舱等级与性别，对幸存与否存在什么样的影响？

分析过程：

Step 1：船舱等级（pclass）为自变量，有三个取值：一等舱、二等舱、三等舱；乘客的性别（gender）为自变量，有两个取值：男性、女性；生还情况（survived）为因变量，有两个取值：幸存、死亡。

Step 2：在菜单中依次选择"分析"→"回归"→"二元 logistic"。按图 6.42 进行设置。

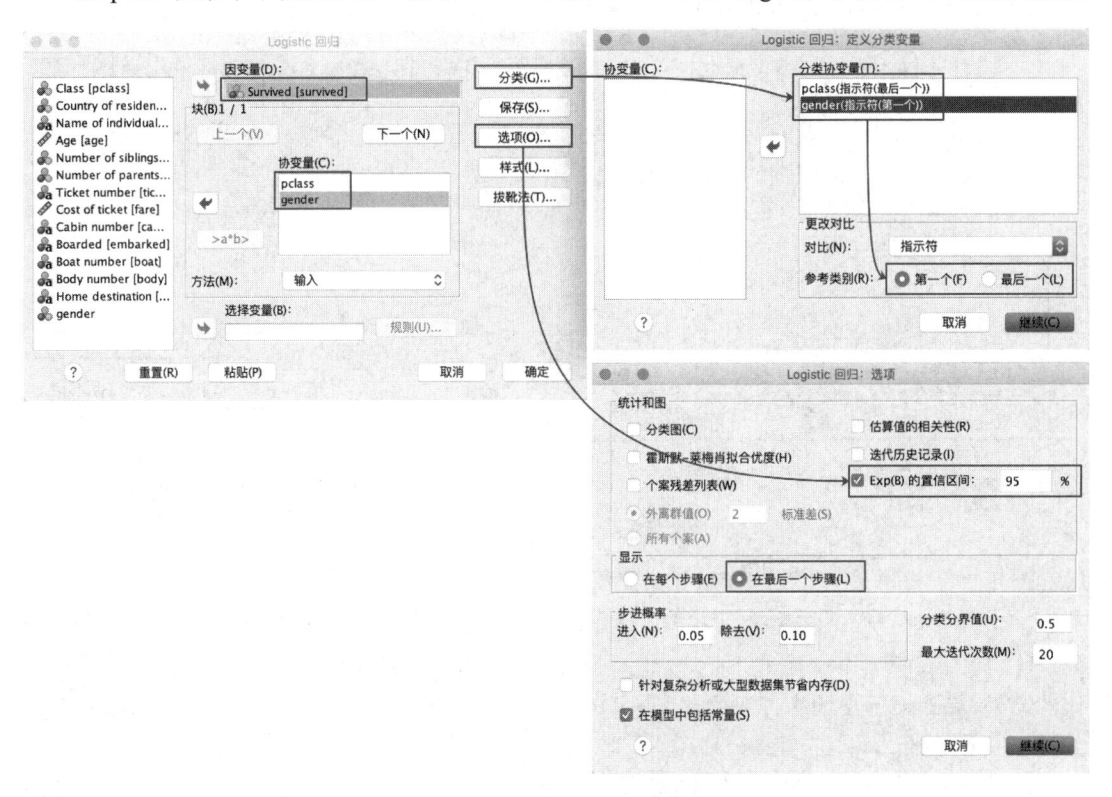

图 6.42 二元 Logistic 回归的设置

（1）将因变量 survived 选入"因变量"，将自变量 gender 和 pclass 选入"协变量"。

（2）单击"分类"按钮。我们希望最后的输出结果中，显示女性的幸存情况与男性的幸存情况相比的结果，所以此处将男性（gender = 0）设为参考类别，即把自变量 gender 选入"分类协变量"，在"参考类别"下选中"第一个"。

此外，我们还希望最后的输出结果中，显示其他船舱等级与三等舱的幸存情况的对比结果，所以将三等舱（pclass = 3）设为参考类别，即把自变量 pclass 选入"分类协变量"，在"参考类别"下选中"最后一个"。

（3）单击"选项"按钮，在弹出界面选中"Exp(B)的置信区间：95%"，并在"显示"下选中"在最后一个步骤"。

Step 3：结果分析。

（1）查看"分类变量编码"表中的参数编码。本例中，如图 6.43 所示，Gender(1)代表的是以男性的幸存情况为参考，女性的幸存情况与男性的幸存情况进行对比；Class(1)表示以三等舱为参考，一等舱与三等舱进行对比；Class(2)表示以三等舱为参考，二等舱与三等舱进行对比。

（2）通过 Omnibus 检验，观察有自变量时拟合模型的效果是否比只有常量时的拟合效果好。如图 6.44 所示，本例中，有自变量时拟合模型的效果更好，$\chi^2(3) = 483.802$，$p < 0.001$。

分类变量编码

		频率	参数编码 (1)	(2)
Class	1st	323	1.000	.000
	2nd	277	.000	1.000
	3rd	709	.000	.000
Gender	Male	843	.000	
	Female	466	1.000	

模型系数的 Omnibus 检验

		卡方	自由度	显著性
步骤 1	步骤	483.802	3	.000
	块	483.802	3	.000
	模型	483.802	3	.000

图 6.43　分类变量编码　　　　　图 6.44　模型系数的 Omnibus 检验

（3）查看"块 1：方法=输入"中的"模型摘要"表，如图 6.45 所示，Nagelkerke $R^2 = 0.420$，即拟合模型可以解释 42.0%的因变量的变化。

（4）查看"分类表"，了解拟合形成的模型对原数据的正确预测率是多少。本例中，如图 6.46 所示，拟合模型对原数据的正确预测率为 78.0%。

模型摘要

步骤	-2 对数似然	考克斯-斯奈尔 R 方	内戈尔科 R 方
1	1257.222[a]	.309	.420

a. 由于参数估算值的变化不足 .001，因此估算在第 5 次迭代时终止。

分类表[a]

			预测 Survived		正确百分比
	实测		Died	Survived	
步骤 1	Survived	Died	682	127	84.3
		Survived	161	339	67.8
	总体百分比				78.0

a. 分界值为 .500

图 6.45　模型摘要　　　　　　　图 6.46　分类表

（5）查看"方程中的变量"表，具体了解拟合模型。可以通过观察 Exp(B) 来进行分析：

① 如图 6.47 所示，通过 Step 3 中（1）的分析已知，Class(1)指的是一等舱与三等舱相比的结果：pclass = 1 的幸存发生比是 pclass = 3 的幸存发生比的 5.602 倍，即一等舱的幸存率高于三等舱的。

② Class(2)指的是二等舱与三等舱相比的结果：pclass = 2 的幸存发生比是 pclass = 3 的幸存发生比的 2.322 倍，即二等舱的幸存率高于三等舱的，同时也低于一等舱的。

③ Gender(1)指的是女性的幸存情况与男性的幸存情况相比的结果：Gender = 1 的幸存发生比是 Gender = 0 的幸存发生比的 12.367 倍。

方程中的变量

		B	标准误差	瓦尔德	自由度	显著性	Exp(B)	EXP(B) 的 95% 置信区间 下限	上限
步骤 1[a]	Class			102.428	2	.000			
	Class(1)	1.723	.172	100.949	1	.000	5.602	4.003	7.840
	Class(2)	.842	.178	22.499	1	.000	2.322	1.639	3.288
	Gender(1)	2.515	.147	293.939	1	.000	12.367	9.277	16.486
	常量	-2.129	.127	281.988	1	.000	.119		

a. 在步骤 1 输入的变量：Class, Gender。

图 6.47　方程中的变量

Step 4：书写报告。

通过对性别、船舱等级和是否幸存之间进行二元 Logistic 回归，拟合形成的模型显著好于只有常数项的模型[$\chi^2(3) = 483.802$, $p < 0.001$]，可解释 42.0%的因变量的变化（Nagelkerke R^2），正确预测率为 78.0%。女性的幸存发生比是男性的 12.367 倍。一等舱的幸存发生比是三等舱的 5.602 倍，二等舱的幸存发生比是三等舱的 2.322 倍。

例 13：（自变量中有连续型数据）研究者统计了 315 位被试者对于执行某项动物实验的态度，数据存放在 BinaryLogistic1.sav 中。现在要研究：以数据表中被试者的 gender、idealism、relatvsm 为自变量，研究其对被试者是否同意执行这项实验（以 decision 为因变量）会产生什么样的影响？

分析过程：

Step 1：自变量 gender 为无序分类型，而自变量 idealism 和 relatvsm 都是连续型。因变量 decision 是无序分类型，且是二分类型。因此考虑使用二元 Logistic 回归进行分析。

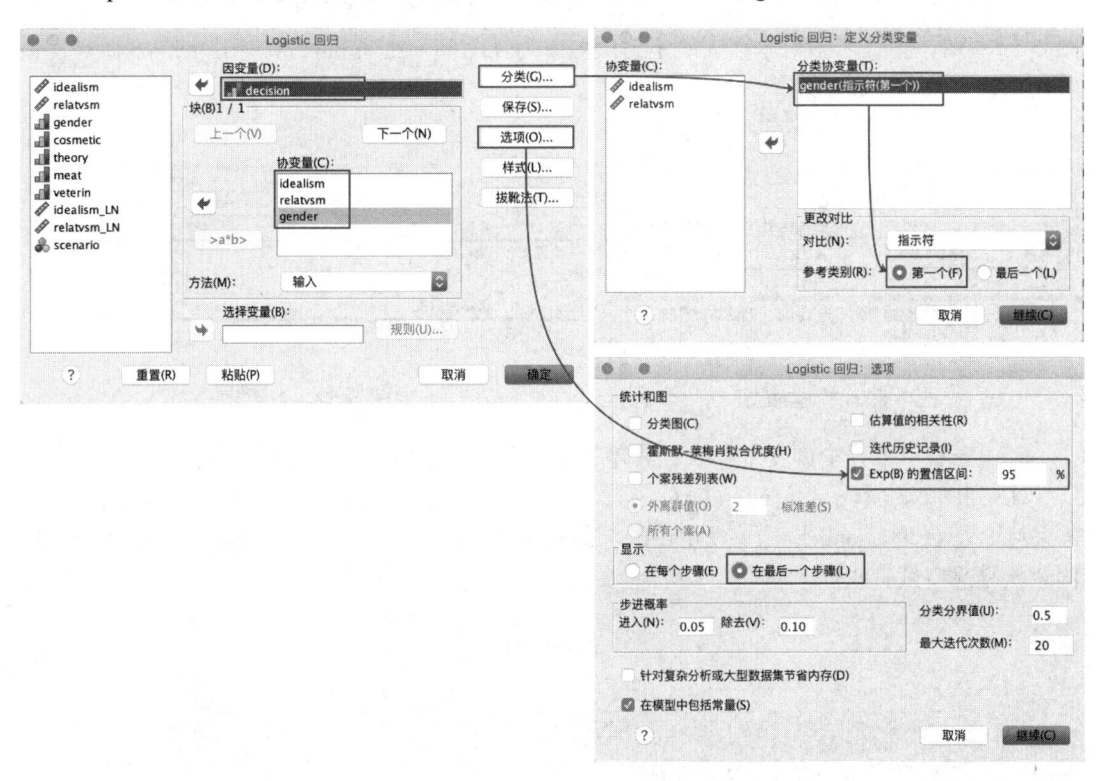

Step 2：在菜单中依次选择"分析"→"回归"→"二元 logistic"。按图 6.48 进行设置。

图 6.48　二元 Logistic 回归的设置

（1）将因变量 decision 选入"因变量"，将自变量 gender、idealism 和 relatvsm 选入"协变量"。

（2）单击"分类"按钮，在弹出界面将自变量 gender 选入"分类协变量"，并在"参考类别"下选中"第一个"，再单击"继续"按钮。即以女性（gender = 0）为参考类别，希望在最后输出的结果中能了解到"男性被试者的发生比，是女性被试者的发生比的多少倍？"

（3）单击"选项"按钮，在弹出界面选中"Exp(B)的置信区间：95%"，并在"显示"下选中"在最后一个步骤"。

Step 3：结果分析。

（1）查看"分类变量编码"表中的参数编码。本例中，如图 6.49 所示，gender(1)代表的是以女性被试者为参考类别，男性被试者与女性被试者进行对比。

（2）通过 Omnibus 检验，观察有自变量时拟合模型的效果是否比只有常量时的拟合效果好。如图 6.50 所示，本例中，有自变量时拟合模型的效果更好，$\chi^2(3) = 79.063$，$p < 0.001$。

分类变量编码

		频率	参数编码 (1)
gender	Female	200	.000
	Male	115	1.000

图 6.49　分类变量编码

模型系数的 Omnibus 检验

		卡方	自由度	显著性
步骤 1	步骤	79.063	3	.000
	块	79.063	3	.000
	模型	79.063	3	.000

图 6.50　模型系数的 Omnibus 检验

（3）查看“块 1：方法=输入”中的“模型摘要”表，如图 6.51 所示，Nagelkerke $R^2 = 0.300$，即拟合模型可以解释 30.0%的因变量的变化。

（4）查看“分类表”，了解拟合形成的模型对原数据的正确预测率是多少。本例中，如图 6.52 所示，拟合模型对原数据的正确预测率为 71.1%，比图 6.40 中仅用 gender 做自变量时的正确预测率提高了。

模型摘要

步骤	-2 对数似然	考克斯-斯奈尔 R 方	内戈尔科 R 方
1	346.503[a]	.222	.300

a. 由于参数估算值的变化不足 .001，因此估算在第 4 次迭代时终止。

图 6.51　模型摘要

分类表[a]

实测			预测 decision stop	预测 decision continue	正确百分比
步骤 1	decision	stop	151	36	80.7
		continue	55	73	57.0
	总体百分比				71.1

a. 分界值为 .500

图 6.52　分类表

（5）查看“方程中的变量”表，具体了解拟合模型，可以通过观察 Exp(*B*)来进行分析。

① 如图 6.53 所示，gender(1)这一行的 p<0.001，Exp(*B*)=3.225，表明男性（gender = 1）的发生比是女性（gender = 0）发生比的 3.225 倍，即男性同意执行这项试验的概率大于女性同意执行这项试验的概率。

方程中的变量

		B	标准误差	瓦尔德	自由度	显著性	Exp(B)	EXP(B) 的 95% 置信区间 下限	EXP(B) 的 95% 置信区间 上限
步骤 3[a]	gender(1)	1.171	.268	19.113	1	.000	3.225	1.908	5.452
	idealism	-.689	.112	38.194	1	.000	.502	.403	.625
	relatvsm	.343	.124	7.600	1	.006	1.409	1.104	1.799
	常量	1.488	.979	2.311	1	.128	4.427		

a. 在步骤 3 输入的变量：relatvsm。

图 6.53　方程中的变量

② idealism 这一行的 p<0.001，Exp(*B*)=0.502，表明在 idealism 变量上每增加 1，同意执行这项实验的发生比是原来的 0.502 倍（几乎减少一半），即 idealism 变量的值越大，同意执行这项实验的概率会越小。

③ relatvsm 这一行的 p=0.006，Exp(*B*)=1.409，表明在 relatvsm 变量上每增加 1，同意执行这项实验的发生比是原来的 1.409 倍，即 relatvsm 变量的值越大，同意执行这项实验的概率也会越大。

例 14：Menheere 等研究了是哪些原因导致人们不愿意跑步[5]。这项研究将放弃跑步的原因分成了两大类：因为社会关系导致的放弃（social motives for quitting），以及因为自身原因导致的放弃（individual motives for quitting），并将它们处理为二分类型数据，作为因变量。之后将性别、年龄、受教育程度等作为自变量，与这两个因变量之间分别进行二元 Logistic 回归。根据 Exp(*B*) 来分析女性对比于男性、高等教育背景对比于低教育背景的人，因为社会关系和自身原因而放弃跑步的可能性上的差异（详细内容可参见本章参考文献[5]中的 Table 4）。

6.3.2 因变量为无序多分类型

如果要分析的问题中，因变量是无序多分类型，而自变量中出现连续型数据，或者有两个或更多自变量时，就可以考虑使用**多元 Logistic 回归**（Multinomial logistic regression）分析自变量与因变量之间的关系。6.3.1 节中介绍的二元 Logistic 回归，其因变量只有两种取值；而多元 Logistic 回归，其因变量有三种或更多种取值。可以粗略地认为，多元 Logistic 回归是多个二元 Logistic 回归的组合，在每两种因变量的取值之间，都用二元 Logistic 回归进行了一次分析。因此，多元 Logistic 回归是通过对不同群体的因变量事件发生比进行对比分析，来了解自变量对因变量有什么样的影响。多元 Logistic 回归的使用条件如表 6.8 所示。

表 6.8　多元 Logistic 回归的使用条件

使用条件	（1）只有一个因变量，为无序多分类型。 （2）可以有一个或多个自变量。自变量既可以是连续型，也可以是分类型。 （3）自变量之间不能有严重共线性。 （4）样本量应足够大：样本量达到自变量数量的 20 倍时，通常回归效果比较好

例 15：（自变量中没有连续型数据）为了研究某款产品该用什么材质，研究者对 880 名目标用户进行了调研，统计了用户的年龄、性别、婚姻状态、生活方式以及首选材质，数据存放在 MultinominalLogistic1.sav 中。现在要研究：年龄、性别、婚姻状态、生活方式，对首选材质是否有影响？

分析过程：

Step 1：在菜单中依次选择"分析"→"回归"→"多元 logistic"。按图 6.54 进行设置。
（1）将因变量 Material 选入"因变量"，将自变量 Age、Gender、Marriage 和 LifeStyle 选入"因子"。
（2）单击"统计"按钮，在弹出界面，除默认选项，再选中"拟合优度"。

Step 2：结果分析。
（1）观察拟合的效果。通过皮尔逊卡方检验来判断，当 $p > 0.05$ 时，表明模型能很好地表示原数据。本例中，如图 6.55 所示，拟合模型的效果较好，$p = 0.920$。
（2）判断每个自变量是否会对因变量有显著性影响。本例中，如图 6.56 所示，自变量 Age、Marriage 和 LifeStyle 都对因变量 Material 有显著性影响，$p < 0.001$；自变量 Gender 对因变量 Material 没有显著性影响，$p = 0.743$。
（3）查看"参数估算值"表，具体了解拟合模型。如图 6.57 所示，在该表的底部可以看到，参考类别为 Material = Third。我们通过观察 Exp(*B*) 来进行分析。
① 查看 Material = First 与 Material = Third 这组选项之间的对比。
当在 Material = First 与 Material = Third 之间进行选择时，Age 会对做哪种选择产生显著

性影响。具体的，Age = 1 的用户选择 Material = First 的发生比是 Age = 4 的用户的 2.699 倍，$p = 0.002$；Age = 2 的用户选择 Material = First 的发生比是 Age = 4 的用户的 3.730 倍，$p < 0.001$；Age = 3 的用户则与 Age = 4 的用户在这两种材质的选择上没有显著性差异，$p = 0.107$。

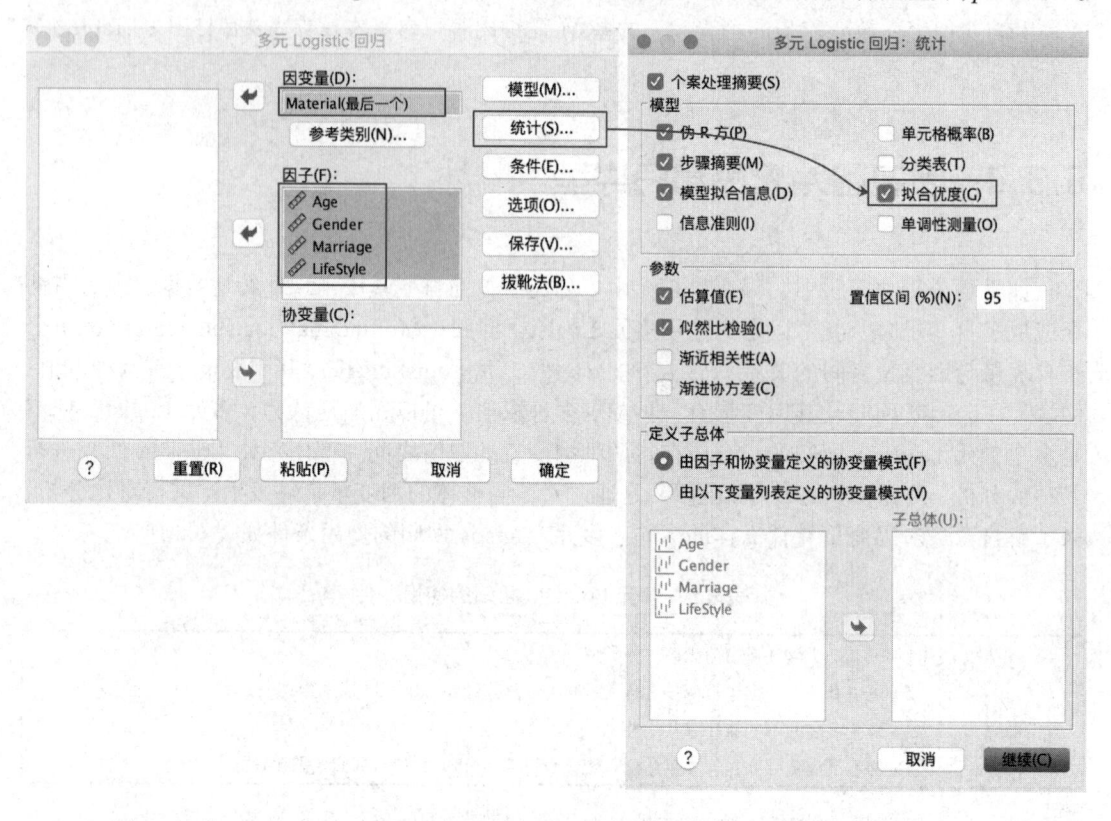

图 6.54　多元 Logistic 回归的设置

图 6.55　拟合优度

图 6.56　似然比检验

当在 Material = First 与 Material = Third 之间进行选择时，Marriage 会对做哪种选择产生显著性影响。具体的，Marriage = 0 的用户选择 Material = First 的发生比是 Marriage = 1 的用户的 2.315 倍，$p < 0.001$。

当在 Material = First 与 Material = Third 之间进行选择时，LifeStyle 会对做哪种选择产生显著性影响。具体的，LifeStyle = 0 的用户选择 Material = First 的发生比是 LifeStyle = 1 的用户的 0.452 倍，$p < 0.001$，即 LifeStyle = 1 有更大概率选择 Material = First。

当在 Material = First 与 Material = Third 之间进行选择时，Gender 不会对做哪种选择产生

显著性影响，$p = 0.454$。

② 查看 Material = Second 与 Material = Third 这组选项之间的对比。

当在 Material = Second 与 Material = Third 之间进行选择时，Age 会对做哪种选择产生显著性影响。具体的，Age = 1 的用户选择 Material = Second 的发生比是 Age = 4 的用户的 0.014 倍，$p < 0.001$；Age = 2 的用户选择 Material = Second 的发生比是 Age = 4 的用户的 0.080 倍，$p < 0.001$；Age = 3 的用户选择 Material = Second 的发生比是 Age = 4 的用户的 0.304 倍，$p < 0.001$。也就是说，如果在 Material = Second 与 Material = Third 之间进行选择，Age = 4 的用户有最大概率会选择 Material = Second。

当在 Material = Second 与 Material = Third 之间进行选择时，Marriage 不会对做哪种选择产生显著性影响，$p = 0.224$；LifeStyle 不会对做哪种选择产生显著性影响，$p = 0.324$；Gender 也不会对做哪种选择产生显著性影响，$p = 0.973$。

参数估算值

Material[a]		B	标准 错误	瓦尔德	自由度	显著性	Exp(B)	Exp(B) 的 95% 置信区间 下限	上限
First	截距	-1.167	.322	13.105	1	.000			
	[Age=1]	.993	.318	9.747	1	.002	2.699	1.447	5.034
	[Age=2]	1.316	.322	16.671	1	.000	3.730	1.983	7.018
	[Age=3]	.552	.342	2.602	1	.107	1.736	.888	3.393
	[Age=4]	0[b]	.	.	0	.	.	.	.
	[Gender=0]	-.135	.180	.561	1	.454	.874	.614	1.244
	[Gender=1]	0[b]	.	.	0	.	.	.	.
	[Marriage=0]	.840	.194	18.808	1	.000	2.315	1.584	3.383
	[Marriage=1]	0[b]	.	.	0	.	.	.	.
	[LifeStyle=0]	-.793	.183	18.693	1	.000	.452	.316	.648
	[LifeStyle=1]	0[b]	.	.	0	.	.	.	.
Second	截距	1.136	.238	22.790	1	.000			
	[Age=1]	-4.272	.534	64.121	1	.000	.014	.005	.040
	[Age=2]	-2.531	.282	80.424	1	.000	.080	.046	.138
	[Age=3]	-1.191	.218	29.713	1	.000	.304	.198	.466
	[Age=4]	0[b]	.	.	0	.	.	.	.
	[Gender=0]	-.006	.183	.001	1	.973	.994	.695	1.422
	[Gender=1]	0[b]	.	.	0	.	.	.	.
	[Marriage=0]	-.260	.214	1.477	1	.224	.771	.507	1.173
	[Marriage=1]	0[b]	.	.	0	.	.	.	.
	[LifeStyle=0]	.185	.188	.972	1	.324	1.204	.833	1.740
	[LifeStyle=1]	0[b]	.	.	0	.	.	.	.

a. 参考类别为：Third。
b. 此参数冗余，因此设置为零。

图 6.57　参数估计值

例 16：（自变量中有连续型数据）研究者邀请了 200 名被试者参加一个有关界面配色方案喜好的研究，让每个被试者进行了两种不同的性格测试，并记录了这两种测试的得分，以及被试者的性别，数据存放在 MultinominalLogistic2.sav 中。现在要研究：性别以及两种性格测试的得分，是否与用户所喜欢的界面配色方案有关？

分析过程：

Step 1：自变量 gender 为二分类型，两种性格测试 test1 和 test2 都为连续型自变量，因变量 favor 为无序多分类型。因此，首先考虑使用多元 Logistic 回归进行分析。

Step 2：在菜单中依次选择"分析"→"回归"→"多元 logistic"。按图 6.58 进行设置。

（1）将因变量 favor 选入"因变量"，分类型自变量 gender 选入"因子"，连续型自变量

test1 和 test2 选入"协变量"。

（2）单击"统计"按钮，在弹出界面，除默认选项，再选中"拟合优度"。

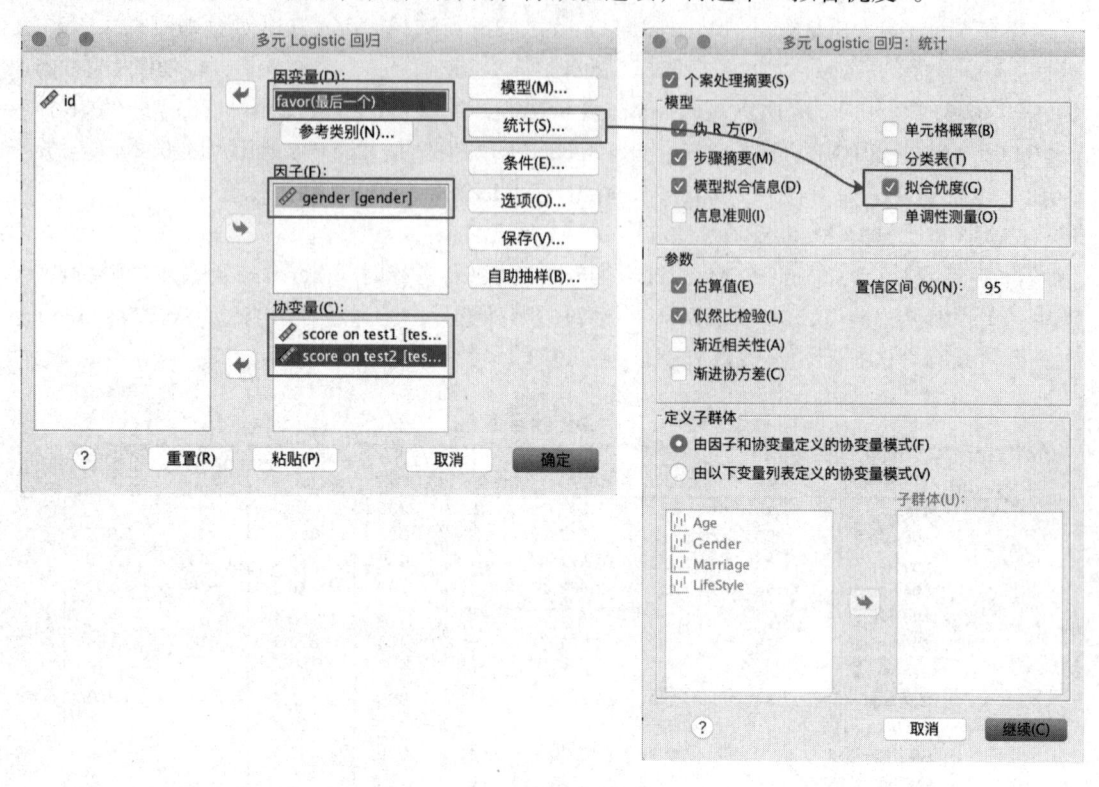

图 6.58　多元 Logistic 回归的设置

Step 3：结果分析。

（1）观察拟合的效果。如图 6.59 所示，皮尔逊卡方检验显示拟合模型效果较好，$p = 0.240$。

（2）判断每个自变量对因变量是否有显著性影响。本例中，如图 6.60 所示，自变量 gender 对因变量 favor 没有显著性影响，$p = 0.078$；自变量 test1 对因变量 favor 没有显著性影响，$p = 0.174$；自变量 test2 对因变量 favor 有显著性影响，$p = 0.002$。

拟合优度

	卡方	自由度	显著性
皮尔逊	294.296	278	.240
偏差	287.613	278	.333

图 6.59　拟合优度表

似然比检验

效应	模型拟合条件 简化模型的 -2 对数似然	似然比检验 卡方	自由度	显著性
截距	332.641[a]	.000	0	.
score on test1	336.139	3.498	2	.174
score on test2	345.602	12.962	2	.002
gender	337.730	5.090	2	.078

卡方统计是最终模型与简化模型之间的 -2 对数似然之差。简化模型是通过在最终模型中省略某个效应而形成的。原假设是，该效应的所有参数均为 0。

a. 因为省略此效应并不会增加自由度，所以此简化模型相当于最终模型。

图 6.60　似然比检验

（3）查看"参数估算值"表，具体了解拟合模型。在图 6.61 所示表的底部可以看到，参考类别为 favor = color3。我们通过观察 Exp(B) 来进行分析。

① 查看 favor = color1 与 favor = color3 这组选项之间的对比：当在 favor = color1 与 favor = color3 之间进行选择时，test2 会对做哪种选择产生显著性影响，$p = 0.001$。被试者的

test2 值每增大 1，选择 favor = color1 的发生比是原来的 0.921 倍，即选择 favor = color1 的概率会略有下降。

② 查看 favor = color2 与 favor = color3 这组选项之间的对比：当在 favor = color2 与 favor = color3 之间进行选择时，test2 会对做哪种选择产生显著性影响，p = 0.031。被试者的 test2 值每增大 1，选择 favor = color2 的发生比是原来的 0.958 倍，即选择 favor = color2 的概率会略有下降。

参数估算值

color preference[a]		B	标准 错误	瓦尔德	自由度	显著性	Exp(B)	Exp(B) 的 95% 置信区间 下限	上限
color1	截距	6.819	1.442	22.351	1	.000			
	score on test1	-.046	.025	3.430	1	.064	.955	.909	1.003
	score on test2	-.082	.024	11.816	1	.001	.921	.879	.965
	[gender=0]	-.849	.448	3.592	1	.058	.428	.178	1.029
	[gender=1]	0[b]	.	.	0	.	.	.	.
color2	截距	4.090	1.209	11.448	1	.001			
	score on test1	-.023	.021	1.206	1	.272	.977	.938	1.018
	score on test2	-.043	.020	4.675	1	.031	.958	.921	.996
	[gender=0]	-.033	.350	.009	1	.925	.968	.487	1.922
	[gender=1]	0[b]	.	.	0	.	.	.	.

a. 参考类别为：color3。
b. 此参数冗余，因此设置为零。

图 6.61　参数估算值

6.3.3　因变量为有序多分类型

如果因变量是有序多分类型，如由李克特量表测出的等级数据（例如，从"非常不喜欢"到"非常喜欢"）、病情的严重程度（轻度、中度、重度）或者成绩的等级（不合格、合格、良好、优秀）等，那么在研究自变量和因变量之间的关系时，应该首先考虑使用**有序 Logistic 回归**（Ordinal logistic regression）。只有当有序 Logistic 回归的使用条件不满足时，才考虑使用多元 Logistic 回归。

有序 Logistic 回归的使用条件如表 6.9 所示，其中有一个条件是数据通过平行线检验。有序 Logistic 回归是根据因变量的多个取值，将整个问题转换为多个二元 Logistic 回归来进行处理的，而且这些二元 Logistic 回归模型的回归系数都是一样的，差别只在于常量，也就是说这些二元 Logistic 回归模型是相互平行的。因此使用有序 Logistic 回归进行分析时，必须先检查数据是否符合平行要求。平行线检验的零假设 H_0：这些二元 Logistic 回归模型是互相平行的（这些二元 Logistic 回归模型的回归系数没有差异）。如果该检验的显著性 $p > 0.05$，说明有序 logistic 回归的结果是可以采信的；若 $p < 0.05$，则需要使用多元 Logistic 回归来进行分析。

表 6.9　有序 Logistic 回归的使用条件

使用条件	（1）只有一个因变量，为有序多分类型。 （2）可以有一个自变量或多个自变量。自变量既可以是连续型，也可以是分类型。 （3）自变量之间不能有严重共线性。 （4）样本量应足够大：样本量达到自变量数量的 20 倍时，通常回归效果比较好。 （5）满足平行线检验要求（不需要另外检测，在有序 Logistic 回归中会自动进行）

例 17：为了研究用户对一款新手机的兴趣程度到底受哪些因素影响，研究者统计了 200 位被试者的一些信息，包括是否使用过同品牌的其他手机（变量 Experience）、消费行为评分（变量 Consumption）、性格评分（变量 Character）、性别（变量 Gender），以及他们对这款新手机的兴趣程度（变量 InterestLev），数据存放在 OrdinalLogistic.sav 中。需要研究：这些因素会如何影响用户对这款新手机的兴趣程度？

分析过程：

Step 1：自变量为 Experience（二分类型）、Consumption（连续型）、Character（连续型）、Gender（二分类型），因变量为 InterestLev（有序多分类型）。因此，首先考虑使用有序 Logistic 回归进行分析。

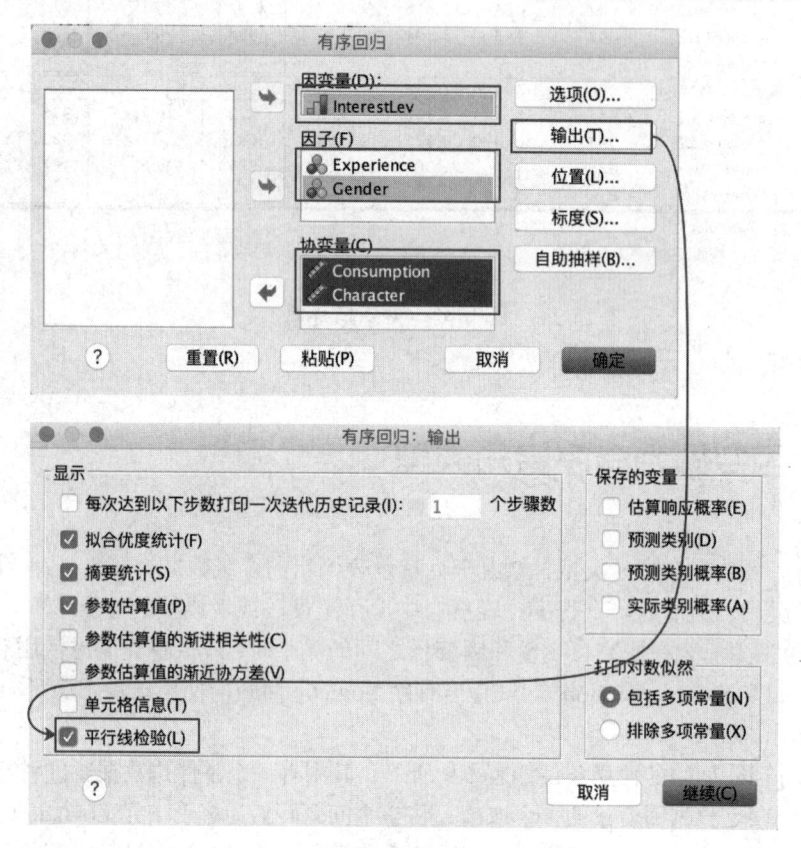

Step 2：在菜单中依次选择"分析"→"回归"→"有序"。按图 6.62 进行设置。

图 6.62 有序 Logistic 回归的设置

（1）将因变量 InterestLev 选入"因变量"，将分类型自变量 Gender 和 Experience 选入"因子"，将连续型自变量 Consumption 和 Character 选入"协变量"。

（2）单击"输出"按钮，在弹出界面，除默认选项，再选中"平行线检验"。

Step 3：结果分析。

（1）观察数据是否符合平行线要求。本例中，如图 6.63 所示，显著性 $p = 0.854 > 0.05$，所以符合要求，可以采信有序 Logistic 回归的结果。

（2）观察拟合的效果。如图 6.64 所示，皮尔逊卡方检验显示拟合模型效果较好，$p = 0.401$。

平行线检验[a]				
模型	-2 对数似然	卡方	自由度	显著性
原假设	403.353			
常规	402.009	1.344	4	.854

原假设指出，位置参数（斜率系数）在各个响应类别中相同。

a. 关联函数：分对数。

拟合优度			
	卡方	自由度	显著性
皮尔逊	400.412	394	.401
偏差	403.353	394	.362

关联函数：分对数。

图 6.63　平行线检验　　　　　　图 6.64　拟合优度

（3）查看"参数估算值"表，判断每个自变量对因变量是否有显著性影响，同时具体了解是什么样的影响。

① 如图 6.65 所示，自变量 Consumption 对因变量 InterestLev 有显著性影响，$p = 0.005$。同二元或多元 Logistic 回归不一样，有序 Logistic 回归不会直接输出 $\text{Exp}(B)$，所以需要根据表中的"估算"值来计算 $\text{Exp}(B) = e^{0.026} = 1.0263$。即，随着自变量 Consumption 的增大，因变量 InterestLev 为更高等级的可能性也变大。

② 自变量 Character 对因变量 InterestLev 没有显著性影响，$p = 0.118$。

③ 自变量 Experience 对因变量 InterestLev 有显著性影响，$p = 0.006$，$\text{Exp}(B) = e^{-0.820} = 0.440$。即，与 Experience = 1 的用户相比，Experience = 0 的用户更可能有较低的 InterestLev 等级。

④ 自变量 Gender 对因变量 InterestLev 没有显著性影响，$p = 0.414$。

		估算	标准错误	瓦尔德	自由度	显著性	95% 置信区间下限	95% 置信区间上限
阈值	[InterestLev = 1]	-.531	1.383	.147	1	.701	-3.242	2.181
	[InterestLev = 2]	1.233	1.385	.792	1	.373	-1.482	3.948
位置	Consumption	.026	.009	7.974	1	.005	.008	.045
	Character	-.015	.010	2.448	1	.118	-.034	.004
	[Experience=0]	-.820	.297	7.616	1	.006	-1.402	-.238
	[Experience=1]	0[a]	.	.	0	.	.	.
	[Gender=0]	-.232	.285	.666	1	.414	-.790	.326
	[Gender=1]	0[a]	.	.	0	.	.	.

关联函数：分对数。
a. 此参数冗余，因此设置为零。

图 6.65　参数估算值

例 18：为了研究用户在社交网络上披露个人信息时的想法和动机，Aïmeur 等开展了相关研究[6]。在这项研究中，以披露 6 种不同个人信息的意愿程度为因变量（由李克特量表测得的），8 种披露行为可能发生的场合为自变量，进行了 48 次有序 Logistic 回归分析（详细结果可参见本章参考文献[6]中的 Table 3）。

参考文献

[1] Janneke CAW Peijnenborgh, Petra PM Hurks, Albert P Aldenkamp, et al. A study on the validity of a computer-based game to assess cognitive processes, reward mechanisms, and time perception in children aged 4-8 years [J]. JMIR Serious Games, 2016, 4(2): e5997.

[2] Jacob Cohen. Statistical power analysis for the behavioral sciences [M]. New York: Routledge, 2013.

[3] Juffrizal Karjanto, Hielke Wils, Nidzamuddin MD Yusof, et al. Measuring the perception of comfort in acceleration variation using Eletro-Cardiogram and self-rating measurement for the passengers of the automated vehicle [J]. Journal of Engineering Science and Technology, 2022, 17: 0180-0196.

[4] Rachel Phinnemore, Gabriele Cimolino, Pritam Sarkar, et al. Happy Driver: Investigating the Effect of Mood on Preferred Style of Driving in Self-Driving Cars [C]. Proc. Proceedings of the 9th International Conference on Human-Agent Interaction: 139-147.

[5] Daphne Menheere, Mark Janssen, Mathias Funk, et al. Runner's perceptions of reasons to quit running: Influence of gender, age and running-related characteristics [J]. International Journal of Environmental Research and Public Health, 2020, 17(17): 6046.

[6] EsmaAïmeur, Nicolás Díaz Ferreyra, Hicham Hage. Manipulation and malicious personalization: exploring the self-disclosure biases exploited by deceptive attackers on social media [J]. Frontiers in Artificial Intelligence, 2019, 2: 26.

第7章
降维及量表的信度效度检验

降维是一项在数据分析和机器学习中使用频率比较高的技术。简单地理解，降维就是将原来需要用 N 个坐标去表达的数据，降低至只需要用 n 个坐标去表达（$N>n$）。这里以一个例子来解释降维的含义：如图 7.1 所示的这些二维平面上的点，假设其分布大致像一个扁扁的椭圆，第 k 个点可以用 (x_k, y_k) 来表达，即需要使用 x 与 y 两个坐标来描述一个点的位置。但是如果在这个二维平面上寻找一条直线，使这条直线与椭圆的长轴重合，那么所有这些点在这条直线上的分布范围就达到最大，而在与这条线垂直的短轴上的分布范围则最小。此时，我们大致可以仅靠这一条直线来识别每个点，即第 k 个点可以表达为 z_k，z 为这条直线所代表的新的坐标轴。这样，就将数据从二维空间降低到了一维空间。当然，与使用 x 和 y 两个坐标轴相比，仅用坐标轴 z 是无法精确地描述每个点的位置的。也就是说在降维的过程中，会造成部分信息的损失（可以理解为损失掉的就是椭圆短轴的信息）。但是只要损失的信息量在一定的范围内，我们通常愿意用这部分信息损失，去换取数据维度的降低。

因此，降维就是在高维空间中寻找一个超平面，让这些点到这个超平面的距离越近越好（信息损失越小越好），而在这个超平面上的投影范围越大越好（在低维空间的区分度越高越好）。

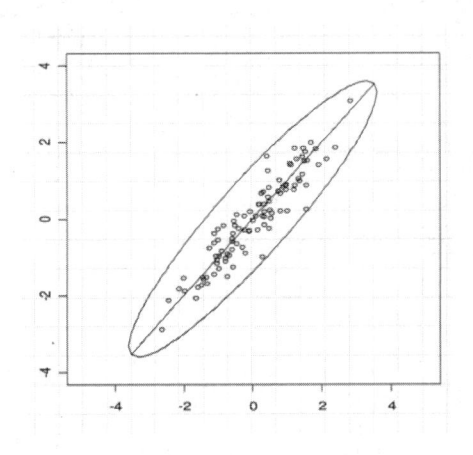

图 7.1 二维数据降至一维

7.1 降维的使用场合

很多实际研究中使用量表（Scale）作为测量工具。除了直接引用其他同类研究中现成的量表，还可以修改现有量表以得到适合自己研究的量表，甚至可以设计出一个新的量表。这些量表中的题项少则几个，多则几十个，且都是围绕同一个研究主题对被试者进行测量的。

某些分析场合会将量表中的每一个题项都当作一个自变量或者因变量，如第 5 章的回归分析或者第 6 章的 MANOVA 分析。在这些场合里，量表中的题项越多，参与分析的自变量或因变量就越多，分析的复杂性就越大，分析的精确度也越无法保证。因此，这些情况下，我们会希望对量表中的题项进行归纳，将原本数量众多的题项浓缩成少量几个指标，再用这几个指标去表达所有题项代表的大部分信息。这种将原有的 N 个变量归纳为 n 个新变量的过程（$N > n$），就是**降维**。降维一定会造成信息的损失，即通常情况下，降维形成的 n 个新变量是无法表达原有 N 个变量的所有信息的。

例如，图 7.2 所示的量表包含 12 个题项。如果将这个量表中的所有题项都当作自变量，去与某个因变量之间进行回归分析，那么就有 12 个自变量，回归的复杂程度会比较高。但是如果能通过降维处理，将原来的 12 个自变量归纳形成 3～4 个新变量，即只有 3～4 个新的自变量参与回归分析，那么回归的难度就会大大降低，精确程度也会相应提高。

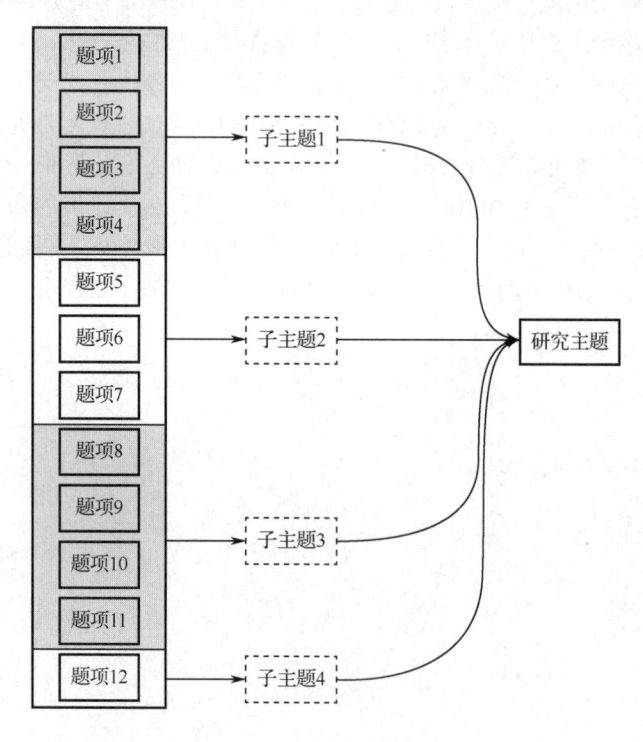

图 7.2　量表的内部结构

除了在缩减变量时会用到降维，以下情况也需要使用降维。

（1）探查自建的量表中是否存在某些多余或者不相关的题项。

事实上，很多量表内部是可以进一步划分为一系列子表的。也就是说，这些量表存在某种内部结构。例如，用来度量生活质量的 QOLS[1]，如图 7.3 所示。该量表使用了 15 个题项，从 5 个角度 "Material and Physical Well-being" "Relationships with other People" "Social, Community, and Civic Activities" "Personal Development and Fulfillment" "Recreation" 去度量一个人的生活质量。因此，可以将 QOLS 看成由 5 个子表构成，每个子表都包括 2~4 个题项，用来度量生活质量的一个方面。

Conceptual Category	Scale Item
Material and Physical Well-being	Material well-being and financial security
	Health and personal safety
Relationships with other People	Relations with parents, siblings, other relatives
	Having and raising children
	Relations with spouse or significant other
	Relations with Friends
Social, Community, and Civic Activities	Activities related to helping or encouraging others
	Activities related to local and national government
Personal Development and Fulfillment	Intellectual development
	Personal understanding
	Occupational role
	Creativity and personal expression
Recreation	Socializing
	Passive and observational recreational activities
	Active and participatory recreational activities

图 7.3 QOLS

从相关性的角度来看，既然所有题项同属于一个量表，那么它们之间应该互相都存在相关性，而且一个子表内部的题项之间的相关性，应该强于不同子表的题项之间的相关性。即，QOLS 中的题项 "Intellectual development" 与题项 "Personal understanding" 之间的相关性，应该大于题项 "Intellectual development" 与题项 "Material well-being and financial security" 之间的相关性。

在实际的研究中，除了直接引用某个现成的量表，如果使用的是一个在现有量表的基础上修改得到的量表，或者完全由自己设计出的新的量表，则需要对量表的内部结构进行探查。也就是通过降维操作，将一个量表的所有题项根据相关性进行分组。若分组之后发现，某个子表中只含有一个题项（例如，图 7.2 中的题项 12），则说明这个题项与其他题项的相关性都不高，可以考虑将其从这个量表中剔除。

（2）检查量表的结构效度。

对于在现有量表的基础上修改得到的量表，或者完全由自己设计出的新的量表，必须经过信度与效度的检验。其中，对量表进行结构效度检验时，通常使用降维。通过降维操作，检查是否存在某个题项与任何一个子表的相关性都很低或者某个题项同时与多个子表都存在较高的相关性。如果某个题项与任何一个子表的相关性都很低，则说明这个题项在这个量表中比较多余，应该将其删除；如果某个题项同时与多个子表都存在较高的相关性，则说明这个题项的归属并不明确，也就是说这个题项的检测内容并不单一，它同时检测了多个方面的内容。这并不是一种好的现象，应该将其拆分或直接删除。

综合上述分析，降维主要应用在三种场合中：①缩减变量的个数；②探查量表中是否存在多余题项；③检查量表的结构效度。

在 SPSS 中，一般通过**因子分析**（Factor analysis）来实现降维。

7.2 因子分析

因子分析的使用条件如表 7.1 所示。在实际应用中，当变量是由李克特量表测得的时，使用条件（2）可以适当放宽。此处的"因子"，可以理解为是将原本数量众多的变量，降维之后形成的数量较少的那些新变量。

表 7.1 因子分析的使用条件

使用条件	（1）需要进行因子分析的变量，必须是连续型或者由李克特量表测得的。 （2）需要进行因子分析的变量之间，有线性相关性（不需要额外检验，在 SPSS 中进行因子分析时，可以自动进行这一步检验）。 （3）样本量应足够大。样本量应超过变量个数的 10～15 倍，降维效果会比较好

例 1：研究者统计了 149 名失业人员对失业救济处的整体满意度（overall），并使用了一份 16 个题项的 7 级李克特量表，以了解他们对失业救济处这 16 个方面的评价（v1～v16），数据存放在 FactorAnalysis1.sav 中。现在要求：为了后续对整体满意度进行回归分析，请将 v1～v16 进行降维处理。

分析过程：

Step 1：在菜单中依次选择"分析"→"降维"→"因子"。按图 7.4 所示进行设置。

（1）将 v1～v16 全部选入"变量"。

（2）单击"描述"按钮，在弹出界面选中"系数"和"KMO 和巴特利特球形度检验"。

KMO 是一个用来反映所有这些变量之间相关性大小的指标，通常被用来衡量这些变量是否适合进行因子分析。KMO 的取值范围为 0～1，变量之间的相关性越大，KMO 的值就越接近 1。当 KMO < 0.5 时，一般认为这些变量不适合进行因子分析，因为相互之间的相关性太低。

巴特利特球形度检验也是用来检验变量之间的相关度的。其零假设 H_0：**这些变量的相关矩阵为单位矩阵**，即变量之间互不相关。所以当此处 $p > 0.05$ 时，说明这些变量不适合进行因子分析。

（3）单击"提取"按钮，在弹出界面选中"碎石图"，并选中"基于特征值"，将特征值设为 1。

这里所谓的特征值，可以理解为原数据分布在新形成的因子上的长度。一个因子的特征值越大，表明这个因子表达原数据信息的能力越强，也就越应该在降维之后保留这个因子。通常会选择保留特征值大于 1 的因子，因此这里将特征值的阈值设为 1。

（4）单击"旋转"按钮，在弹出界面选中"最大方差法"，并选中"旋转后的解"。

所谓的旋转，就是对提取出的因子进行调整，尽可能让每一个原变量只与一个因子的相关度比较高。对于图 7.2 来说，旋转就是让每一个原变量只属于一个子表。这样做，可以帮助研究者更清晰地了解每个因子表达的是什么子主题。

（5）单击"得分"按钮，在弹出界面选中"保存为变量"和"显示因子得分系数矩阵"。

选中了"保存为变量"，在原数据表中会出现新的列，这些新的列就是降维之后形成的新变量。

（6）单击"选项"按钮，在弹出界面选中"按大小排序"和"禁止显示小系数"，并将阈值暂时设为 0.5。

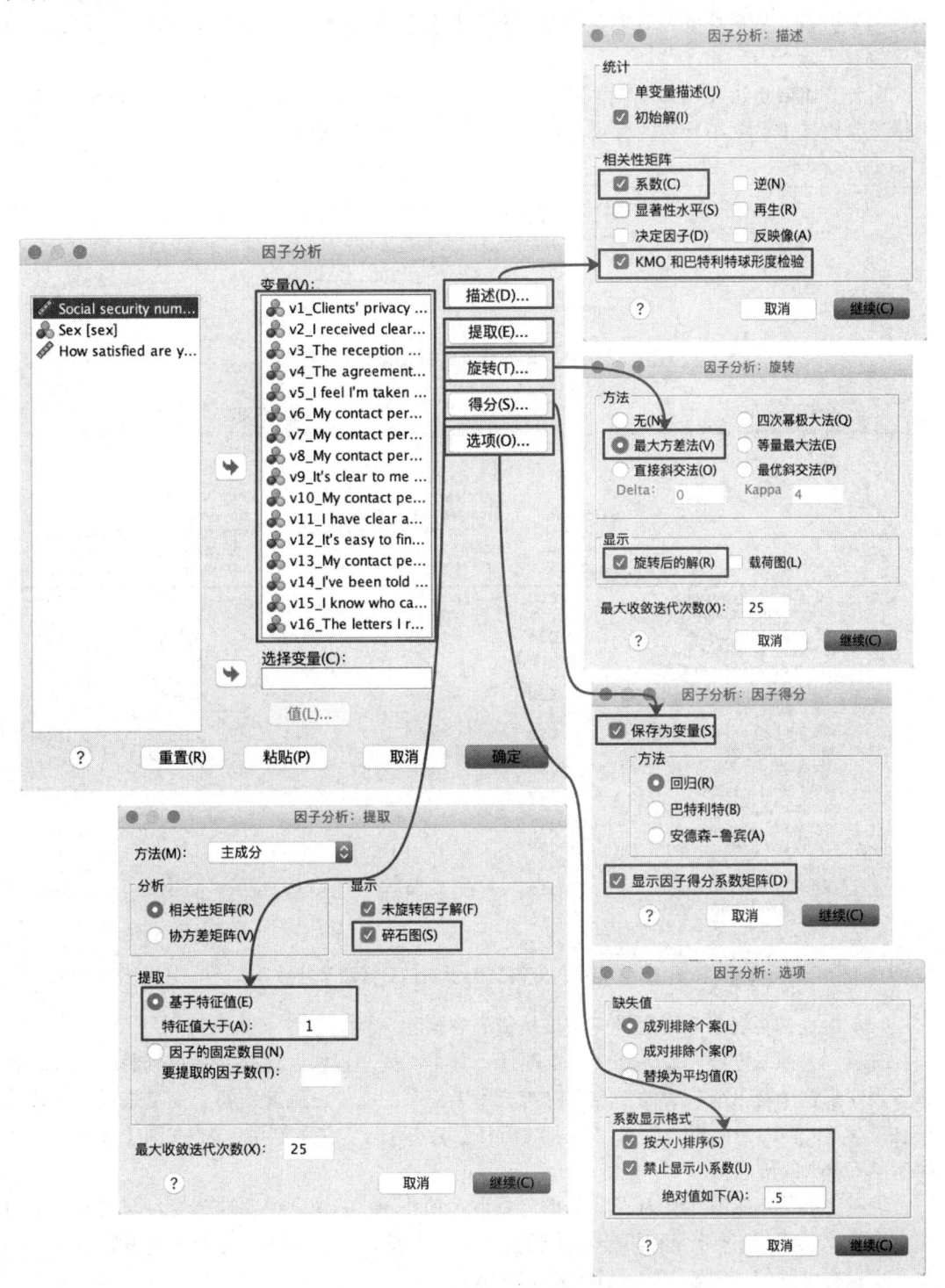

图 7.4 因子分析的设置

Step 2：结果分析。

（1）检查这些变量是否适合进行因子分析。

本例中，如图 7.5 所示，KMO = 0.735，巴特利特球形度检验的显著性 $p < 0.001$，表明这 16 个题项之间是有相关性的。这一点从输出的"相关性矩阵"表（如图 7.6 所示）中也可以看出，并没有某个变量与其他任何变量之间的相关系数都小于 0.3 的情况。因此，本例适合使用因子分析（如果此处发现有某个变量与其他任何变量之间的相关系数都小于 0.3，可以考虑将其删除）。

另外，如果此处 KMO 不符合要求，但是巴特利特球形度检验的显著性 $p < 0.05$，一般这种情况是由样本量太小导致的，可尝试通过增大样本量来进行调整。

KMO 和巴特利特检验

KMO 取样适切性量数。		.735
巴特利特球形度检验	近似卡方	629.762
	自由度	120
	显著性	.000

图 7.5　KMO 和巴特利特球形度检验的结果

相关性矩阵

		v1_Clients' privacy is taken into account.	v2_I received clear information about my unemployment benefit.	v3_The reception desk staff were friendly.	v4_The agreements with me are followed through.	v5_I feel I'm taken seriously.
相关性	v1_Clients' privacy is taken into account.	1.000	.006	.520	.052	.439
	v2_I received clear information about my unemployment benefit.	.006	1.000	-.028	-.024	-.041
	v3_The reception desk staff were friendly.	.520	-.028	1.000	.144	.375
	v4_The agreements with me are followed through.	.052	-.024	.144	1.000	.144
	v5_I feel I'm taken seriously.	.439	-.041	.375	.144	1.000
	v6_My contact person succeeds in motivating me.	.044	-.057	.049	.078	.134
	v7_My contact person takes her/his time with me.	-.019	-.160	-.057	.097	.031

图 7.6　相关性矩阵（因太长，只截取了片段）

（2）检查是否有某个原变量应该被从量表中删除。

查看"公因子方差"表，如图 7.7 所示。其中，列"提取"反映的是得到的因子共能表达多少原来这个变量所代表的信息。降维会带来信息的损失，因此对每个变量来说，初始的信息量为 1，但因子分析之后保留下来的信息量会小于 1。在本例中，v1 在因子分析之后，保留了 65.6%的信息量。

但是，如果出现某个变量在此处的"提取"值小于 0.4，则说明这个变量与其他因子的相关度都比较低（这个变量很可能不属于任何一个子表），可以考虑将这个变量删除。本例中，没有变量在此处的"提取"值小于 0.4。

公因子方差

	初始	提取
v1_Clients' privacy is taken into account.	1.000	.656
v2_I received clear information about my unemployment benefit.	1.000	.460
v3_The reception desk staff were friendly.	1.000	.647
v4_The agreements with me are followed through.	1.000	.704
v5_I feel I'm taken seriously.	1.000	.507
v6_My contact person succeeds in motivating me.	1.000	.623
v7_My contact person takes her/his time with me.	1.000	.616
v8_My contact person carefully prepares her/his interviews with me.	1.000	.582
v9_It's clear to me what my rights are.	1.000	.578
v10_My contact person points out fitting job opportunities.	1.000	.688
v11_I have clear	1.000	.567

图 7.7　公因子方差（因太长，只截取了部分）

（3）观察形成了几个因子。

查看"总方差解释"表。在 Step 1 的（3）中，将特征值的阈值设为了 1，因此这里仅将特征值大于 1 的因子保留了下来，如图 7.8 所示。本例共形成了 4 个因子，它们可以表达原来 16 个变量的 58.814% 的信息量。一般情况下，要求表达的信息量应接近 60%。如果此处发现所有特征值大于 1 的因子能表达的信息量远小于 60%，那么可以下调特征值的阈值，也就是通过形成更多的因子来降低信息的损失。例如，将特征值的阈值设为 0.8（如图 7.9 所示），再进行一次因子分析。

总方差解释

成分	初始特征值			提取载荷平方和			旋转载荷平方和		
	总计	方差百分比	累积 %	总计	方差百分比	累积 %	总计	方差百分比	累积 %
1	3.068	19.178	19.178	3.068	19.178	19.178	2.561	16.005	16.005
2	2.715	16.969	36.146	2.715	16.969	36.146	2.496	15.602	31.608
3	2.090	13.064	49.210	2.090	13.064	49.210	2.402	15.012	46.620
4	1.537	9.604	58.814	1.537	9.604	58.814	1.951	12.195	58.814
5	.810	5.061	63.875						
6	.787	4.918	68.793						
7	.707	4.417	73.210						
8	.692	4.324	77.534						
9	.587	3.668	81.202						
10	.545	3.404	84.606						
11	.512	3.203	87.809						
12	.457	2.858	90.667						
13	.446	2.785	93.452						
14	.375	2.341	95.793						
15	.347	2.168	97.960						
16	.326	2.040	100.000						

提取方法：主成分分析法。

图 7.8　总方差解释（因太长，只截取了部分）

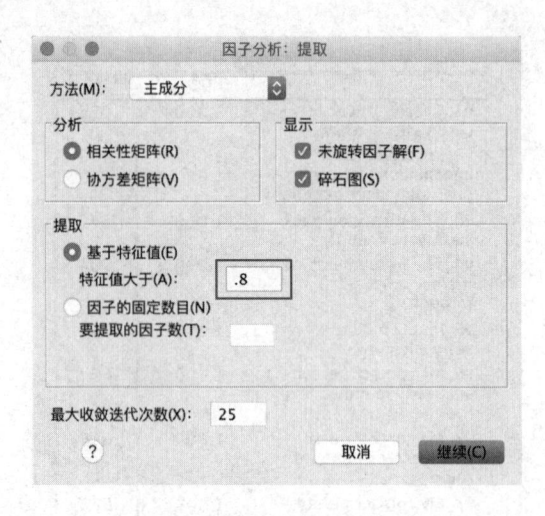

图 7.9　重设特征值的阈值

（4）通过碎石图也可以确定应该保留几个因子。

本例中，如图 7.10 所示，从第 6 个因子开始特征值趋于平缓，因此从第 6 个因子开始，其后的因子没有必要再保留了。在前 5 个因子中，有 4 个因子的特征值大于 1（这 4 个因子就是上一步骤中提取出的那 4 个因子）。如果保留第 5 个因子，表达的信息量将提高至 63.875%，但是也可能造成旋转时无法让一个变量只与一个因子的相关度比较高。因此究竟保留几个因子，可以通过调整因子个数进行多次尝试，再根据研究问题的内容进行选择。

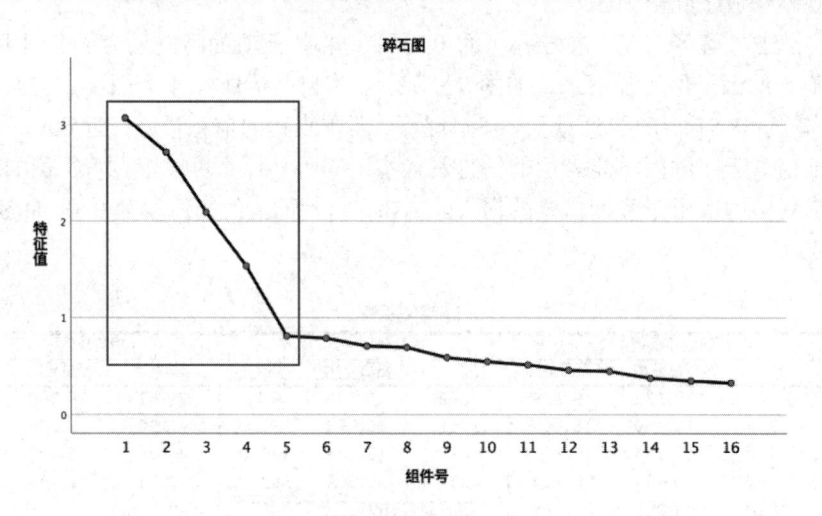

图 7.10　碎石图

（5）"成分矩阵"表反映了每个变量与因子的相关程度。

Step1 的（6）中设置了显示的相关性阈值为 0.5，因此这里只显示相关性超过 .5 的情况。理想情况下，每个变量应只与一个因子的相关度比较高。但是本例中，如图 7.11 所示，v9、v2、v16 与任何一个因子的相关度都小于 0.5，所以显示为空白（它们不属于任何一个子表），而 v7 和 v3 又同时与多个因子的相关度大于 0.5（它们同时属于多个子表）。这会给理解每个因子具体表达什么含义带来困难，因此需要查看旋转后的成分矩阵。

（6）"旋转后的成分矩阵"表反映了最终的因子结构。

此时，每个变量与且仅与一个因子的相关性比较大。本例中，如图 7.12 所示，v9、v12、v15、v14 和 v2 属于因子 1，它们都是关于"传递信息"的变量；v10、v6、v7 和 v8 属于因子 2，它们都是关于"联系人"的变量；v1、v3、v16 和 v5 属于因子 3，它们都是关于"接待礼仪"的变量；v4、v13 和 v11 属于因子 4，它们都是关于"约定"的变量。

成分矩阵ª

	成分 1	成分 2	成分 3	成分 4
v10_My contact person points out fitting job opportunities.	.624			
v6_My contact person succeeds in motivating me.	.592			
v12_It's easy to find information regarding my unemployment benefit.	−.571			
v15_I know who can answer my questions on my unemployment benefit	−.565			
v8_My contact person carefully prepares her/his interviews with me.	.550			
v14_I've been told clearly how my application process will continue.	−.525			
v9_It's clear to me what my rights are.				
v2_I received clear information about my unemployment benefit.				
v11_I have clear agreements about the remaining procedures.		.624		
v5_I feel I'm taken seriously.		.581		
v1_Clients' privacy is taken into account.		.502		
v7_My contact person takes her/his time with me.	.541		.555	
v3_The reception desk staff were friendly.		.509	−.536	
v16_The letters I receive have an appropriate tone of voice.				
v4_The agreements with me are followed through.		.534		−.640
v13_My contact person always does what she/he promises.		.503		−.588

提取方法：主成分分析法。
a. 提取了 4 个成分。

图 7.11　成分矩阵

旋转后的成分矩阵ª

	成分 1	成分 2	成分 3	成分 4
v9_It's clear to me what my rights are.	.744			
v12_It's easy to find information regarding my unemployment benefit.	.726			
v15_I know who can answer my questions on my unemployment benefit	.686			
v14_I've been told clearly how my application process will continue.	.683			
v2_I received clear information about my unemployment benefit.	.671			
v10_My contact person points out fitting job opportunities.		.821		
v6_My contact person succeeds in motivating me.		.776		
v7_My contact person takes her/his time with me.		.759		
v8_My contact person carefully prepares her/his interviews with me.		.754		
v1_Clients' privacy is taken into account.			.804	
v3_The reception desk staff were friendly.			.797	
v16_The letters I receive have an appropriate tone of voice.			.738	
v5_I feel I'm taken seriously.			.675	
v4_The agreements with me are followed through.				.835
v13_My contact person always does what she/he promises.				.798
v11_I have clear agreements about the remaining procedures.				.703

提取方法：主成分分析法。
旋转方法：凯撒正态化最大方差法。
a. 旋转在 5 次迭代后已收敛。

图 7.12　旋转后的成分矩阵

可以看出，旋转操作可以帮助人们更清楚地了解每个因子的意义。

（7）如图 7.13 所示，在原数据表的最后有 4 个新的变量，即形成的 4 个因子，在后续的回归分析中可以直接使用这 4 个因子，而不需要再使用原来的 16 个变量。

v16	FAC1_1	FAC2_1	FAC3_1	FAC4_1
4	−.81247	1.83178	−.10301	−1.10414
3	1.02981	−1.14318	−1.86102	1.38352
5	−.97366	−.19500	.23618	−.93815
5	−.46817	.15767	−.45261	−.54053
4	.20077	−.01200	−1.42768	.35896
5	.56037	−.94009	−.37244	.21727
6	.89511	−.16149	.67308	−.41078
6	1.12468	−1.84628	1.52709	.02420
4	−1.31565	.30678	−.65660	−.50340
3	−1.87866	1.42029	−.85201	1.20071
4	1.50657	1.18380	.63677	.85104

图 7.13　生成的 4 个因子

— 191 —

Step 3：书写报告。

对 16 个变量进行因子分析，KMO = 0.735，巴特利特球形度检验的显著性 $p < 0.001$；共提取了 4 个因子，它们表达了 58.814%的原变量的信息量；通过最大方差法旋转后的因子可知，v9、v12、v15、v14 和 v2 属于因子"传递信息"；v10、v6、v7 和 v8 属于因子"联系人"；v1、v3、v16 和 v5 属于因子"接待礼仪"；v4、v13 和 v11 属于因子"约定"。

例 2：Karjanto 等为了研究不同用户的驾驶风格，在一些现有量表的基础上创建了一个用来度量人的驾驶风格的量表 MDSI[2]。这个量表在创建之初有 36 个题项。对 338 名被试者的问卷进行因子分析后，提取出 6 个因子。量表中的题项 7、题项 20、题项 21 和题项 28 与任何一个因子的相关程度都很低，被从量表中删除；第 6 个因子只包含了 2 个题项，数量太少，也被从量表中删除。对剩下的题项进行第二轮因子分析后，又删除了一个包含题项太少的因子，以及一些与因子相关程度较低的题项，最后形成的 MDSI 中如本章参考文献[2]中的 Table 1 所示。

7.3 量表的结构效度检验

使用自己创建的量表作为测量工具时，必须对量表的信度与效度进行检查。信度就是量表的可信程度，主要体现在量表的内部一致性及外部一致性上。关于信度的检验，我们将在 7.4 节中讲解。

量表的效度可分为内容效度与结构效度两个层面。

（1）内容效度：这份量表中的题项是否针对要调查的研究主题。内容效度往往只能靠专家来判断、审核。

（2）结构效度：问卷中的题项从结构上来看是否合理，可以使用 SPSS 中的因子分析来检测。一个结构比较好的问卷，通常需要满足以下条件：①不存在某个题项与任何因子的相关度都很低，即没有多余的题项；②不存在某个题项与两个或更多因子同时具有较高的相关度，即不存在检测内容不单一、归属不明确的题项。

例 3：研究者使用了一份 11 个题项的李克特量表，统计了 1428 名学生对授课教师在专业水平、对待学生的态度这两方面的评价，数据存放在 StructuralValidity.sav 中。该研究使用 item1 ~ item5 来反映教师的专业水平，使用 item6 ~ item11 来反映教师对学生的态度。现在要检验这份量表的结构效度。

分析过程：

Step 1：在菜单中依次选择"分析"→"降维"→"因子"。按图 7.14 所示进行设置。

（1）将 item1 ~ item11 全部选入"变量"。

（2）单击"描述"按钮，在弹出界面选中"系数"和"KMO 和巴特利特球形度检验"。

（3）单击"提取"按钮，在弹出界面选中"碎石图"和"基于特征值"，并将特征值设为 1。

（4）单击"旋转"按钮，在弹出界面选中"最大方差法"，并选中"旋转后的解"。

（5）单击"选项"按钮，在弹出界面选中"按大小排序"和"禁止显示小系数"，并将阈值暂时设为 0.5。

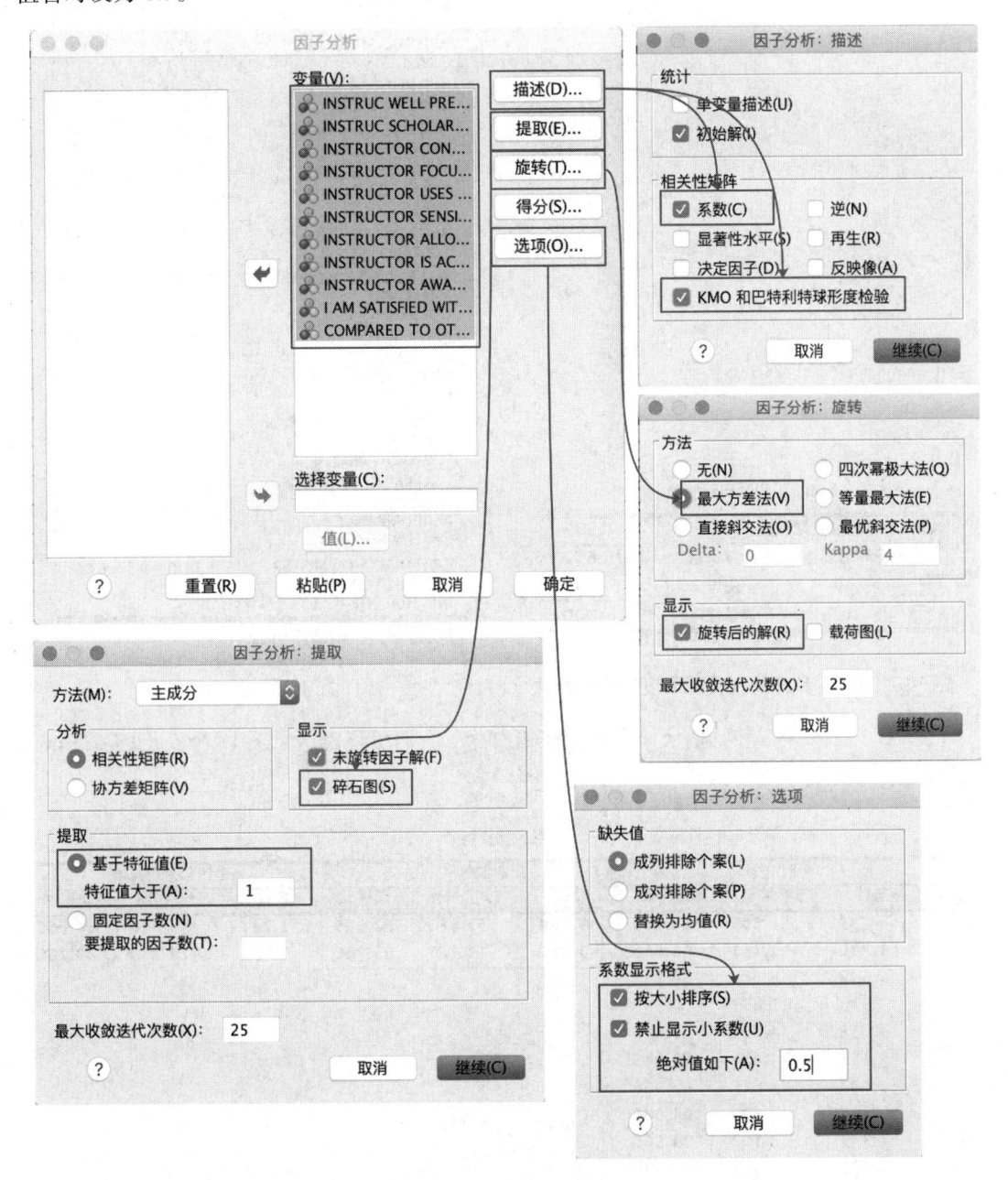

图 7.14 因子分析的设置

Step 2：结果分析。

（1）如图 7.15 所示，KMO = 0.935，巴特利特球形度检验的显著性 $p < 0.001$，符合因子分析的条件。

（2）图 7.16 表明，没有变量的"提取"值小于 0.4，即此处不需要删除任何一个题项。

公因子方差

	初始	提取
INSTRUC WELL PREPARED_1	1.000	.738
INSTRUC SCHOLARLY GRASP_1	1.000	.699
INSTRUCTOR CONFIDENCE_1	1.000	.666
INSTRUCTOR FOCUS LECTURES_1	1.000	.556
INSTRUCTOR USES CLEAR RELEVANT EXAMPLES_1	1.000	.667
INSTRUCTOR SENSITIVE TO STUDENTS_2	1.000	.713
INSTRUCTOR ALLOWS ME TO ASK QUESTIONS_2	1.000	.671
INSTRUCTOR IS ACCESSIBLE TO STUDENTS OUTSIDE CLASS_2	1.000	.505
INSTRUCTOR AWARE OF STUDENTS UNDERSTANDING_2	1.000	.603
I AM SATISFIED WITH STUDENT PERFORMANCE EVALUATION_2	1.000	.556
COMPARED TO OTHER INSTRUCTORS, THIS INSTRUCTOR IS_2	1.000	.640

提取方法：主成分分析法。

KMO 和巴特利特检验

KMO 取样适切性量数。		.935
巴特利特球形度检验	近似卡方	7695.660
	自由度	55
	显著性	.000

图 7.15　KMO 和巴特利特球形度检验的结果

图 7.16　公因子方差

（3）图 7.17 表明，特征值大于 1 的因子有 2 个，它们可以表达原来 11 个变量的 63.766% 的信息量。

总方差解释

成分	初始特征值 总计	方差百分比	累积 %	提取载荷平方和 总计	方差百分比	累积 %	旋转载荷平方和 总计	方差百分比	累积 %
1	5.784	52.585	52.585	5.784	52.585	52.585	3.741	34.006	34.006
2	1.230	11.181	63.766	1.230	11.181	63.766	3.274	29.760	63.766
3	.639	5.809	69.575						
4	.576	5.233	74.808						
5	.518	4.705	79.513						
6	.488	4.436	83.949						
7	.398	3.617	87.566						
8	.385	3.499	91.066						
9	.341	3.102	94.168						
10	.326	2.961	97.128						
11	.316	2.872	100.000						

提取方法：主成分分析法。

图 7.17　总方差解释

（4）图 7.18 中的"旋转后成分矩阵"表显示，变量 item11 与特征值大于 1 的两个因子都有较大的相关性。因此，为了保证整个量表的结构效度，删除这个题项。另外，除了 item11，其他题项的归属与原设定相同，即 item1～item5 对应第一个因子，item6～item10 对应第二个因子。删除 item11 后，整个量表符合结构效度的要求。

旋转后的成分矩阵[a]

	成分	
	1	2
INSTRUC WELL PREPARED_1	.844	
INSTRUC SCHOLARLY GRASP_1	.815	
INSTRUCTOR CONFIDENCE_1	.767	
INSTRUCTOR FOCUS LECTURES_1	.701	
INSTRUCTOR USES CLEAR RELEVANT EXAMPLES_1	.672	
COMPARED TO OTHER INSTRUCTORS, THIS INSTRUCTOR IS_2	.620	.505
INSTRUCTOR ALLOWS ME TO ASK QUESTIONS_2		.805
INSTRUCTOR SENSITIVE TO STUDENTS_2		.782
I AM SATISFIED WITH STUDENT PERFORMANCE EVALUATION_2		.706
INSTRUCTOR IS ACCESSIBLE TO STUDENTS OUTSIDE CLASS_2		.685
INSTRUCTOR AWARE OF STUDENTS UNDERSTANDING_2		.612

提取方法：主成分分析法。
旋转方法：凯撒正态化最大方差法。
a. 旋转在 3 次迭代后已收敛。

图 7.18 旋转后的成分矩阵

7.4 量表的信度检验

只要不是直接引用某个现有的量表，所有自己创建的或者改建的量表，都需要进行信度检验，也就是对量表的可信程度进行检验。实际上，信度检验与降维并没有关系。但是因为量表的信度检验与效度检验经常一起进行，所以我们把信度检验也放在这一章中讲解。

量表的可信程度主要体现在以下两个方面。

（1）内部一致性（Internal consistency）：反映的是量表中的题项是否都集中在一个研究主题上，即反映的是所有题项的集中程度。例如，图 7.19（c）的内部一致性程度高于图 7.19（a）的，而图 7.19（a）的又高于图 7.19（b）的。

另外，可以结合 7.3 节的内容来分析图 7.19。图 7.19（a）表达的是一个信度较高、但是低内容效度的量表。也就是说这个量表虽然各个题项都比较集中，但是问题并不与要研究的主题特别相关，即并不在主题的靶心，所以使用这份量表很有可能无法调查出想要的内容。图 7.19（b）是一个低信度、但是内容效度还可以的量表。这个量表中的题项虽然都是围绕主题的靶心来问的，但是很分散。而图 7.19（c）是一个高信度、高效度的量表。因为所有题项不仅集中，而且都是围绕靶心展开的调查。

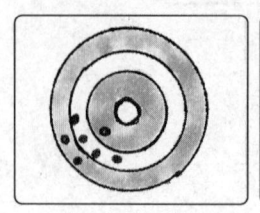

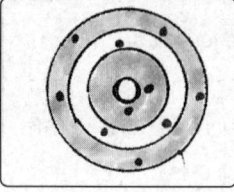

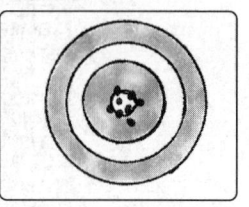

（a）信度高、内容效度低　　（b）信度低、内容效度高　　（c）信度高、内容效度高

图 7.19　信度与效度示意图

内部一致性通常可以用克隆巴赫 Alpha 系数（Cronbach's α）来衡量，该系数的取值范围为 0~1，一般来说，可以使用表 7.2 来解读。

表 7.2　克隆巴赫 Alpha 系数与内部一致性

克隆巴赫 Alpha 系数	内部一致性
$\alpha \geq 0.8$	非常好
$0.7 \leq \alpha < 0.8$	可接受
$0.6 \leq \alpha < 0.7$	略有问题
$\alpha < 0.6$	不可接受

在实际应用中，一般要求克隆巴赫 Alpha 系数的值不能低于 0.6。如果低于 0.6，表明该量表的信度存在一定的问题，需要修正。

（2）外部一致性：同一个人在不同时空下测试同一份问卷，其结果应该是强相关性的，也就是反映这份问卷整体上是否稳定（Test-retest reliability）。但是在实际应用中，一般不会特意去检测量表的外部一致性。

也就是说，在实际研究中，我们一般对量表进行信度检验时，是用克隆巴赫 Alpha 系数检验其内部一致性。

例 4：有一份量表，它包含了三个子表 agree、consc 和 open，数据存放在 Reliability.sav 中。现在要求检测每个子表的信度。

分析过程：

Step 1：检测第一个子表 agree 的信度。在菜单中依次选择"分析"→"刻度"→"可靠性分析"。按图 7.20 所示进行设置。

（1）将 agree01~agree05 全部选入"项"，并在"模型"中选择"Alpha"。

（2）单击"统计"按钮，在弹出界面选中"删除项后的标度"。

Step 2：结果分析。

（1）如图 7.21 所示，第一个子表 agree 的克隆巴赫 Alpha 系数为 0.894。对照表 7.2 可知，该子表具有比较高的信度。

（2）观察图 7.21 中的"项总计统计"表，"删除项后的克隆巴赫 Alpha"这列表示当该题项被从量表中删除后，剩下所有题项的克隆巴赫 Alpha 系数。例如，第一个题项"Is helpful and unselfish with others"，它的删除项后的克隆巴赫 Alpha 系数为 0.858，小于不删除时的克隆巴赫 Alpha 系数 0.894。这说明，删除了这个题项后，整个量表的信度反而会下降。

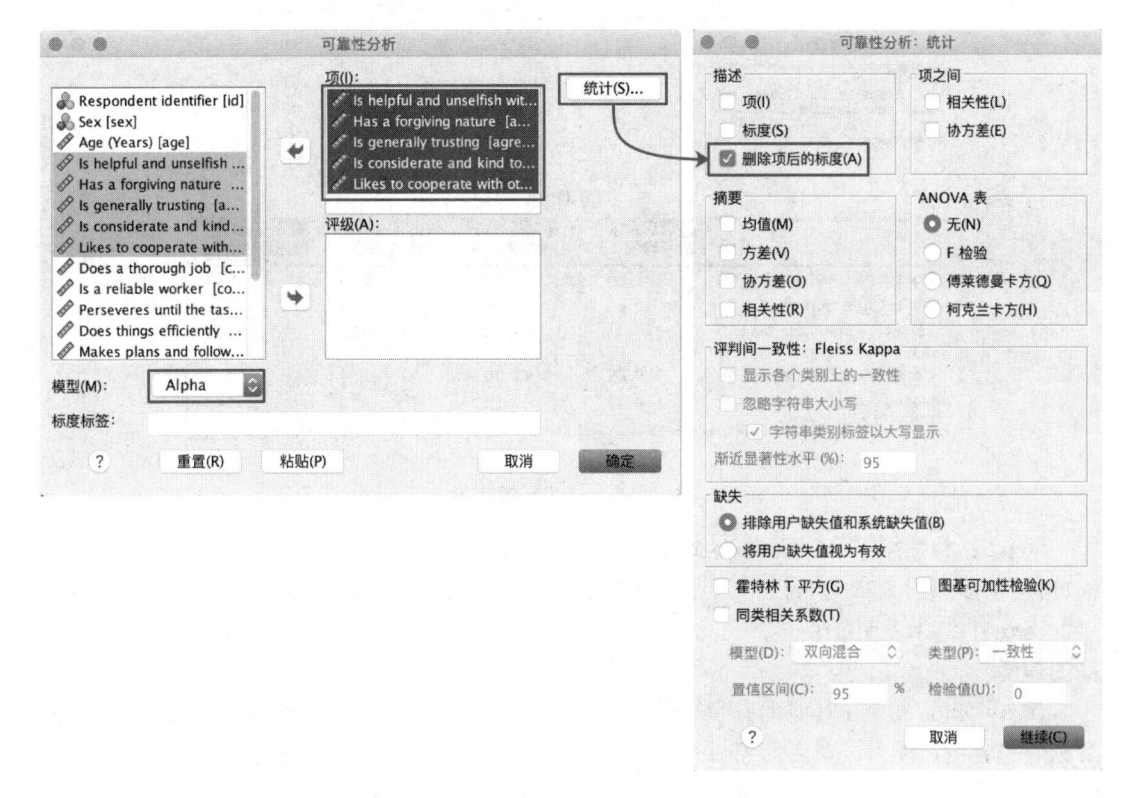

图 7.20　信度检验的设置

可靠性统计

克隆巴赫 Alpha	项数
.894	5

项总计统计

	删除项后的标度平均值	删除项后的标度方差	修正后的项与总计相关性	删除项后的克隆巴赫 Alpha
Is helpful and unselfish with others	11.15	8.464	.797	.858
Has a forgiving nature	11.01	8.131	.798	.857
Is generally trusting	11.49	9.634	.726	.877
Is considerate and kind to almost everyone	10.78	9.390	.658	.888
Likes to cooperate with others	10.91	8.324	.745	.871

图 7.21　信度检验结果

Step 3：检测第二个子表 consc 的信度。在菜单中依次选择"分析"→"刻度"→"可靠性分析"，参照图 7.21 进行设置，这次将 consc01～consc05 选入"项"。

Step 4：结果分析。

（1）如图 7.22 所示，第二个子表 consc 的克隆巴赫 Alpha 系数为 0.658。虽然不低于 0.6，但是没有达到 0.7，也就是说这个子表的信度略有问题，如果能改进会更好。

（2）观察"项总计统计"表中的"删除项后的克隆巴赫 Alpha"，可以发现，当删除题项 consc02（Is a reliable worker）和 consc04（Does things efficiently）后，克隆巴赫 Alpha 系数反而会变大至 0.726。也就是说，将这两个题项删除，有利于提高这个子表的信度。

综合上述两点，可以考虑将题项 consc02 和 consc04 删除，以使子表 consc 的信度达到 0.7 以上。

可靠性统计

克隆巴赫 Alpha	项数
.658	5

项总计统计

	删除项后的标度平均值	删除项后的标度方差	修正后的项与总计相关性	删除项后的克隆巴赫 Alpha
Does a thorough job	9.96	8.401	.593	.512
Is a reliable worker	9.24	10.844	.168	.726
Perseveres until the task is finished	10.51	9.936	.627	.542
Does things efficiently	9.29	11.501	.134	.726
Makes plans and follows through with them	9.92	7.639	.710	.443

图 7.22　信度检验结果

Step 5：检测第三个子表 open 的信度。在菜单中依次选择"分析"→"刻度"→"可靠性分析"，参照图 7.21 进行设置，这次将 open01～open05 选入"项"。

Step 6：结果表明，第三个子表 open 的克隆巴赫 Alpha 系数为 0.853，即该子表具有比较高的信度。

例 5：Zhou 等[3]在其他现有量表的基础上，构建了三个量表，用来了解旁观者对阿尔茨海默病患者沟通能力、个人形象以及沟通质量的评价。对这三个量表进行信度检验后发现，它们的克隆巴赫 Alpha 系数分别为 0.78、0.70 和 0.68。进一步检测第三个量表的 KMO 后发现，其 KMO 为 0.47，小于 0.5 的最低要求，表明该量表的题项相互之间的相关性不够大。因此在后续的分析中，对第一个量表和第二个量表采用了 MANCOVA 分析，但是对第三个量表中的三个题项，则将他们看作三个独立的因变量，进行分析。

参考文献

[1] Carol S Burckhardt, Kathryn L Anderson. The Quality of Life Scale (QOLS): reliability, validity, and utilization [J]. Health and Quality of Life Outcomes, 2003, 1(1): 1-7.

[2] Juffrizal Karjanto, Nidzamuddin MD Yusof, Jacques Terken, et al. The identification of Malaysian driving styles using the multidimensional driving style inventory [C]. Proc. MATEC Web of Conferences, 2017 Taiwan (China): 01004.

[3] Di Zhou, Emilia I Barakova, Pengcheng An, et al. Assistant Robot Enhances the Perceived Communication Quality of People With Dementia: A Proof of Concept [J]. IEEE Transactions on Human-Machine Systems, 2022, 52(3): 332-342.

第 8 章 聚类

第 7 章讨论了如何将量表中的众多题项，降维形成少数新变量，在不损失太多信息量的情况下替代原本数量众多的题项，即对量表中的题项进行"浓缩"。在实际应用中，还有一类需要"浓缩"的情况：对样本进行"浓缩"。这类情况的样本数量通常比较大，需要将这些样本根据某些指标进行分类。例如，根据用户的消费行为、需求等指标，将用户分为习惯型、理智型、经济型和冲突型等类型。分类是为了抽象出每一类的特点，便于后续的其他分析。简单来讲，对量表中题项的"浓缩"通常被称为降维（如图 8.1 所示），而对样本的"浓缩"通常被称为**聚类**（如图 8.2 所示）。

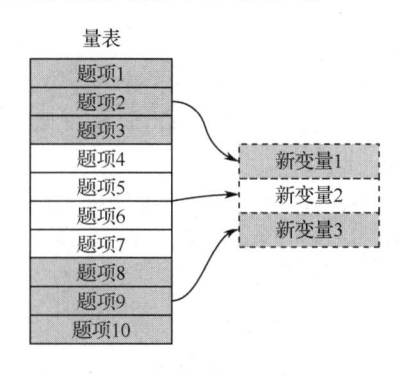

图 8.1 降维示意图 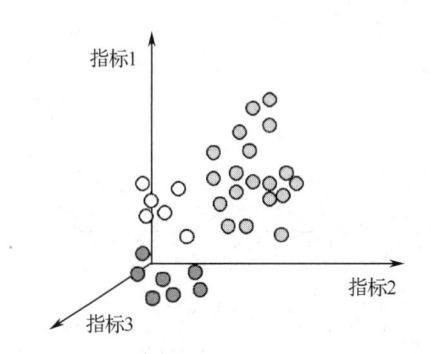   图 8.2 聚类示意图

聚类的原则：使同一类中的样本间的相似度比较高，而不同类别的样本之间有明显的差异。因此，任何一种聚类方法都涉及如何测量样本与样本之间距离、类与类之间距离的问题：

（1）常用的样本与样本之间距离的测量方法，包括欧氏距离（Euclidean distance）、余弦相似度（Cosine similarity）、海明距离（Hamming distance）等。一般而言，如果需要依据几个连续型变量来对样本进行聚类，那么通常可以采用欧氏距离（适用于变量个数不太多的情况）或余弦相似度（当变量个数很多时，采用余弦相似度更合适）来计算样本之间的距离。但需要注意的是，在使用欧氏距离之前一般还需要进行数据的标准化处理（详见本章例 1），避免因为聚类所依据的变量在量纲上相差太多，而影响聚类的效果。

（2）常用的类与类之间距离的测量方法，包括最近邻元素法（Minimum proximity，如图8.3所示）、最远邻元素法（Maximum proximity，如图8.4所示）、质心连接法（Centroid linkage clustering，如图8.5所示）、瓦尔德法（Ward's minimum variance method）等。其中，瓦尔德法将两个类合并进行，之后与单个类相比，以方差的增量作为两个类之间的距离。与其他测量方法相比，瓦尔德法更容易得到大小接近的分类结果，即每个类的大小都较为相似。此外，瓦尔德法的计算复杂度低于其他方法的，因此很多实际应用中都会选择使用瓦尔德法。

需要注意的是，采用不同的样本与样本之间距离的测量方法、类与类之间距离的测量方法，通常会导致不同的聚类结果。因此，到底选择哪种样本与样本之间及类与类之间距离测量的方法，需要根据实际问题来决定。

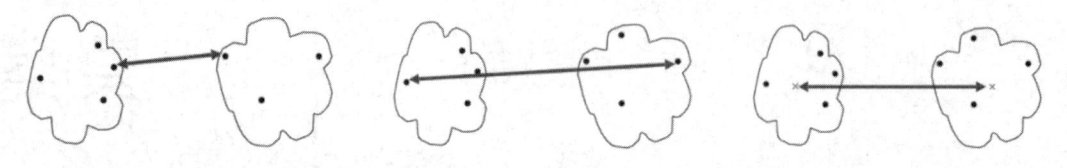

图8.3　最近邻元素法　　　　图8.4　最远邻元素法　　　　图8.5　质心连接法

SPSS中提供了三种常用的聚类方法：系统聚类（Hierarchical cluster analysis）、K-均值聚类（K-means cluster analysis）以及二阶聚类（Two-step cluster analysis）。这三种聚类方法的特点如表8.1所示。

表8.1　三种聚类方法的特点

系统聚类	（1）适用于样本量不超过400的小型样本集。 （2）不能给出确切的最佳分类数，需要研究人员自行判断。 （3）聚类所依据的指标，其类型是相同的（全为连续型变量，或全为分类型变量）。 （4）可以在设置中选择使用哪种样本与样本之间和类与类之间距离的测量方法
K-均值聚类	（1）适合样本量较大的样本集。 （2）在聚类之前，需要人工指定分类数。 （3）聚类所依据的指标，只能是连续型
二阶聚类	（1）适合样本量较大的样本集。 （2）能自动给出最佳分类数。 （3）聚类所依据的指标，可以是连续型和分类型的混合

8.1　系统聚类

系统聚类（Hierarchical cluster analysis）适合用来对样本量不超过400的小型样本集进行聚类（样本量大时，运算速度会比较慢）。系统聚类要求聚类所依据的变量的类型必须是相同的。例如，根据性别（分类型变量）、月收入（连续型变量）、工作时长（连续型变量）将被试者分为若干类，这种情况不适合使用系统聚类，因为这三个变量的类型并不一致。

系统聚类的原理：首先，将每个样本当成独立的一类；其次，逐步根据类与类之间的距离进行合并，直至最终将所有样本合并为一类。可见，系数聚类是一个从分到合的过程。进行系统聚类时，SPSS并不会明确给出最合适的分类数量，但可以通过分析过程中产生的谱系图，决定样本集分为几类比较合适。

例1：研究者统计了44名大学教师的工作信息，包括发表的论文数量（Articles）、工龄（Experience）、工作量（Workload）、工资（Salary），数据存放在Cluster1.sav中。现在要研究：根据这4个指标，这44名大学教师可以分为几大类？

分析过程：

Step 1：这4个指标都是连续型变量，且样本量较小（只有44），因此选择使用系统聚类进行分析。

Step 2：在菜单中依次选择"分析"→"分类"→"系统聚类"。按图8.6所示进行设置。

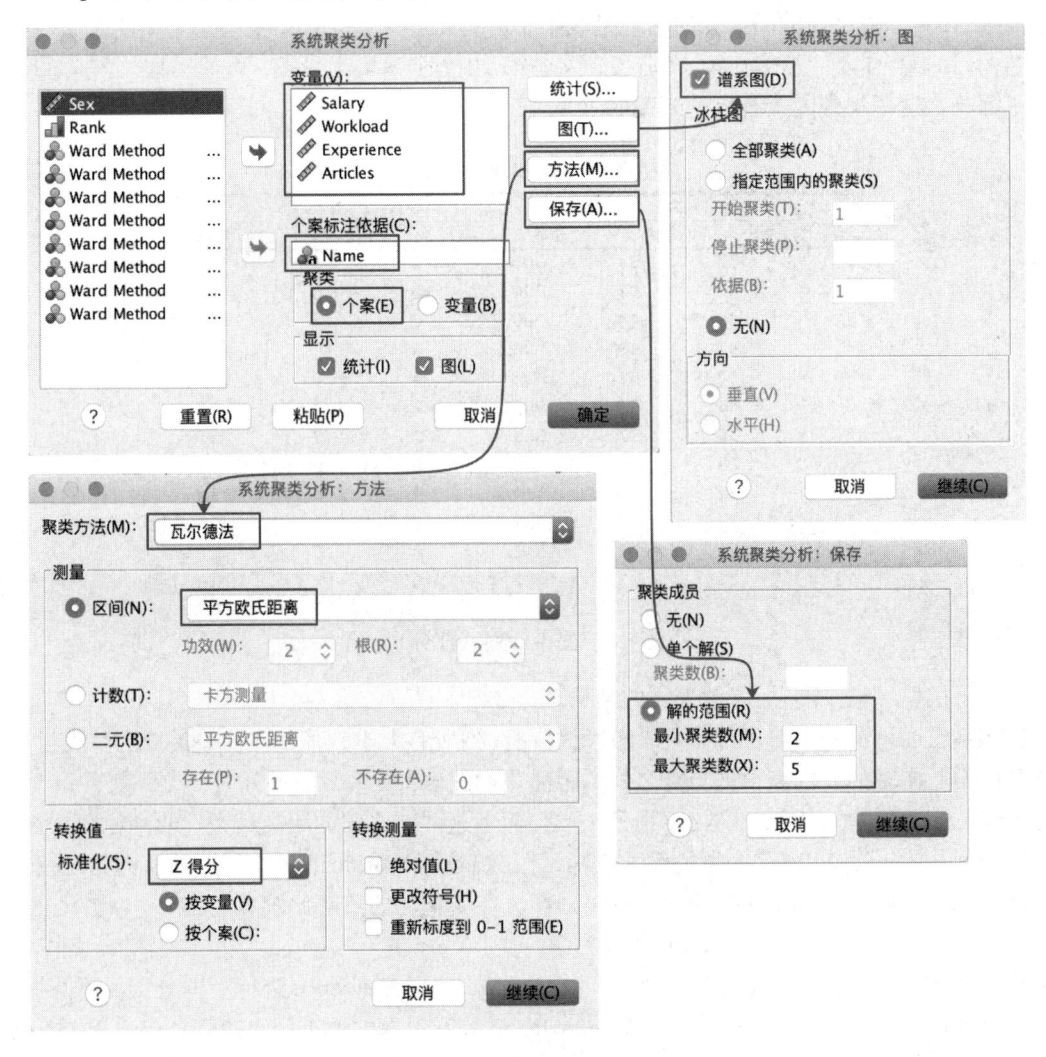

图 8.6 系统聚类的设置

（1）将变量Salary、Workload、Experience、Articles全部选入"变量"，并选中"个案"，即对个案进行聚类。同时，将变量Name选入"个案标注依据"。

（2）单击"图"按钮，在弹出界面选中"谱系图"。

（3）单击"方法"按钮，在弹出界面中，将"聚类方法"设为"瓦尔德法"。因为所有变量都是连续型，所以选中"区间"，并选择"平方欧氏距离"，同时在"标准化"中选择"Z得分"。本例中变量数量级之间的差别较大，如变量 Salary 的值在 $10^4 \sim 10^5$ 数量级，而变量 Workload 的值则在 $10^{-1} \sim 10^0$ 数量级，因此在聚类前应将所有变量的值进行标准化，即将它们的数量级进行统一，防止因数量级差异过大而导致聚类时过分依赖某些变量，而忽略其他变量的作用。

（4）单击"保存"按钮，在弹出界面将"解的范围"设为："最小聚类数"为 2，"最大聚类数"为 5。即在分析之后，希望输出分为 2 类、3 类、4 类以及 5 类时的聚类结果。

Step 3：结果分析。

（1）通过"集中计划"表，可以观察聚类的步骤（该表中的内容不需要在报告中指出）。

如图 8.7 所示，本例的聚类步骤，首先由第 32 个个案与第 33 个个案聚成一类，命名为新的第 32 类。这个新的类第二次出现是在第 10 阶段，由第 31 个个案与这个新的聚为一类，命名为新的第 31 类。然后在第 21 阶段，又与第 29 个个案聚为一类，以此类推（图 8.7 只截取了部分，这里提到的个案有的未截取出来）。

集中计划

阶段	组合聚类 聚类 1	组合聚类 聚类 2	系数	首次出现聚类的阶段 聚类 1	首次出现聚类的阶段 聚类 2	下一个阶段
1	32	33	.000	0	0	10
2	41	42	.000	0	0	6
3	43	44	.000	0	0	6
4	37	38	.000	0	0	5
5	37	39	.001	4	0	7
6	41	43	.002	2	3	33
7	36	37	.005	0	5	35
8	23	25	.008	0	0	11
9	24	28	.014	0	0	19
10	31	32	.022	0	1	21
11	23	27	.042	8	0	12
12	21	23	.077	0	11	19

图 8.7 集中计划（部分）

（2）根据"谱系图"，了解聚类的结果。

谱系图展示的是如何从每位大学教师为一类，到所有大学教师都在同一类中的聚类过程。谱系图中，横轴的长度表示类与类之间的距离。如图 8.8 所示，如果分为 2 类，则 Amaryllis 到 Lawrence 为一类，Dea 到 Willy 为另一类，而且这两类之间的距离最大。回到原数据表中可以看到，Dea 到 Willy 这个类的大学教师，在 Salary、Workload 等变量上的值都相对较低；而 Amaryllis 到 Lawrence 这类的大学教师，在这些变量上的值都比较高。

如果分为 3 类，则 Amaryllis 到 Tad 为第一类，Tony 到 Lawrence 为第二类，Dea 到 Willy 为第三类。也就是在分为 2 类的基础上，将 Amaryllis 到 Lawrence 进行了拆分。从原数据表中可以发现，Tony 到 Lawrence 这一类在 Articles 等变量上的值都明显高于 Amaryllis 到 Tad 这一类。若要分成 4 类或更多类，也可按照上述方法，根据谱系图中的横轴了解分类的结果。

另外，根据图 8.8 中的横轴可以发现，当将所有大学教师分成 3 类时，类与类之间的距离比较大；当将所有大学教师分成 4 类或更多类时，有的类与类之间的距离会比较小，也就是说这些类与类之间的差别比较小。因此，本例中所有大学教师分为 3 类比较合适。

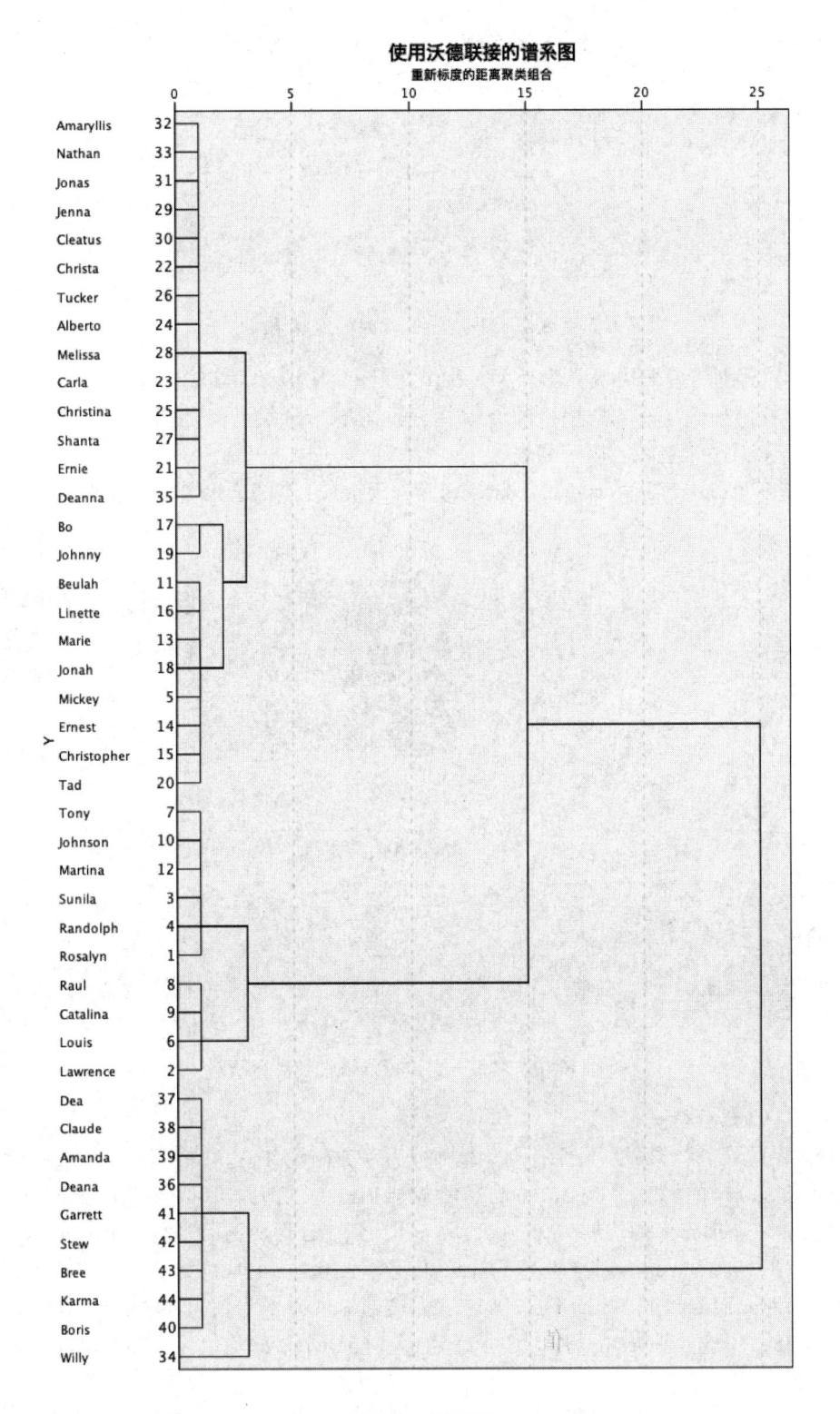

图 8.8 谱系图

（3）查看原数据表可以发现，在表的最右侧出现了 4 列新变量，如图 8.9 所示。其中，CLU5_1、CLU4_1、CLU3_1、CLU2_1 分别为聚成 5 类、4 类、3 类、2 类时各个大学教师的分类情况。

CLU5_1	CLU4_1	CLU3_1	CLU2_1
1	1	1	1
2	2	2	1
2	2	2	1
2	2	2	1
3	2	2	1
3	2	1	1
3	2	1	1

图 8.9 聚成 2~5 类时的聚类结果

Step 4：通过计算每一类大学教师在每个变量上的均值，可以了解每一类的大致情况。在菜单中选择"分析"→"描述统计"→"探索"。以聚成 3 类为例，按图 8.10 所示进行设置。

（1）将 CLU3_1 选入"因子列表"。

（2）将变量 Salary、Workload、Articles、Experience 全部选入"因变量列表"。

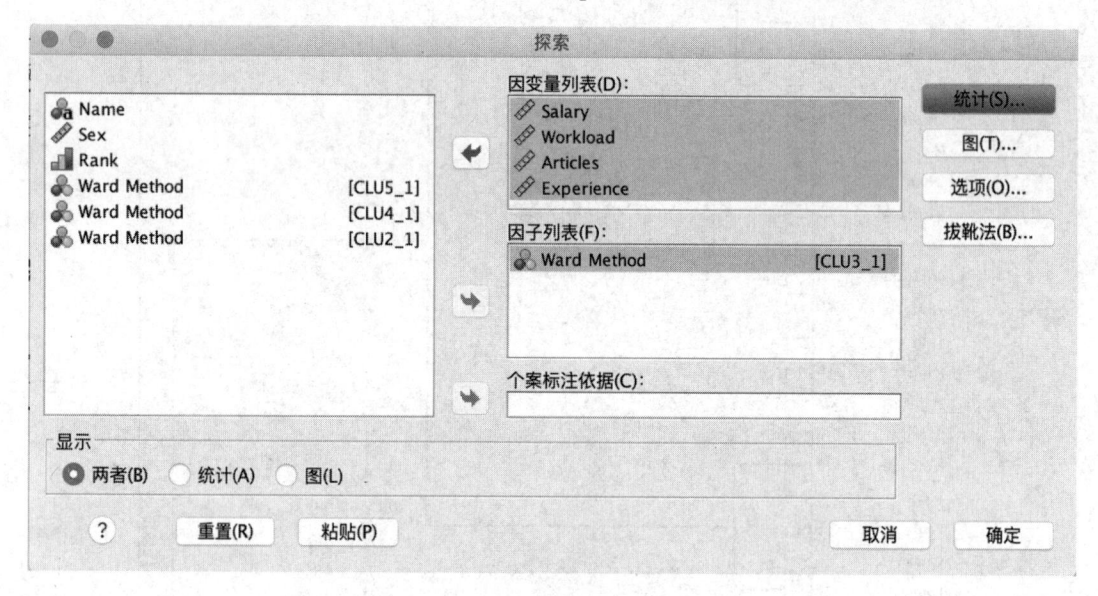

图 8.10 对每一类进行描述性统计分析

Step 5：结果分析。

SPSS 系统聚类结果显示，所有大学教师分为 3 类比较合适。Tony 到 Lawrence 形成的第一类，变量 Salary 的均值为 80 277.41，变量 Workload 的均值为 1.00，变量 Articles 的均值为 32.90，变量 Experience 的均值为 26.80。Amaryllis 到 Tad 形成的第二类，变量 Salary 的均值为 51 672.18，变量 Workload 的均值为 1.00，变量 Articles 的均值为 7.42，变量 Experience 的均值为 6.96。而 Dea 到 Willy 形成的第三类，变量 Salary 的均值为 5956.41，变量 Workload 的均值为.38，变量 Articles 的均值为 1.92，变量 Experience 的均值为 4.70，即每个变量上的均值都是这三类中最低的。

例 2：Kheirandish 等为了更好地进行产品设计，构建了一个人类价值观框架[1]。在这项研究中，他们首先整理出 63 条价值观，邀请了 568 名被试者对这 63 条价值观进行分组。其次根据这 568 份分组结果，形成了一个 63 条价值观的差异性矩阵。基于这个差异性矩阵，使用系统聚类的方法，将价值观从 63 个类逐步聚成 1 类，形成了如图 8.11 所示的谱系图。同时，根据类与类之间距离的大小，确定分为 7 类或 9 类比较合适（图 8.11 中的 A 和 B）。通过专业人士的进一步比较，最终确定将 63 条价值观分为 9 类，用以构建最终的价值观框架。

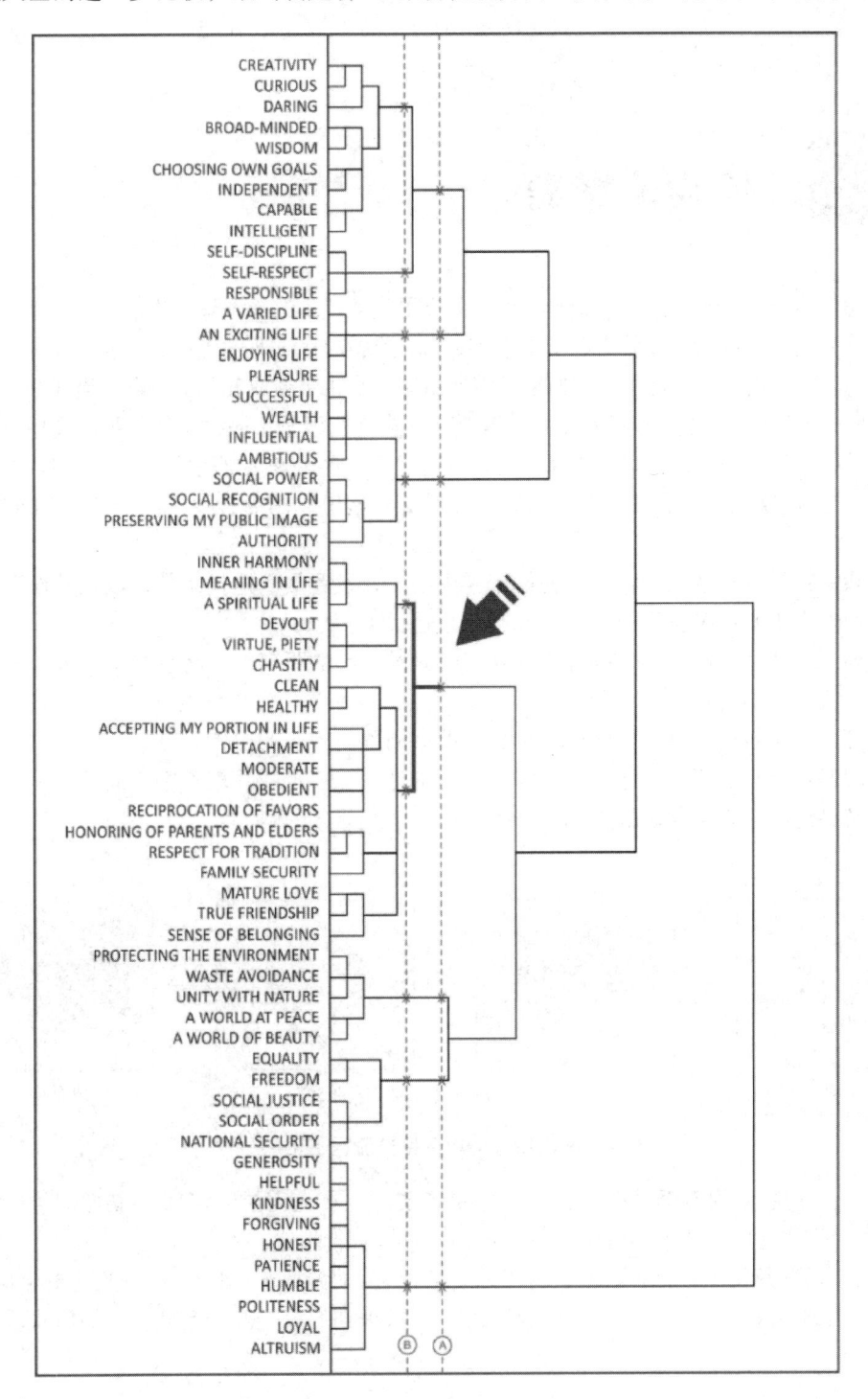

图 8.11 价值观谱系图

8.2 K-均值聚类

K-均值聚类（K-means cluster analysis）是应用非常广泛的一种聚类方法，适用于分类依据都是连续型变量的情况。与系统聚类相比，K-均值聚类的运算速度更快，在处理样本量较大的聚类问题时表现更好。但是，K-均值聚类需要由用户来指定聚成几类。因此，当我们已知要聚成几类时，一般情况下选择使用 K-均值聚类。而当类别数量不明时，往往可以先用系统聚类对样本进行初步的分类，了解分为几类比较合适之后，再用 K-均值聚类进行进一步的分类。

K-均值聚类方法的原理参见本章参考文献[2]。这里以图 8.12 来简单表达（以分成三类为例）。

步骤一：随机抽取三个点作为初始聚类中心，并设置最大迭代次数，以及其他迭代终止条件（如聚类中心不再发生明显移动，则停止迭代）。

步骤二：对每个样本，分别计算与这三个聚类中心的距离，并将该样本归入与其最近的那个中心所代表的类别。

步骤三：重新计算每一类的中心位置，即移动聚类中心的位置。

步骤四：重复步骤二，即对每个样本，分别计算与三个新的聚类中心的距离，并将样本归入与其最近的中心所代表的类别。

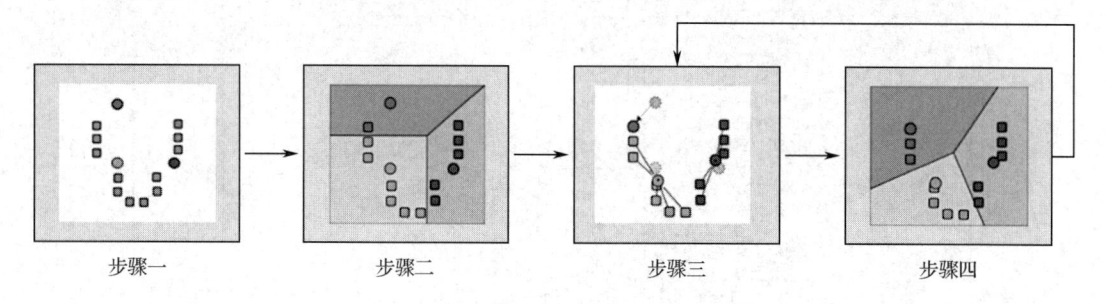

步骤一　　　　步骤二　　　　步骤三　　　　步骤四

图 8.12　K-均值聚类流程图示

因此，使用 K-均值聚类将所有样本分成 K 类时，首先需要给定 K 个初始聚类中心。在 SPSS 中，这些初始聚类中心可以随机生成，也可以自行指定。

例3：研究者统计了 474 名员工的个人信息，包括初始薪金（salbegin）、当前薪金（salary）等，数据存放在 Cluster4.sav 中。现在需要研究：根据初始薪金和当前薪金，如何将员工分为三类。

分析过程：

Step 1：变量 salbegin 和变量 salary 都是连续型，且已知需要分为三类，因此选择使用 K-均值聚类进行分析。

Step 2：在菜单中依次选择"分析"→"分类"→"K-均值聚类"。按图 8.13 所示进行设置。

（1）将变量 salary 和 salbegin 选入"变量"，将变量 id 选入"个案标注依据"。

（2）单击"保存"按钮，在弹出界面选中"聚类成员"，即希望聚类分析后，在原数据表中增加一列新的变量，记录每个个案归属于哪一类。

（3）单击"选项"按钮，在弹出界面选中"ANOVA 表"和"每个个案的聚类信息"。

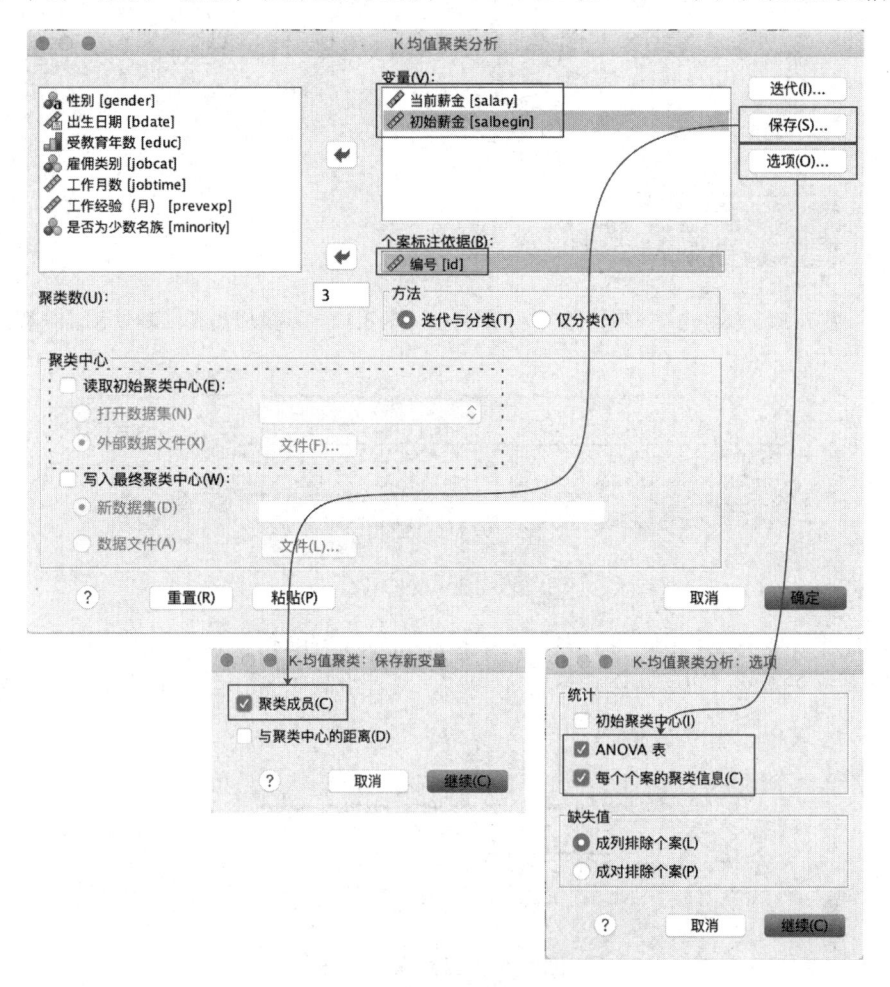

图 8.13　K-均值聚类的设置

Step 3：结果分析。

（1）查看类中心的移动历史：如图 8.14 所示，三个类的中心，由最初随机的三个位置迭代至第九次时发生了收敛，说明输出的聚类结果是稳定的，即再继续增加迭代次数并不会进一步改善聚类的结果。

（2）查看每个个案所归属的类别：如图 8.15 所示，"聚类成员"表中记录了每个个案所属的类别，以及与该类中心的距离。本例中，个案 2 和个案 3 属于第三类，个案 3 比个案 2 更接近第三类的中心。

另外，可以发现，在原数据表中出现了一列新的变量 QCL_1，其中保存的也是每个个案所属的类别。

（3）查看哪些变量在聚类过程中起到的作用比较大：如图 8.16 所示，ANOVA 表中每个变量对应的 F 值，反映的就是该变量在聚类中所起的作用。F 值越大，表明该变量在聚类中越重要。本例中，将所有员工分为三类，主要依据变量 salary，其次才是变量 salbegin。

迭代历史记录[a]

迭代	聚类中心中的变动 1	2	3
1	.000	15534.146	13154.544
2	26124.950	1834.406	109.129
3	11857.359	1295.991	53.305
4	8237.016	1540.051	51.357
5	4181.983	1329.004	98.643
6	1860.563	828.827	95.845
7	.000	733.979	141.593
8	.000	247.090	48.679
9	.000	.000	.000

a. 由于聚类中心中不存在变动或者仅有小幅变动，因此实现了收敛。任何中心的最大绝对坐标变动为 .000。当前迭代为 9。初始中心之间的最小距离为 69146.583。

聚类成员

个案号	编号	聚类	距离
1	1	2	3462.323
2	2	3	13344.644
3	3	3	6584.291
4	4	3	5852.021
5	5	2	16867.211
6	6	3	4471.351
7	7	3	9513.791
8	8	3	7257.046
9	9	3	1412.343
10	10	3	3731.378
11	11	3	3526.754
12	12	3	2247.990
13	13	3	129.373

图 8.14 类中心的移动历史　　　　图 8.15 聚类成员表（表过长，未截取完整）

ANOVA

	聚类 均方	自由度	误差 均方	自由度	F	显著性
当前薪金	5.665E+10	2	52257662.1	471	1084.082	.000
初始薪金	9.976E+9	2	19847573.4	471	502.648	.000

由于已选择聚类以使不同聚类中个案之间的差异最大化，因此 F 检验只应该用于描述目的。实测显著性水平并未因此进行修正，所以无法解释为针对"聚类平均值相等"这一假设的检验。

图 8.16 ANOVA

（4）通过聚类中心，了解每一类的大致情况：如图 8.17 所示，本例中，第一类员工的当前薪金均值为 99.318，初始薪金均值为 42.937，两者均高于第二类员工的，更高于第三类员工的。

最终聚类中心

	聚类 1	2	3
当前薪金	$99,318	$60,225	$27,675
初始薪金	$42,937	$28,259	$14,144

图 8.17 最终聚类中心

8.3 二阶聚类

系统聚类与 K-均值聚类的应用面很广，但是如果聚类所依据的变量中既有连续型变量，又有分类型变量，这两种聚类方法就不适用了。这种情况下，二阶聚类（Two-step cluster analysis）是一个很好的选择。二阶聚类不仅适用于聚类依据为连续型与分类型混合的情况，而且能处理样本量比较大的样本集，还能自动给出最合适的分类个数。但需要注意的是，如果所有聚类所依据的变量都是连续型的，还应首先选择系统聚类或 K-均值聚类。

例 4：研究者统计了 157 款不同种类的车的信息，包括价格（price）、车型（type）、发动机排量（engine_size）共 9 种不同数据，并存放在 Cluster5.sav 中。现在需要根据所提供的 9 种信息，对这 157 款车进行分类。

分析过程：

Step 1：因为变量 type 是分类型，而其余 8 个变量都是连续型，因此不适合采用系统聚类或 K-均值聚类进行分析，而应该考虑使用二阶聚类。

Step 2：在菜单中依次选择"分析"→"分类"→"二阶聚类"。按图 8.18 所示进行设置。

（1）将变量 type 选入"分类变量"，将其余 8 个变量选入"连续变量"。

（2）单击"输出"按钮，在弹出界面选中"透视表""图表和表（在模型查看器中）""创建聚类成员变量"。其中，选中"透视表"后，SPSS 会以数字表格的方式输出每一类的大小、质心等分类信息；选中"图表和表（在模型查看器中）"后，SPSS 会以可视化方式输出对分类结果的评估、分类所依据的变量的重要性排序等信息；选中"创建聚类成员变量"后，SPSS 会在原数据表中出现一列新的变量，保存每个个案被分入了哪一类。

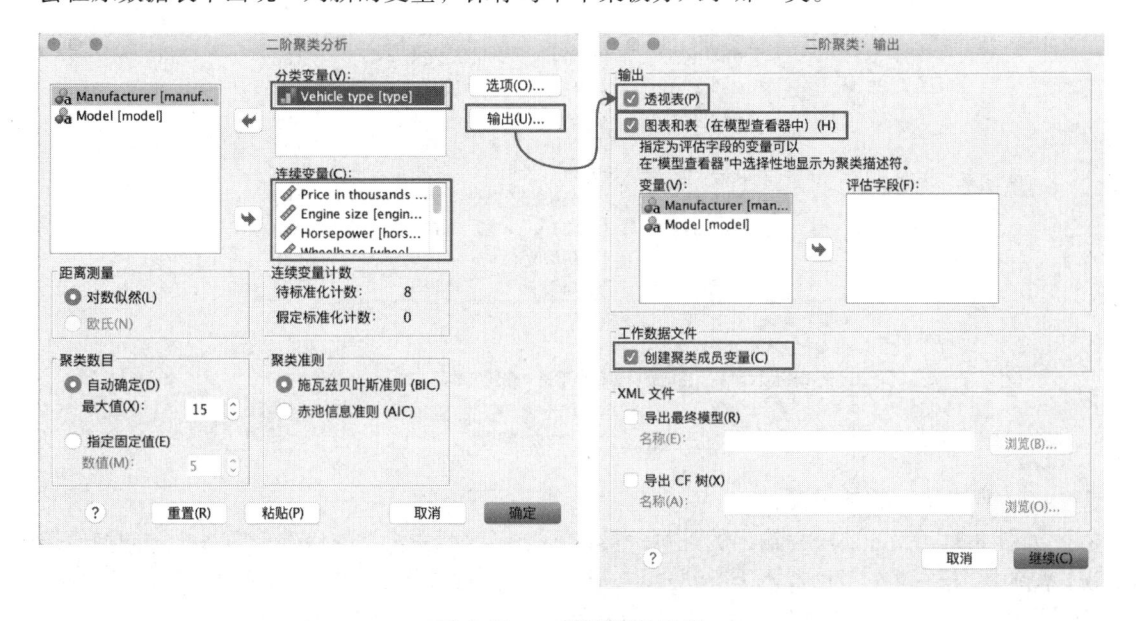

图 8.18 二阶聚类的设置

Step 3：结果分析。

（1）观察分为几类最合适。

可以结合"聚类分布"表（如图 8.19 所示）和"自动聚类"表（如图 8.20 所示）分析。从"聚类分布"表可以看出，本例分为 3 类最合适。在排除 3 个无效个案后，剩余的 154 种车里，占比最大的是第一类，共包含 61 种车（39.6%）；占比最小的是第三类，包含 40 种车（26.0%）。

聚类分布

		个案数	占组合的百分比	占总计的百分比
聚类	1	61	39.6%	38.9%
	2	53	34.4%	33.8%
	3	40	26.0%	25.5%
	组合	154	100.0%	98.1%
排除个案数		3		1.9%
总计		157		100.0%

图 8.19 聚类分布

SPSS 之所以输出最合适的聚类数量是 3，主要是根据拖瓦兹贝叶斯准则 BIC（也可以在图 8.18 的设置界面中改用另一种准则 AIC）来判断的。图 8.20 所示的"自动聚类"表，展示的就是按不同聚类数目进行分类时，拖瓦兹贝叶斯准则 BIC 的情况。一般来说，BIC 值越小，BIC 变化比率比较大、距离测量比率也比较大时，对应的聚类数目就越合理。本例中，BIC 最小值出现在分为 3 类时，而此时的距离测量比率最大、BIC 变化比率第二，这也是表 8.19 中 SPSS 判定分为 3 类最合适的原因。

自动聚类

聚类数目	施瓦兹贝叶斯准则 (BIC)	BIC 变化量[a]	BIC 变化比率[b]	距离测量比率[c]
1	1111.997			
2	897.275	−214.722	1.000	1.688
3	805.003	−92.271	.430	2.682
4	824.300	19.297	−.090	1.105
5	849.878	25.578	−.119	1.302
6	889.390	39.513	−.184	1.127
7	934.099	44.709	−.208	1.184
8	985.174	51.076	−.238	1.497
9	1047.716	62.541	−.291	1.248
10	1114.852	67.136	−.313	1.165
11	1184.607	69.755	−.325	1.096
12	1255.753	71.146	−.331	1.067
13	1327.814	72.061	−.336	1.062
14	1400.662	72.848	−.339	1.186
15	1475.512	74.850	−.349	1.123

a. 变化量基于表中的先前聚类数目。
b. 变化比率相对于双聚类解的变化。
c. 距离测量比率基于当前聚类数目而不是先前聚类数目。

图 8.20　自动聚类

（2）观察每一类的情况：

如图 8.21 所示，SPSS 输出的是每一类在每个连续型变量上的质心，即每一类的均值情况。本例中，第一类车平均价格为 19.52243，平均发动机排量为 2.182，平均马力（1 马力≈735W）为 142.77，而第二类车与第三类车的平均价格分别为 36.93255 和 26.31998。注意，图 8.21 中给出的只有连续型变量上的均值，并不会给出每一类在分类型变量上的均值。

质心

		Price in thousands		Engine size		Horsepower		Wheelbase	
		平均值	标准 偏差	平均值	标准 偏差	平均值	标准 偏差	平均值	标准 偏差
聚类	1	19.52243	7.365942	2.182	.4064	142.77	29.196	102.730	3.99
	2	36.93255	17.259868	3.694	.9239	232.89	52.924	109.087	5.68
	3	26.31998	10.169436	3.520	.9560	186.40	39.730	112.520	9.94
	组合	27.27982	14.331647	3.050	1.0440	185.12	56.520	107.460	7.68

图 8.21　质心（因太长，未截完整）

SPSS 还输出了每一类在分类型变量 type 上的频率情况，如图 8.22 所示。本例中，第一类车和第二类车属于 Automobile，而第三类车属于 Truck。

（3）观察聚类的质量。

如图 8.23 所示，SPSS 还评估了聚类的质量。本例中，当分为 3 类时，聚类效果达到了良好的程度。

		Vehicle type			
		Automobile		Truck	
		频率	百分比	频率	百分比
聚类	1	61	53.5%	0	0.0%
	2	53	46.5%	0	0.0%
	3	0	0.0%	40	100.0%
	组合	114	100.0%	40	100.0%

图 8.22　每类在分类型变量上的频率

模型概要

算法	两步
输入	9
聚类	3

聚类质量

图 8.23　模型质量

如果双击图 8.23，则会打开模型查看器，如图 8.24 所示。在左侧窗口的底部，将"查看"选为"聚类"时，会出现每一类个案在各个变量上的均值，也就是把图 8.21 和图 8.22 中的内容可视化。在图 8.24 中单击某一类中的某个变量，就会在右侧窗口中出现这一类个案在这个变量上的分布情况，从而可以更直观地了解类和类之间的差别。

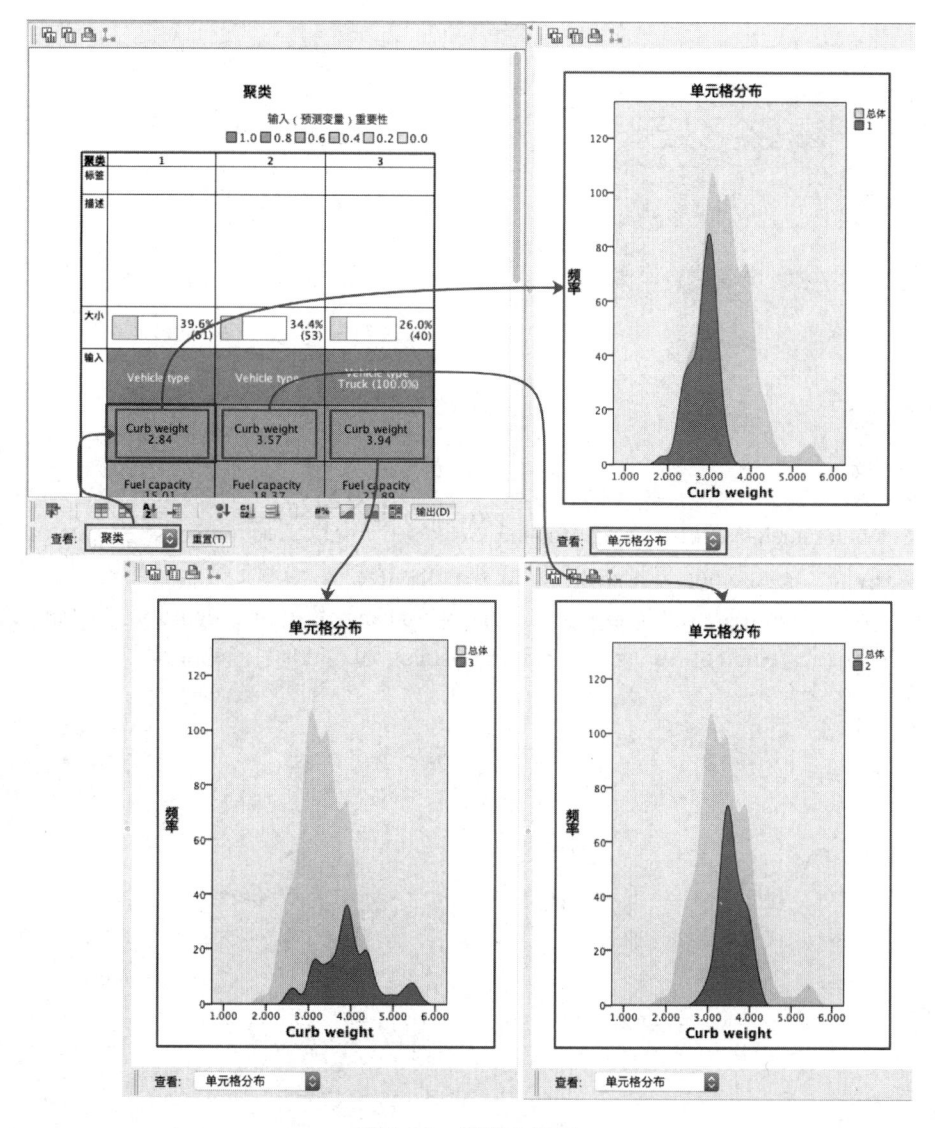

图 8.24　模型查看器

此外，通过调整右侧窗口底部"查看"中的设置，可以观察到图 8.25 所示的聚类大小比例，或者在图 8.26 中了解每个变量在聚类过程中的重要性。如本例中，对于划分这 3 类来说，所依据的变量的重要性从高到低依次为：变量 Vehicle type、变量 Curb weight、变量 Fuel capacity 等。

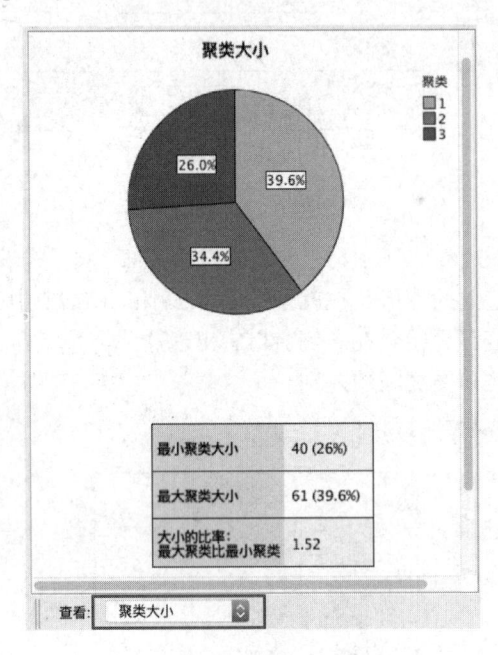

图 8.25　聚类大小比例 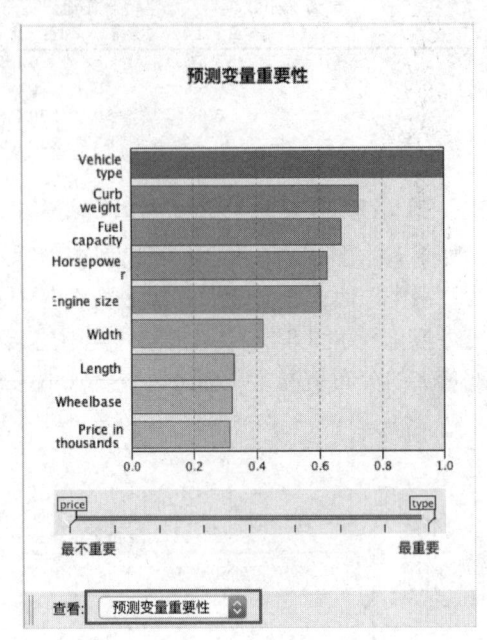　　　　　　　　图 8.26　变量重要性

参考文献

[1] Shadi Kheirandish, Mathias Funk, Stephan Wensveen, et al. A comprehensive value framework for design[J]. Technology in Society, 2020, 62: 101302.

[2] Hartigan J A, Wong M A. Algorithm AS 136: A k-means clustering algorithm[J]. Journal of the Royal Statistical Society. Series c (applied statistics), 1979, 28(1): 100-108.